高等学校法学系列教材·基础与应用

法律文书写作

史伟丽　张　波◎主　编

清华大学出版社
北　京

内 容 简 介

本书从法律文书写作的规律、要求出发,以案件办理主体、案件类别、案件阶段等为划分依据,对相应的法律文书的写作格式、写作规范、写作要点进行了详细解读,具有较强的指导性和实用性。本书包括公安机关主要法律文书、检察机关主要法律文书、人民法院主要法律文书和律师实务法律文书等内容。每部分以概念、作用、法律依据、格式、书写要求、范文、写作训练(点评)为线索,对法律工作中最常见、使用频率最高的几种法律文书进行了系统、清晰的介绍,力争让读者接受正规、严格的法律文书写作训练。

图书在版编目(CIP)数据

法律文书写作 / 史伟丽,张波主编. — 北京:清华大学出版社,2023.5(2024.1重印)
高等学校法学系列教材. 基础与应用
ISBN 978-7-302-63344-0

Ⅰ.①法… Ⅱ.①史…②张… Ⅲ.①法律文书-写作-中国-高等学校-教材
Ⅳ.①D926.13

中国国家版本馆 CIP 数据核字(2023)第 061275 号

责任编辑:刘 晶
封面设计:汉风唐韵
责任校对:王荣静
责任印制:宋 林

出版发行:清华大学出版社
　　　　网　　　址:https://www.tup.com.cn,https://www.wqxuetang.com
　　　　地　　　址:北京清华大学学研大厦 A 座　　　　　邮　　编:100084
　　　　社 总 机:010-83470000　　　　　　　　　　　邮　　购:010-62786544
　　　　投稿与读者服务:010-62776969,c-service@tup.tsinghua.edu.cn
　　　　质量反馈:010-62772015,zhiliang@tup.tsinghua.edu.cn
印 装 者:三河市天利华印刷装订有限公司
经　　销:全国新华书店
开　　本:185mm×260mm　　　　印　张:14　　　　字　数:287 千字
版　　次:2023 年 5 月第 1 版　　　　　　　印　次:2024 年 1 月第 2 次印刷
定　　价:69.80 元

产品编号:091431-01

作者简介

史伟丽（主编，统筹本书编写工作）

宁夏警官职业学院实践教学部主任，教授。研究领域：法学理论、民商法学。研究成果：主编教材《法理学》《民法原理与实务》等。

张波（主编，撰写本书第五章）

宁夏大学新华学院专职教师，宁夏国信嘉华律师事务所兼职律师。研究领域：劳动与社会保障法、行政法。研究成果：参与编写《经济法》《民事诉讼实务实训教程》《金融风险管理与监管》等。担任宁夏回族自治区公安厅交通警察总队、宁夏回族自治区公安厅交通管理局、宁夏回族自治区公安厅机场公安局、银川市公安局交通警察支队、银川市公安局交通警察分局法律顾问，担任银川市"八五"普法讲师团成员、宁夏回族自治区司法厅全区公共法律服务专家库委员、银川市贺兰县人民政府行政复议咨询委员会委员。

吴国荣（撰写本书第一章）

历任宁夏回族自治区贺兰县法制局局长、贺兰县司法局副局长、贺兰县律师事务所主任，贺兰县人民法院党组书记、院长，银川市西夏区人民法院党组书记、院长，银川市中级人民法院审判委员会委员、审判员、三级高级法官。现任宁夏国信嘉华律师事务所执业律师。参与编写《常用法律文书写作指南》《人民法院常用裁判文书写作指南》《刑事裁判文书写作指南》；在《法学》杂志发表《律师担任刑事案件被害人代理人不限于审判阶段》，在其他全国中文核心刊物发表《检察院提起民事诉讼的法理探析》和《地役权与相邻关系辨析》等文章。

张杰（撰写本书第二章）

曾任宁夏回族自治区公安厅高速公路交警支队三大队副大队长、九大队教导员，宁夏回族自治区公安厅法制总队支队长、一级警长，长期从事一线执法办案和全区公安机关执法监督管理工作。现任宁夏回族自治区公安厅四处支队长。

邵玮（撰写本书第三章）

曾任宁夏回族自治区永宁县人民检察院公诉科员额检察官，银川市金凤区人民检察院公诉科副科长、公诉部副主任、第一检察部主任、检察委员会委员、一级检察官。现任银川市金凤区人民检察院党组成员、副检察长。

杨远慧（撰写本书第四章）

宁夏回族自治区银川市中级人民法院二级法官。研究领域：商事审判、破产审判。研究成果：参编《刑事诉讼实务实训教程》《经济法》等。

刘巧燕（撰写本书第四章）

宁夏回族自治区银川市兴庆区人民法院执行法官，硕士研究生。

李越（撰写本书第五章）

北京浩天（银川）律师事务所专职律师。研究领域：刑事辩护。

前　言

法律文书写作作为法学学科重点课程之一，对专业学习而言极为重要。同时，法律文书写作也是法律专业人员发挥专业技能、履行专业职责的重要载体，对法律工作的启动、发展和完善都具有重要意义。

我国高等院校法学专业开设"法律文书写作"课程已有相当长的历史，并形成了鲜明的课程特点和教学特色。考虑到我国法治人才的建设需要和法学专业学习的客观需求，基础法律文书知识和必备文书写作技能应当成为高校法学专业学生知识结构的重要组成部分，是对其专业修养、专业素质和专业表达的综合检验。

本书以最新法学本科培养方案为指导，全面系统、定位明确、内容丰富，突出学科教育的前沿性和针对性，兼顾知识体系的系统性和专题性，协调专业理论与实践，重点关注法律原理的思维训练和专业文书写作的实际操作训练，从理论与实践的互动角度对各类文书的写作规范、写作技巧等专业问题和实务问题进行重点阐释和系统论述，进一步阐明了法律文书的写作步骤和正确方法以及写作过程中的问题应对方法，有助于读者掌握相应的理论知识和文书写作技能。

本书在编写的过程中收集了大量关于法律文书写作的最新理论成果，梳理并参考了各类法律文书的最新规定，融合了多名长年坚持在人民法院、人民检察院、律师事务所、高校教学岗位的法律工作者的经验与心血，使读者能够对我国法律文书写作的总体理论架构和重要实务内容有比较全面的了解。

本书在体系结构和内容安排上难免存在疏漏之处，我们真诚地希望专家、学者和广大读者批评指正，以便再版时可以修正与完善。

编者

2023 年 1 月

目　录

第一章 概　　述

第一节　法律文书的概念和类别

一、法律文书的概念

法律文书是司法机关和法律授权的专门组织及诉讼参与人依法制作的处理各类诉讼案件和非诉讼事件的具有法律效力或法律意义的文书的总称。广义上的司法机关不仅包括审判机关、检察机关，还包括侦查机关、监察机关和司法行政机关。因此，在我国，法律文书就是指审判机关、检察机关（包括监察机关）、侦查机关（包括国安机关）、司法行政机关（包括狱政机关）、公证部门、律师在处理诉讼案件或非诉讼事件的不同环节中使用的文书。

二、法律文书的种类

法律文书的种类很多，比较常见的分类有以下几种。

(一)按照诉讼活动参与者的职能分类

不同的诉讼参与者在法律活动中发挥着不同的职能，他们制作的法律文书主要包括以下几种。

侦查机关法律文书，主要有控告、检举书，控告、检举笔录，自首书，讯问、勘验、检查、搜查笔录，立案报告，案件侦查终结报告，提请批准逮捕书，逮捕证，通缉令等。

检察机关法律文书，主要有起诉（不起诉）决定，批准（不批准）逮捕决定，起诉书，抗诉书，补充侦查意见书等。

审判机关法律文书，主要有立案通知书，开庭通知书，案件审理终结报告，调解书，判决书，裁定书，执行通知书，审判庭笔录，合议庭评议笔录，宣判笔录，刑事判决布告等。

律师起草的法律文书主要有民事起诉状，行政起诉状，刑事自诉，答辩状，代理词，辩护词，法律意见书等。

(二)按照文书功能分类

根据法律文书的不同功能，可以分为立案或撤案类文书，报告类文书，起诉类文书，裁判类文书。

(三)按照案件性质分类

根据法律文书涉及的案件性质,可以分为民事案件类文书,刑事案件类文书,行政案件类文书,非诉讼案件类文书。

(四)按照文书的制作形式分类

不同的法律文书有不同的形式,例如填空类文书,表格类文书,笔录类文书和拟写类文书等。

第二节　法律文书的历史沿革

我国有着五千多年的文明发展历史。早在夏商周时期就出现了法律诉讼制度,法律文书也就应运而生。随着社会的发展,法律制度日臻进步,法律文书也伴随着社会的发展而不断地变化、完善。

一、古代的法律文书

我国早在禹舜时代就有了刑法,夏商时期与诉讼有关的法律及制度就已出现,到周代时诉讼断狱形成,法律类文书也就随之兴起。在名称上,这一时期的法律文书尚未称"文书",而称"册""典"。西周时期,实行裁判宣告制度,也就有了裁判类的文书。此时的判决书称为"书""读书",当众宣判称为"读鞫"。

秦统一六国后,建立了统一的中央政权,在政治、经济、文化、军事方面制定了一系列法律规定,在法律文书方面也有相应的规定:用"式"的形式,规定了审理案件的准则以及书写审讯笔录、现场勘查笔录、查封笔录等法律文书程式的法律文件;"式"在文字上指"准则""标准""范例""模式"或"格式"之意。

两汉时期的法律制度基本是"汉承秦制"的格局,也就是继续维护封建专制中央集权制度。在法制指导思想方面,虽然儒家思想仍然占主导地位,但法家思想对社会的影响也非常大,各朝不断颁布一些单行法令,导致法律内容越来越多,法律文书的应用也越来越广泛,这一时期的法律文书的形式更多地体现为案例和文辞。

隋朝总结了秦汉以来的经验,在政治、经济、法律方面有了较大的发展,尤其是《开皇律》的颁布,代表了这一时期立法的最高水平,对后世的影响很大。

唐朝法律的主要形式为律、令、格、式四种,除先后颁布的《武德律》《贞观律》《永徽律》等法律外,还有令、格、式。不但法律门类多,而且当时的诉讼制度也进一步完善,法律程序也进行了相应的改革。如提起诉讼的方式,根据当事人诉讼地位的不同可分为"举劾"和"告诉":"举劾"由监察机关或地方官吏提起,类似于现在的公诉案件;"告诉"由当事人提起,类似于现在的自诉案件。提起"告诉"还要提交"辞牒",即诉状。这些法律的颁布实施,在客观上促进了法律文书的发展。

宋朝是封建社会的重要转折时期,朝廷为了培养和选拔合格的法律人才,制定和完善了以法律考试为中心的措施,同时科举考试中也有法律的内容。另外,还出现了诉讼辩论方面的规定,如犯人及其家属享有"理雪"(即"辩雪")的申诉权,可以提交诉讼辩论、诉讼代理的文书。这些措施无疑推动了法律文书写作水平的提升。

元朝的法律制度参用唐宋之故典,延袭辽金之遗志,所以元代的法律制度其实是蒙古旧制与汉法相混合的法律制度。为适应这种特殊的法律制度,这一时期的法律文书从形式到内容上都发生了很大的变化,尤其是文书的种类和格式十分繁多。

明朝的法律文书的形式已较完备,在写作体裁上,基本沿袭骈体,但实际应用中仍提出"以精当为贵"。对文书书写的要领提出了具体而明确的要求,更便于操作和应用。

清代法律文书写作对古判词中常用的修辞手法改变较大,对判词的程式化要求程度更高,力求做到应用语言准确、简练、严谨。尤其在清代末期,吸收了国外法律文书的经验,对刑事、民事判决书的格式和写作内容作了统一规定,使其内容更加全面,格式更加规范。

二、民国时期的法律文书

民国时期的法律文书较为明显地沿袭了中国封建社会法律文书写作的基本风格;同时也吸收了西方法律文书写作中的合理部分,对法律文书的写作格式作了具体规定和改进,其主要特点是分类繁多、格式规范、要素齐全。

三、新中国成立以后的法律文书

新中国成立之初,法律文书格式在批判地继承以往文书格式的基础上,适当参照了苏联的一些经验,创制了富有自己特色的法律文书格式。1951 年,当时的中央人民政府司法部负责人民法院包括诉讼文书在内的司法行政工作,制定了《诉讼用纸格式》《公证文书格式》,统一了全国的法律文书样式。1979 年,党的十一届三中全会后,中国的民主建设和法制建设进入一个新的阶段,《中华人民共和国刑法》(以下简称《刑法》)《中华人民共和国刑事诉讼法》(以下简称《刑事诉讼法》)颁布,并于 1980 年 1 月 1 日正式实施。为贯彻实施"两法",1979 年公安部制定了《预审文书格式》。1980 年,司法部制定并颁布了《诉讼文书样式》;1981 年,制定了《公证文书样式》。1991 年,最高人民检察院修订了《刑事检察文书格式(样式)》。1992 年 6 月,最高人民法院制定了《法院诉讼文书样式(试行)》。根据最高人民法院办公厅 1992 年 5 月制发的《法院诉讼文书样式(试行)》,法院的诉讼文书分为 14 类 314 种。1999 年 4 月,为适应修改后的《刑法》《刑事诉讼法》的需要,最高人民法院又对刑事裁判文书的式样进行了修改补充,使刑事裁判文书由原来的

40 种增加到 164 种。1996 年 12 月 16 日,最高人民检察院制定、下发了《人民检察院刑事诉讼法律文书格式(样本)》。1996 年 11 月 14 日,公安部制定、下发了《公安机关刑事法律文书格式(样本)》。1996 年 12 月 20 日,司法部制定、下发了《刑事诉讼中律师使用文书格式(试行)》。1999 年 4 月 6 日,最高人民法院制定了《法院刑事诉讼文书样式(样本)》;各类刑事文书样式达 48 种。2002 年 1 月 1 日,最高人民检察院制定、颁布了《人民检察院法律文书格式(样本)》。2003 年 5 月 1 日,公安部制定了《公安机关刑事法律文书格式(式样)》。2003 年,《中华人民共和国海事诉讼法》开始实施,该法对海事案件的裁判文书进行了修改补充,海事裁判文书增加了 58 种。2003 年 12 月 9 日,最高人民法院印发了《民事简易程序诉讼文书样式》的通知,增加了 19 种文书样式。2007 年 10 月 28 日,第十一届全国人民代表大会常务委员会第三十次会议通过了《关于修改〈中华人民共和国民事诉讼法〉的决定》,最高人民法院于 2008 年 11 月 10 日制定了《关于适用〈中华人民共和国民事诉讼法〉审判监督程序若干问题的解释》,并于 2008 年 12 月 8 日制定了《民事审判监督程序裁判文书样式(试行)》,规定了 46 种文书样式,除原有的 19 种外实际增加了 27 种。2008 年 11 月 21 日,最高人民法院执行局下发了《执行文书样式(试行)》,其中的文书共 3 类 123 种。2012 年,最高人民法院修订了《人民检察院文书格式(样式)》,文书样式共分为 11 类 223 种。2012 年,公安部修订《公安机关刑事法律文书格式》,其中的文书共 97 种。2019 年,公安部颁布《公安机关行政法律文书格式》,其中的文书共 51 种。2016 年 2 月,最高人民法院审判委员会审议通过《人民法院民事裁判文书制作规范》《民事诉讼文书样式》,修订、起草了诉讼文书样式 568 种;其中,人民法院使用文书 463 种,当事人参考文书样式 105 种。2020 年,最高人民法院印发《公益诉讼文书样式(试行)》,增加公益诉讼法律文书 18 种。2020 年 5 月,最高人民检察院印发《人民检察院文书格式样本》,将原有的检察院文书进行了修订。

当前,我国已形成了门类齐全、内容丰富、形式规范完整的法律文书体系,为我国各项法律的贯彻实施提供了有力的保障。

第三节　法律文书的特点

法律文书作为具有法律效力或法律意义的文书的总称,具有其自身的特点。

一、主体具有特定性

(一)制作主体特定

有些法律文书是特定的执法机关代表国家行使司法权的载体,其他任何机关、团体、单位、个人都无权制作、使用。如刑事诉讼程序中的《起诉意见书》由公安机关制作;《起诉书》由检察机关制作;《刑事判决书》由审判机关制作,其他机关均无权制作。

（二）制作者资格特定

有些法律文书的制作者是相关司法机关中具有一定资格的工作人员。如《起诉意见书》《起诉书》《刑事判决书》分别由取得执法资格的公安人员、检察人员、审判人员代表相应的执法机关制作，不具备相应资格的人不能制作对应的法律文书。

（三）对象特定

由于法律文书是为解决特定的法律程序问题或实体问题而制作的，特定的事项必然针对特定主体，无论是刑事裁判文书、民事裁判文书、行政裁判文书，还是律师文书，针对的都是特定的个人和单位。

二、使用具有合法性

法律文书必须依照相关法律规定制作或使用。相关主体制作和使用法律文书都要依据《刑事诉讼法》《中华人民共和国民事诉讼法》（以下简称《民事诉讼法》）《中华人民共和国行政诉讼法》（以下简称《行政诉讼法》）以及其他法律、法规、司法解释的相关规定，而且在某一个诉讼程序或诉讼环节应该使用何种法律文书，也必须符合相关规定才具有法律效力。例如，刑事诉讼中逮捕、拘留、取保候审、监视居住等强制措施，必须以《刑事诉讼法》规定的犯罪嫌疑人的相关行为为前提；民事诉讼中财产保全、证据保全等都必须满足《民事诉讼法》中关于财产保全和证据保全的相关条件，否则，使用上述文书就属于违法行为。

三、形式具有规范性

司法机关的法律文书在制作和使用上有严格的规范性，也就是在制作和使用过程中不仅严格依照法律，而且还要符合该文书的规范性要求，文书的格式、内容、要素是全国统一的，各司法机关要按照统一规定的格式制作，不得各自为政、各行其是，也不能相互取代。同一系统、不同地区的文书不能借用，不同程序、不同审级的文书也不能互相取代。

四、结构具有相对固定性

法律文书的基本体例结构一般分为标题、正文、尾部三部分，正文都要按照首部、事实、理由、依据、结论的顺序排列，甚至连尾部的时间落款、署名都有统一的格式。制作时必须按照统一要求及相关说明书写，不能标新立异、随意取舍。尤其一些使用全国统一代码的文书，不仅文书标题要按照规定使用，就连统一的机构代码都不能出错。如不同省、市、自治区、地、县、区的法院，各有各自的代码，书写时不允许出错。

第四节　法律文书的作用

法律文书是诉讼活动和非诉讼活动等法律活动的产物；是保证各项法律法规正确实施的工具；是诉讼活动和非诉讼活动的文字结论和凭证；也进行法律宣传的重要方式。因此，法律文书在法律活动中具有不可替代的作用。

一、法律文书是保证法律正确实施的重要工具

法律文书是司法机关执法活动的重要载体，法律文书制作的根本目的在于保证法律的正确实施。公安机关、监察机关对犯罪嫌疑人采取强制措施，检察机关对被告提起公诉，人民法院对被告判处刑罚等，都需要依据特定的法律文书所确定的内容实施。公民个人的婚姻家庭纠纷，公民、法人之间民事权益纠纷的解决都是通过特定的法律文书，即判决书、裁定书来进行的。由此可见，任何法律的贯彻实施都离不开相应的法律文书。

二、法律文书是有关法律活动的忠实记录

法律文书既是诉讼活动和非诉讼活动的必然产物，同时也起着忠实记录这些活动的重要作用。特别是对于执法机关来说，无论是诉讼案件，还是非诉讼案件，在整个审理和裁处过程中，都应该保存系统、完整的法律文书以备稽考。

以刑事案件为例，从立案、侦破、预审到检察部门的审查起诉，再到法院的审理判决，直至交付执行，都离不开法律文书。除在主要的诉讼环节中要有主要的法律文书起着承前启后的作用外，在整个诉讼过程中还有大量的笔录，它们一同反映全部活动的进程。非诉讼案件的处理过程同样需要有相应的法律文书予以记载实录。

三、法律文书是实现法制文明的重要标志

法律文书的诞生是法律制度文明进步的结果，法律文书反过来也促进了法制的文明与进步。提高法律文书的制作水平，是提高司法机关执法水平，实现社会主义法制文明的重要途径之一。司法机关代表国家出具的法律文书能否科学、民主地反映法律活动的进程，是检验法制民主、文明程度的重要标准。习近平总书记在党的二十大报告中强调："努力让人民群众在每一个司法案件中感受到公平正义"。法律的公正性不仅仅体现在立法环节，更体现在执法过程中对具体案件的公平公正的处理，而具体案件的公平公正就可以表现在法律文书中。例如，近年来人民法院广泛推进的"裁判文书说理化"，即裁判文书风格重构，就致力于用法律文书这个窗口，把审判活动的全过程与结果最大化地告知当事人，从而体现法律活动的民主、文明。一份优秀的判决文书，通过具体的案件的公正处理，可以反映出民主、文明的法律活动，可以让人民群众通过具体案件的公开处理

感受社会主义法律的公平正义。

四、法律文书是进行法制宣传的生动教材

法律文书不仅仅可以通过解释法律规定的方式来宣传法律,还可以通过处理具体案件的方式,用生动的案例来宣传法律,用具体案例来说明哪些行为是合法的,哪些行为是不合法的;哪些行为是构成犯罪的,哪些行为是不构成犯罪的。这样的法制宣传,从一定意义上讲,是更为高效的方式。如检察院的起诉书,通过揭露被告人的犯罪行为、造成的危害和对他的依法指控,向公民生动地讲明某种犯罪行为应当受到国家司法机关的指控和审判机关的审判、惩处。

五、法律文书有利于建立完备的诉讼档案

司法机关所有的执法活动都必须有完备的文字记载,装订成卷宗,存档保管一定期限。司法档案的形成实际上就是由记载全部执法环节、执法程序、执法结果的笔录文书、票证文书、裁判文书组成的。这些文书不仅对案件的审理查处起着推动作用,而且还具有重要的历史档案价值,可为日后总结经验、检验法律实施的效果所用,从而为不断完善法律提供重要的历史档案资料。

第五节　法律文书写作的基本要求

不同的主体在不同的程序中使用的法律文书都有不同的制作要求,但法律文书制作的总体要求主要有以下几个方面。

一、主体、程序要合法

法律文书本身就是贯彻、实施国家法律法规的工具,因此,它从制作主体到制作程序以及具体处理结果都要有相应的法律依据,无论形式还是内容都不得违反国家的法律法规的具体规定。

首先,制作的主体要合法。例如,检察机关向人民法院提起公诉的起诉书,必须以某一人民检察院的名义发出,具体的制作者必须具有员额检察官的身份;法院的判决书必须以人民法院的名义发出,制作者必须具有员额法官的身份。其次,程序要合法。文书的制作和使用程序必须符合《刑事诉讼法》《民事诉讼法》《行政诉讼法》及相关司法解释的规定。公民、法人等向人民法院提交的《刑事自诉状》《民事起诉状》《行政起诉状》必须符合《刑事诉讼法》《民事诉讼法》《行政诉讼法》规定的受理案件的条件,法院才能立案,否则,法院会裁定不予受理。再次,内容要合法。即文书的内容必须符合相关程序法和实体法的规定,这是法律文书最基本的要求。

二、事实认定要客观

法律文书所记载的内容要尊重客观事实,以事实为依据。具体是指,对任何程序问题或实体问题,都必须以案件的客观事实为依据。对案件发生经过的叙述,一定要以证据为依凭,不能主观臆断,对人物、时间、地点、情节、结果等的记载和描述,都要实事求是。只有客观才能公正,只有客观才能准确,只有客观才能保证法律文书的权威性,只有客观才能经得起时间的考验。尽管司法机关定案的事实属于法律事实,它与客观事实有时会有一定的距离,但无论如何,法律文书所反映事实必须是依照一定的法律程序查明的事实,而且要尽可能使法律事实与客观事实趋近一致。

三、形式内容要准确

法律文书不同于其他普通文书,由于其性质的特殊性和作用的重要性,决定了它的形式和内容必须准确无误。否则,就无法实现正确执行国家法律,公正处理案件的职能。要做到准确无误,必须注意以下两个方面:(1)文书形式要准确无误。按照法律的规定,该使用哪一种类的文书就使用哪一种类的文书,不同种类的文书不能相互代替。如该用传票的就不能用通知,该用判决的就不能用裁定,该用裁定的就不能用决定。(2)文书的内容要准确无误。从诉讼主体的称谓到基本案情的表述,从案件的由来到审理经过,从对事实的叙述到对证据的采信,从判决理由、法律适用到判决结果等,这些内容都应准确无误。

四、叙述要清楚

法律文书中的叙述,就是人们平时所说的用记叙的方法进行表达,是以写人或记事为主要内容的表达方法,也是法律文书常用的表达方法。记叙通常是以记载人物和事件的状态、人物的动态或事件的发生、发展过程来表达作者的思想或观点的。它一般包括人物、事件、时间、地点(空间)、原因和结果,简称记叙六要素。如法律文书正文中的事实部分以及证人证言部分,就是用记叙的写作方法。叙述方法分为顺叙、倒叙、插叙和平叙,法律文书由于其自身的特殊性,基本使用顺叙和平叙,个别情况下使用插叙。顺叙是指按照事件发生、发展的时间顺序进行叙述。这种叙述方法可以达到层次清楚、段落自然、能客观地反映事件发生、发展的全过程。顺叙是最常用的记叙方法,它是以事件的时间顺序为主线展开记述的,在结构上表现为层进式,是以自然、简单的段落展开叙述的方法。其最大的特点是思路清楚、简单易懂。平叙是将同时发生的两件以上的事情,并列进行叙述的方法。如合同纠纷案件,与合同履行有关的两件事情同时发生了,就要在叙述完与履行合同有关的主要事情后,紧接着叙述与履行合同有关的另外一件事情。这种叙述方法,在法律文书中往往都是以"另查明"引出。

法律文书的叙述可以根据不同的内容、对象和记叙的场景,选择不同的记叙方法。同时还要符合以下要求。

(一)称谓得体

称谓指作者是站在什么位置,从什么角度进行叙述。通常情况下,记叙可以采用第一人称进行叙述,这样可以将自己的所闻所见及亲身感受尽情发挥。但由于采用第一人称叙述往往会受到时间、空间的限制,无法将更多的人物、事件、场景进行客观的反映,所以,许多法律文书的制作者都采用第三人称的方式叙述。由于采用第三人称的叙述方法,制作者可以以局外人的身份,使用第三人称代词"他(她)""他们"或"某某人""某某单位"等。除第一人称和第三人称代词以外,第二人称"你""你们"在个别情况下也会出现在一些法律文书中。

有些法律文书是司法机关站在国家的立场上,代表某一司法机关作出的书面处理决定,所以在叙述中对当事人的称谓上,必然要采用第三人称进行叙述,即当事人以犯罪嫌疑人、原告、被告、上诉人、被上诉人、第三人等方式出现。除援引当事人的诉称、辩称或证人证言的情况以外,通常都要使用第三人称。

(二)主线清晰

无论是采用顺叙、倒叙、插叙、平叙还是其他记叙方式,一定围绕主要事件,抓住主要线索,有条有理地进行叙述,切忌内容分散、杂乱无章。同时,还要注意前后照应,首尾一贯,不能虎头蛇尾,更不能有头无尾。如在刑事裁判文书中,要围绕公诉机关的起诉书指控被告人的主要犯罪事实、犯罪情节、犯罪后果进行叙述。民事裁判文书要以原告的诉讼请求及所依据的事实为主线进行叙述,并将案件的前因后果交代清楚。

(三)描述清楚

对人物的基本情况和特征,对事件发生的时间、地点、人物、原因、结果一定要描述清楚。对几个人物,或几个同时发生的事件,一般按照时间顺序和主次顺序一一列举,分步叙述。特别是裁判文书中涉及多人、多起案件或事件的,一定要将案件发生的时间、地点、原因、后果、情节、人物以及每个人物在案件中行为、作用描述清楚。

(四)详略得当

法律文书中的案件常常存在多个人物或多个事件交织在一起的情况,那么,在叙述中,一定要根据主次、轻重之要求,做到详略得当:对主要人物或主要事件及事件的主要情节,一定要交代清楚;对不属于事件中需要详细交代的人物或不是事件中的重要情节则可以简要说明,甚至一笔带过。如裁判文书中涉及共同犯罪的,有的被告人已被判处了刑罚或做了其他处理,在叙述本案被告人的犯罪经过时一定要详细,对另案处理的被告人就可以一带而过。再如婚姻纠纷中,夫妻感情往往还与家庭其他成员的纠纷交织在一起,那么对涉及夫妻感情的情节要重点叙述,对与家庭成员的纠纷就可以简写或一笔带过。

五、说明要具体

法律文书制作过程中大量运用的手法是说明。所谓说明，就是对事物的形状、性质、特征、成因、功能以及对人物的经历、关系、特征进行的解说。在法律文书中说明的运用十分广泛，其作用也十分重要。

(一)说明的分类

依据具体的应用范围，法律文书中的说明大体可分为以下几类。

1. 对人物基本情况的说明

对人物基本情况的说明主要表现在对当事人基本情况的说明，不仅要介绍当事人的姓名、性别、出生年月、民族、籍贯、住址等基本情况，刑事案件中还要说明被告人何年何月、因何原因、受过何种刑事处罚以及被采取强制措施的情况。在民事案件中，除对原、被告及第三人的基本情况做必要说明外，还要对与案件有关的其他人物进行简要说明，如继承案件中的被继承人与继承人以及相关人员之间相互关系的说明等。

2. 对事物形状、性质、特征的说明

为了让读者对所要说明的事物有更加形象、直观的了解，有时要着重对事物的形状、性质、特征进行说明。如对作案的凶器、案件的现场、尸体以及比较特殊的物证和照片等所做的说明。

3. 对事物发展变化的说明

这包括对事物内在变化和外观的变化所做的说明，特别是说明事物变化的原因、过程和状况。如刑事附带民事案件中，在刑事案件审理终结前附带民事部分，双方当事人已达成调解协议，或附带民事诉讼原告撤回起诉的，案件的当事人以及案件的法律关系发生变化，就需要在裁判文书或审理报告中进行必要的说明。

4. 对事物作用和意义的说明

对有些事物的特殊作用和意义进行说明，可以使读者对该事物的本质特征以及与其他同类事物的区别有更深入的了解。如对专利产品作用的说明，可以使案件当事人加深对其是否构成专利侵权的理解和认识。

(二)说明的方法

说明的方法要根据说明对象的不同进行相应的选择，常用的说明方法有以下几种。

1. 介绍加解释

对人物的基本情况，对事物的概貌、特征、性能、作用，对事件发生、变化的过程以及结果、意义等的说明，都可以用介绍的方法，对其中重点问题或突出部位可以加以必要的解释。

2．定义加提示

对一些概念性比较强的问题，特别是某些专业性问题，为了准确理解其含义，需要采取下定义的方法，或对定义进行解释。下定义时一定要明确其内涵和外延，并对容易混淆的部分进行必要的提示，以防止理解上发生偏差。

3．分类加对比

对某些比较复杂的问题，可以采取分类说明的方法。特别是对一些人数众多、关系复杂的案件，或性质、功能、结构、价格复杂的产品，为了清楚地将各种复杂的关系加以明确的区分，可以进行分类说明。有时可以根据案情的需要，用列表的方式，将相近似或相类似的问题、事物进行对比。

4．援引加注释

为了让当事人及其他读者对一些复杂的问题、案件有更清晰的了解，可以对有关的证据资料或证人证言进行必要的援引，但对相关资料和证人证言的出处要加以注释或说明来源。

（三）说明的要求

法律文书的说明要注意以下几个方面。

1．对人物的说明要准确、全面

无论是律师制作的《民事起诉状》，还是检察机关制作的《起诉书》；无论是刑事裁判文书还是民事、行政裁判文书，都涉及对人物的说明。在说明的过程中要对人物的基本情况进行准确、全面的反映，当事人的姓名、性别、年龄、民族、籍贯、职业、住址等基本情况，以及刑事案件的被告人被拘留、逮捕的时间、羁押场所等，不能有遗漏，更不能出现偏差。

2．对事物的说明要抓住主要特征

在事物的主要特征方面，特别是主要形状、主要性能、主要特点以及与其他同类事物的区别等方面一定要说清楚。例如，专利侵权案件中，为了便于区分专利产品与可能侵权产品的异同，以确定后者是否构成侵权，就要围绕二者的形状、主要性能、主要特点进行说明。

3．对现场的说明要清楚、精确

无论是刑事案件的现场，还是民事、行政案件的现场，对于案件发生的地理位置、现场的地貌特征、状况要描述清楚，测量的数据要精确，尽量避免使用"大约""相当于"等模糊的表述。

4．对事件的发生、发展的说明要简明、完整

对于与本案件有关的其他案件或事件的说明，要将事件发生的时间、地点、参与人以及事情发生的原因和发展的结果简明扼要地交代清楚，同时也要把事情发生、发展的过程交代完整。

六、逻辑要严谨

在法律文书的写作过程中,作者对事实的认定,对证据的分析,对法律的适用以及最后得出结论的过程,就是作者对事实与证据、主观与客观、主体与客体、一般与个别、形式与内容、原因与结果进行分析、判断、推理、论证的过程,也就是作者对逻辑的运用过程。

逻辑在写作中十分重要,法律文书的写作更要讲逻辑。因为"法律自身之严谨的逻辑魅力既需要人们通过同样逻辑严谨的诠释法律活动来缔造,也需要遵循法律的严谨逻辑并通过法律诠释修补、取消法律可能和出现的逻辑裂缝和瑕疵。因此,不论诠释法律活动还是法律诠释活动,都肩负着必须尊重逻辑的道义责任。法律自身应当尊重逻辑,而诠释法律和法律诠释活动不尊重逻辑,这本身就不符合逻辑"。[①] 加强法律逻辑学习对法律文书的制作具有十分重要的意义,主要表现在以下几个方面。

(一)有助于提高表达水平

法律逻辑在法律文书中的运用主要体现在概念、推理和论理方面,如果法律文书使用的概念的外延、内涵不明确,推理违反逻辑规律,论理不充分或论证方法不正确,那么,该法律文书就会出现事实不清、是非不明、处理结果所依据的事实根据和法律依据不能有机统一,处理结果不能实现法律效果与社会效果的有机统一的情况。反之,如果法律文书的遣词造句概念明确、推理符合逻辑规律、论理深刻到位,让当事人读后能感觉到事实清楚、证据确凿、理由充足、裁判得当,那么,其案件处理效果也是不言而喻的。

(二)有助于提高分析认定证据的能力

法律文书对证据的分析与认定,关系到案件处理结果是否公正。而证据的分析认定必须遵循逻辑规律,即遵守同一律,不能前后矛盾;遵守不矛盾律,对同样的对象不能既肯定又否定;遵守排中律,不能模棱两可;遵守充足理由律,要事实清楚、证据确凿。只有这样才能避免在证据认定上模糊不清、模棱两可或以偏概全。

(三)有助于提高辩法析理的能力

起诉状、答辩状、公诉词、代理词、判决书都存在辩法析理的问题,在制作过程中都考验制作者辩法析理的能力。如裁判文书的一个重要的功能就是对控辩双方的诉请和抗辩理由进行论证,而论证就是一个逻辑推理的过程,为证明一个复杂的法律问题必须要进行反复的逻辑推理,这必然涉及法律和证据的运用,因此也可以说是一个辩法析理的过程。因此,要提高辩法析理的能力必须提高法律逻辑的运用水平。

---

① 谢晖:《法律的意义追问》,377 页,北京,商务印书馆,2003。

七、说理要充分

说理就是论证,是拟制类法律文书的核心内容。诉讼的每一个部分都离不开说理,人民法院的裁判文书的说理论证部分最为重要。因为裁判文书的说理是法官对证据采信、事实认定内心确信的阐述,是对法律适用根据的公开展示,还要在这个环节得出结论,也可以说判决的质量就取决于法官的论证水平。刑事案件的被告人是否构成犯罪,民事、行政案件的当事人的诉请能否得到法院的支持,都将在人民法院的裁判文书中见分晓。人民法院在对案件作出裁判时,不只是简单的肯定或否定,而是要对控辩双方的诉请和抗辩在裁判理由部分进行论述。甚至可以说,裁判理由部分就是一篇论文,论述的基本方法就是逻辑论证。在论证中要注意以下几点。

(一)论题明确

论题是论证的中心,在论证的过程中最重要的是论题明确。如果论题不清楚、不明确,那么论证就缺乏中心。在刑事案件中,公诉机关指控被告人触犯的罪名就是该案裁判理由的论题,论证的过程要紧紧围绕指控的罪名是否成立这个中心。在论证中,如果公诉机关指控的罪名有多项,那么所有指控的罪名都是论证的中心,必须分别对每一项指控的罪名一一进行论证,不能偏离指控的罪名。民事案件中,当事人双方争议的标的就是论题,论证的中心是与当事人争议的标的有关的权利义务关系。如购销合同纠纷中,论证的标的就是当事人所签定的合同是否合法有效以及双方当事人是否依约履行了各自的义务。有时,几种民事法律关系交织在一起,那就要按照主次顺序进行论证。如离婚案件,主要论题是夫妻感情是否破裂,同时也与家庭成员的财产关系、对子女抚养关系交织在一起,但是最主要的论题是婚姻关系。只有夫妻感情破裂的命题成立,才能涉及家庭财产关系和子女抚养关系。

另外,在同一论证过程中,不管论证的过程有多长、论证的程序有多复杂,都要保持前后一致,不能偏离主要论题。

(二)论据可靠

论题是依靠论据证明的,论题能否成立,能否经得住实践的检验,就要看论据是否可靠。论据应当是被实践证明了的、确定为真的命题,这样才具备论据的基础。如果论据不真实,或者论据的真实性还有待于证实,那就不能用来证明论题的真实性。无论在刑事案件、民事案件还是行政案件的审理过程中,所采用的证据必须具有客观性、合法性、关联性,所有定案证据必须是经过法庭调查,当庭质证、认证后予以确定的证据。不具备客观性、合法性、关联性的证据,没有经过法庭质证、认证的证据,不是真实、可靠的论据,也无法证实论题的真实性。对证据可靠性审查要注意以下几点:对单一证据的运用一定要审查是否是原物、原件;复制品、复印件是否与原物、原件一致;提供证言的证人与案件的当事人是否有利害关系;间接证据能否形成证据链。

(三)论证有力

论题是尚未确定为真的命题,要得出论题是真实的结论,除论据必须是真实的以外,论证的方法是否得当也是关键所在。论证一定要有说服力,才能达到论证的目的。

1. 围绕论点、紧扣论题

论题明确以后,接下来的任务就是如何证明论题的真实性。论证的过程中最基本的要求就是不能偏离论题。例如,证明某一婚姻关系是否有效的方法,是依据《民法典》第1051条的规定,凡符合该条列举的三种情形之一的婚姻关系,即属无效。在这里,婚姻关系是否合法就是论题,证明其是否符合法律规定的某一情形的证据就是论据。论证时不能以规定中的某一种情形来证明自身,也不能以其中一种情形作为另外一种情形的论据,而是要以与规定中最相符合的证据作为论据,来证明它符合婚姻关系无效的法定条件。

2. 层次分明、主次有序

论证时要重视论证的重点和次序,如哪些问题先论述,哪些问题后论述,一定要根据裁判文书的写作特点,结合不同案件的具体情况具体安排。不能前后颠倒、不分主次。

3. 方法科学、推理严谨

所谓方法科学的基本要求是符合逻辑:在论证过程中概念运用准确,判断符合逻辑规律,推理符合逻辑要求,论据与论题具有逻辑联系。尤其在推理过程中,一定要注意论据与论题之间的逻辑联系,否则尽管论据是真实的,推出的结论也不一定是正确的。例如,被告人罗×因琐事与邻居王××发生争执,在相互撕拉中王××倒地不起,送往医院治疗,次日死亡。经法医解剖认定,王××系肝硬化晚期。公诉机关以不构成犯罪由不予起诉,王××的子女申请复议又被驳回,遂又对罗×以故意伤害罪提起刑事自诉。法院经审理认为,王××虽然是在与罗×撕拉中倒地后死亡,但是,其是因为自身疾病导致死亡;罗×虽然与王××发生了撕拉,并致其倒地,但是王××的死亡与罗×的撕拉行为之间不存在直接的因果关系,因而罗×的行为不构成故意伤害罪。

八、行文要规范

法律文书从文种、样式、纸张、字号到格式要求,必须按照最高人民法院、最高人民检察院、公安部、司法部制发的有关诉讼文书样式的规定执行。文书的格式、结构是程式化的,各个部分的内容是要素化的,有些称谓也是法定化的,制作过程中使用数字、计量单位、标点符号以及排版印刷时也应遵守规范性要求。裁判文书中的数字、计量单位、标点符号用法和印制标准,应符合《中华人民共和国国家标准〈出版物上数字用法的规定〉和〈标点符号用法〉》《中华人民共和国法定计量单位》及最高人民法院相关诉讼文书样式的要求。

(一)数字的用法

法律文书涉及数字的表述时,应根据不同情况分别使用阿拉伯数字或汉字数字。

1.应当使用汉字数字的情况

(1)判处的刑罚。

(2)裁判文书尾部交代上诉期限及签发日期。

(3)裁判结果需要分段列项的序号。

(4)固定的词、词组、成语、惯用语、缩略语或具有修辞色彩的词语作为词素的数字。

(5)相邻的两个数字并列连用表示的概数,如:二三米、三五天,但在连用的两个数字之间不得使用顿号断开。

(6)带有"几""余"等字的数字表示的约数,如:十几天、二十余人,为使表述严谨,应当慎用约数。

(7)其他根据需要应当使用汉字数字的情形。

2.应当使用阿拉伯数字的情况

(1)案号。

(2)除前述第(2)项规定情形之外的公历年代、年、月、日和时刻。

(3)记数与计量,包括正负整数、分数、小数、百分比。

(4)其他根据需要应当使用阿拉伯数字的情形。

3.法律文书中使用阿拉伯数字的,应当符合以下要求

(1)4位和4位以上的数字,采用国际通行的三位分节法,即从小数点往前每三位数字为一节,节与节之间空半个阿拉伯数字的位置。

(2)5位以上的数字,尾数零多的,可以改写为以万、亿为单位。

(3)用阿拉伯数字书写的多位数不能断开移行。同一份法律文书对同一数字的表述应保持一致。

4.法律文书中案件事实、法律关系较复杂的,应当在准确归纳争议焦点的基础上分段、分节叙述。分段、分节使用数字符号表明层次的,序号的分级应符合下列要求

(1)第一级用一、二、三等依次表述。

(2)第二级用(一)(二)(三)等依次表述。

(3)第三级用1.2.3.等依次表述。

(4)第四级用(1)(2)(3)等依次表述。

(5)第五级用①②③等依次表述。

上述第(1)项的序号与文字内容之间使用顿号隔开,第(2)(4)(5)项的序号与文字内容之间不使用标点符号,第(3)项的序号与文字内容之间使用顿点隔开。

5.引用法条原文序号的要求

法律文书引用法律、法规、立法解释及司法解释时,原条文序号为汉字数字的,应引用汉字数字;原条文序号为阿拉伯数字的,应引用阿拉伯数字。

(二)计量单位的用法

法律文书中涉及计量单位的,应按照以下要求规范表述:

(1)长度法定计量单位采用米制,单位名称用米、千米(公里)、海里,一般不得使用公分、尺、寸、分。

(2)质量(重量)计量单位名称使用克、千克、吨,一般不得使用两、斤。但涉及当事人引述或合同约定等情形的,裁判文书中不宜进行换算。

(3)时间计量单位使用秒、分、时、天(日)、周、月、年,不得使用点、刻。

(4)其他计量单位的使用问题,依照《中华人民共和国法定计量单位》的规定执行。

(三)标点符号的用法

标点符号的使用问题,依照《中华人民共和国国家标准〈标点符号用法〉》的规定执行。

(1)"经审理查明""本院认为"等词语之后,凡所提示的下文只有一层意思的,使用逗号,有数层意思的使用冒号,数层意思之间使用分号或句号。

(2)"判决如下""裁定如下"等词语后,应当使用冒号。

(3)裁判结果有两项以上内容的,项与项之间应当使用分号,最后一项使用句号。

(四)印制标准

1. 用纸尺寸

法律文书印刷用纸应当采用国际标准 A4 型(210mm×297mm)纸。

2. 法律文书编排字体应当规范

关于法律文书的字体,司法部门有统一的规定,例如:最高人民法院 2016 年 2 月 22 日颁布的《人民法院民事裁判文书制作规范》中规定:"法院名称一般应用 2 号老宋体字;案号和正文一般应用 1 号老宋体;案号和正文一般应用 3 号仿宋体字。"

3. 法律文书版式应当规范统一

具体要求为:每页 22 行,每行 28 个字,页码居中,左空(装订线一侧)大于右空(翻页一侧)。

第二章　公安机关主要法律文书

第一节　受案登记表和受案回执

一、概念

受案登记表是公安机关在接受公民报案、控告、举报或犯罪嫌疑人自首及有关单位移送案件时制作的文书,是公安机关办理行政、刑事案件时的通用法律文书。受案回执是公安机关接受案件之后给报案人(单位)、控告人、举报人、扭送人开具的凭证,用于告知接受案件的情况。

二、作用

受案登记表既是公安机关接受刑事案件的法定证明文书,也是公安机关重要的原始材料,某些情况下该文书是确定违法犯罪行为追诉时效的重要凭证。制作受案登记表是接受刑事案件时首先采取的必要法律手续,也是决定立案、不予立案或移送案件的依据之一。制作受案回执有利于报案人了解、监督受案单位的工作进展情况,也是贯彻落实公安部对群众上门报案"三个当场"制度的具体措施。

三、法律依据

《刑事诉讼法》第 110 条规定:任何单位和个人发现有犯罪事实或者犯罪嫌疑人,有权利也有义务向公安机关、人民检察院或者人民法院报案或者举报。被害人对侵犯其人身、财产权利的犯罪事实或者犯罪嫌疑人,有权向公安机关、人民检察院或者人民法院报案或者控告。公安机关、人民检察院或者人民法院对于报案、控告、举报,都应当接受。对于不属于自己管辖的,应当移送主管机关处理,并且通知报案人、控告人、举报人;对于不属于自己管辖而又必须采取紧急措施的,应当先采取紧急措施,然后移送主管机关。犯罪人向公安机关、人民检察院或者人民法院自首的,适用第 3 款规定。

《刑事诉讼法》第 109 条规定:报案、控告、举报可以用书面或者口头方式提出。接受口头报案、控告、举报的工作人员,应当写成笔录,经宣读无误后,由报案人、控告人、举报人签名或者盖章。

《公安机关办理刑事案件程序规定》（以下简称《程序规定》）第171条规定，公安机关接受案件时，应当制作受案登记表，并出具回执。

四、格式（行政、刑事案件通用）

受案登记表

（受案单位名称和印章）　　　　　　　　　　　　　×公（　）受案字〔　　　〕　　号

案件来源	□110指令　□工作中发现　□报案　□投案　□移送　□扭送　□其他			
报案人	姓　名		性　别		出生日期	
	身份证件种类		证件号码			
	工作单位		联系方式			
	现住址					
移送单位		移送人		联系方式		
接报民警		接报时间		年　月　日 时　分	接报地点	

简要案情或者报案记录（发案时间、地点、简要过程、涉案人基本情况、受害情况等）以及是否接受证据：

受案意见	□属本单位管辖的行政案件，建议及时调查处理 □属本单位管辖的刑事案件，建议及时立案侦查 □不属于本单位管辖，建议移送＿＿＿＿＿＿＿＿＿＿处理 □不属于公安机关职责范围，不予调查处理并当场书面告知当事人 □其他＿＿＿＿＿＿＿＿＿＿＿＿＿＿＿＿＿＿ 受案民警：　　　　　　　　　　　年　月　日
受案审批	受案部门负责人：　　　　　　　　　年　月　日

一式两份，一份附卷，一份存根

受 案 回 执

_____：

　　你(单位)于_____年_____月___日报称的_____
_____
_____一案我单位已受理(受案登记
表文号为×公(　)受案字〔　　〕　号)。

　　你(单位)可通过_____查询案件进展情况。

　　联系人、联系方式：_____

　　　　　　　　　　　　　　　　　　　　　　　(受案单位印)
　　　　　　　　　　　　　　　　　　　　　　　年　月　日

报案人、控告人、举报人、扭送人：

　　　　　　　　　　　　　　　　　　　　　　　年　月　日

一式两份,一份附卷,一份交报案人、控告人、举报人、扭送人

五、写作要点

受案登记表是由公安部统一制定的单联式填充型文书,它是公安机关对内使用的法律文书,包括首部、正文、尾部三部分。

(一)首部

首部由文书名称、受案单位名称和印章、文书编号组成。

(1)文书名称为"受案登记表"。

(2)受案单位应为制作人所在的公安机关某部门。如"×市公安局经侦支队"。本处所指的印章应为"×市公安局经侦支队"的公章。

(3)一般来说,文书编号应该按照机关代字、办案部门简称、文书名称的简称、文书制作的年份和文书的顺序号来填写,《受案登记表》右上方的编号正是以这样的形式来填写的。近年来,随着执法信息化的发展,《受案登记表》等法律文书的右上方的编号已经可以由执法办案系统自动生成,因此,有时《受案登记表》的编号不需要手动填写。

(二)正文

正文由眉栏、腹栏和尾栏三部分组成。

眉栏填写案件来源、报案人或移送单位信息以及接报情况。其中案件来源部分要说明案件受理方式,即是 110 指令、工作中发现、报案、投案、移送、扭送的,还是其他方式。如果案件是报案人报告的,则要在报案人基本情况栏依次填写报案人姓名、性别、出生日期、身份证种类、证件号码、工作单位、联系方式、现住址;如果案件是单位移送的,则应填写移送单位名称、移送人、联系方式,"报案人"栏用横线划掉;反之亦然。接报情况应填写接报民警姓名、接报时间(具体到分钟)、接报地点等信息。总之,眉栏的各项内容必须依次准确地进行填写。

腹栏填写简要案情或者报案记录以及是否接受证据。腹栏是受案登记表填写的重点部分,具体来讲,就是要把已知案情、涉案人基本情况和受害情况三项内容填写清楚。

(1)已知案情。要写清何时何地发生了什么案件,即写清案件的起因、经过、手段、动机、目的、结果,案发现场是否得到保护。对于控告、举报的案件,要具体写明控告人、举报人陈述认定的犯罪事实及其根据;对于扭送的案件,要写清当场抓获时的犯罪事实及其相关证据、嫌疑人交代的情况;对于犯罪嫌疑人自首的案件,则要写明在什么时间、什么地点、什么情况下自首,犯罪嫌疑人交代了哪些主要犯罪事实,有哪些证据可以佐证。

(2)涉案人基本情况。根据接受案件时了解的情况,填写涉案人的姓名、性别、工作单位、住址及其特征等主要信息,犯罪嫌疑人是谁等。

(3)受害情况,即犯罪行为造成的损害结果。此处的损害结果,包括受害人的受伤情况、受害部位、伤势后果、是否死亡,受损物品特征、损失的数量以及损失程度等。

尾栏包括受案意见和受案审批结果。这部分要写明受案民警的受案处理意见并签名确认,即案件属于行政案件、刑事案件,还是应当移送其他机关处理或不予调查处理等。受案部门负责人还应对受案民警的处理意见进行审批,公安机关有关负责人应对受理案件签署处理意见并签名。一般有"拟立刑事案件侦查""拟立为治安案件""不予立案""移送××人民法院或××公安局"等批示意见。

(三)尾部

尾部标明该受案登记表的份数和具体去向。

第二节　立案决定书

一、概念

立案决定书,是指公安机关发现犯罪事实或者犯罪嫌疑人,按照管辖范围审查后,决定立案侦查时制作的法律文书。

二、作用

立案决定书是公安机关对刑事案件确认成立,并正式开展侦查活动的合法依据,只有立案以后,公安机关才能依法对案件进行侦查,全面客观地发现和收集证据,同时对犯罪嫌疑人采取拘留、取保候审等强制措施和查封、扣押、冻结等各种侦查手段。

三、法律依据

《刑事诉讼法》第109条规定:公安机关或者人民检察院发现犯罪事实或者犯罪嫌疑人,应当按照管辖范围,立案侦查。第112条规定:公安机关对于报案、控告、举报和自首的材料,应当按照管辖范围,迅速进行审查,认为有犯罪事实需要追究刑事责任的时候,应当立案;认为没有犯罪事实,或者犯罪事实显著轻微,不需要追究刑事责任的时候,不予立案,并且将不立案的原因通知控告人。控告人如果不服,可以申请复议。

《程序规定》第178条第1款规定:公安机关接受案件后,经审查,认为有犯罪事实需要追究刑事责任,且属于自己管辖的,经县级以上公安机关负责人批准,予以立案;认为没有犯罪事实,或者犯罪事实显著轻微不需要追究刑事责任,或者具有其他依法不追究刑事责任情形的,经县级以上公安机关负责人批准,不予立案。

四、格式

×××公安局

立 案 决 定 书

（存　根）

×公（　）立字〔　　〕　号

案件名称＿＿＿＿＿＿＿＿＿＿＿＿＿＿＿＿＿＿＿＿＿＿＿＿

案件编号＿＿＿＿＿＿＿＿＿＿＿＿＿＿＿＿＿＿＿＿＿＿＿＿

犯罪嫌疑人＿＿＿＿＿＿＿＿＿＿＿＿＿＿＿＿＿＿＿＿男/女

出生日期＿＿＿＿＿＿＿＿＿＿＿＿＿＿＿＿＿＿＿＿＿＿＿＿

住　　址＿＿＿＿＿＿＿＿＿＿＿＿＿＿＿＿＿＿＿＿＿＿＿＿

单位及职业＿＿＿＿＿＿＿＿＿＿＿＿＿＿＿＿＿＿＿＿＿＿＿

批　准　人＿＿＿＿＿＿＿＿＿＿＿＿＿＿＿＿＿＿＿＿＿＿＿

批准时间＿＿＿＿＿＿＿＿＿＿＿＿＿＿＿＿＿＿＿＿＿＿＿＿

办　案　人＿＿＿＿＿＿＿＿＿＿＿＿＿＿＿＿＿＿＿＿＿＿＿

办案单位＿＿＿＿＿＿＿＿＿＿＿＿＿＿＿＿＿＿＿＿＿＿＿＿

填发时间＿＿＿＿＿＿＿＿＿＿＿＿＿＿＿＿＿＿＿＿＿＿＿＿

填　发　人＿＿＿＿＿＿＿＿＿＿＿＿＿＿＿＿＿＿＿＿＿＿＿

×××公 安 局

立 案 决 定 书

×公（ ）立字〔 　　 〕 　 号

　　根据《中华人民共和国刑事诉讼法》<u>第一百零九条</u>/<u>第一百一十二条</u>之规定，决定对＿＿＿＿＿＿＿＿＿＿＿＿＿＿＿＿＿＿＿＿＿案立案侦查。

（公安局印）

年 月 日

此联附卷

五、写作要点

根据公安部《公安机关刑事法律文书式样》(以下简称《文书式样》)的规定,立案决定书为两联填充式文书。第一联为存根,统一保存,第二联为正本,副卷。两联均由首部、正文和尾部三部分组成。

(一)首部

首部包括标题和案号。

1. 标题

标题应分两行居中写明公安机关的名称和文书名称。例如,"×××公安局""立案决定书"。第一联在文书名称下一行居中加括号注明存根二字(存根联依所列项目填写即可,下同),以表明与正本相同。

2. 案号

立案决定书的案号为:"×公( )立字〔20××〕×号"。案号由五部分组成,即制作法律文书的机关代字;例如"宁公"。"( )"内填写办案部门简称;例如,经济犯罪侦查部门制作的文书填写"经"。"〔 〕"内填写年度;年度后填写发文顺序号(下同)。

(二)正文

第二联(正本联)正文部分应写明两项内容:一是法律依据。文书式样将法律依据设置为可选项。在填写时,如果是公安机关在工作中发现犯罪事实或者犯罪嫌疑人的,法律依据选择《刑事诉讼法》第109条。如果是公民报案、控告、举报、扭送或者是犯罪嫌疑人自首的,选择《刑事诉讼法》第112条。二是决定事项。即在法律依据后面填写犯罪嫌疑人的姓名以及涉嫌的罪名,如"决定对李××涉嫌盗窃案立案侦查"。

第一联(存根联)的正文部分应依次填写以下内容:案件名称、案件编号、犯罪嫌疑人姓名和性别、出生日期、住址、单位及职业、批准人、批准时间、办案人、办案单位、填发时间、填发人。

(三)尾部

正本联的尾部,应写明制作文书的公安机关名称,写明文书制作的年、月、日,并加盖公安机关印章。

第三节 拘留证、拘留通知书

一、概念

拘留证是公安机关在办理刑事案件过程中依法对犯罪嫌疑人执行拘留时制作和使

用的凭证性文书。拘留通知书是公安机关在对犯罪嫌疑人执行拘留后通知被拘留人的家属时使用的通知性文书。

二、作用

拘留证既是侦查人员代表国家行使拘留权的合法凭证,也是对被拘留人执行羁押的依据。拘留证是在县级以上公安机关负责人批准《呈请拘留报告书》以后制作的,不经县级以上公安机关负责人批准,不能擅自制作拘留证,以防止错误拘留。因情况紧急来不及办理拘留手续但符合拘留条件的案件,应将犯罪嫌疑人带至公安机关后立即办理拘留手续。侦查终结时,拘留证存入诉讼卷。

被拘留人的家属获知其被拘留的情况是被拘留人的一项重要诉讼权利,公安机关应当严格依法制作拘留通知书,切实保障被拘留人的诉讼权利。

三、法律依据

《刑事诉讼法》第 82 条规定:公安机关对于现行犯或者重大嫌疑分子,如果有下列情形之一的,可以先行拘留:(1)正在预备犯罪、实行犯罪或者在犯罪后即时被发觉的;(2)被害人或者在场亲眼看见的人指认他犯罪的;(3)在身边或者住处发现有犯罪证据的;(4)犯罪后企图自杀、逃跑或者在逃的;(5)有毁灭、伪造证据或者串供可能的;(6)不讲真实姓名、住址,身份不明的;(7)有流窜作案、多次作案、结伙作案重大嫌疑的。

《刑事诉讼法》第 71 条第 4 款规定:对违反取保候审规定,需要予以逮捕的,可以对犯罪嫌疑人、被告人先行拘留。《刑事诉讼法》第 77 条第 2 款规定:被监视居住的犯罪嫌疑人、被告人违反前款规定,情节严重的,可以予以逮捕;需要予以逮捕的,可以对犯罪嫌疑人、被告人先行拘留。

《刑事诉讼法》第 85 条第 2 款规定:拘留后,应当立即将被拘留人送看守所羁押,至迟不得超过 24 小时。除无法通知或者涉嫌危害国家安全犯罪、恐怖活动犯罪,通知可能有碍侦查的情形以外,应当在拘留后 24 小时以内,通知被拘留人的家属。有碍侦查的情形消失以后,应当立即通知被拘留人的家属。

《程序规定》第 125 条规定:拘留犯罪嫌疑人,应当填写呈请拘留报告书,经县级以上公安机关负责人批准,制作拘留证。执行拘留时,必须出示拘留证,并责令被拘留人在拘留证上签名、捺指印,拒绝签名、捺指印的,侦查人员应当注明。紧急情况下,对于符合本规定第 124 条所列情形之一的,经出示人民警察证,可以将犯罪嫌疑人口头传唤至公安机关后立即审查,办理法律手续。

《程序规定》第 127 条规定:除无法通知或者涉嫌危害国家安全犯罪、恐怖活动犯罪,通知可能有碍侦查的情形以外,应当在拘留后 24 小时以内制作拘留通知书,通知被拘留人的家属。拘留通知书应当写明拘留原因和羁押处所。

四、格式

×××公安局

拘 留 证

（存 根）

×公（ ）拘字〔 〕 号

案件名称＿＿＿＿＿＿＿＿＿＿＿＿＿＿＿＿＿＿＿＿＿＿＿＿＿＿

案件编号＿＿＿＿＿＿＿＿＿＿＿＿＿＿＿＿＿＿＿＿＿＿＿＿＿＿

犯罪嫌疑人＿＿＿＿＿＿＿＿＿＿＿＿＿＿＿＿＿＿＿＿＿＿＿男/女

出生日期＿＿＿＿＿＿＿＿＿＿＿＿＿＿＿＿＿＿＿＿＿＿＿＿＿＿

住　　址＿＿＿＿＿＿＿＿＿＿＿＿＿＿＿＿＿＿＿＿＿＿＿＿＿＿

拘留原因＿＿＿＿＿＿＿＿＿＿＿＿＿＿＿＿＿＿＿＿＿＿＿＿＿＿

批 准 人＿＿＿＿＿＿＿＿＿＿＿＿＿＿＿＿＿＿＿＿＿＿＿＿＿＿

批准时间＿＿＿＿＿＿＿＿＿＿＿＿＿＿＿＿＿＿＿＿＿＿＿＿＿＿

办 案 人＿＿＿＿＿＿＿＿＿＿＿＿＿＿＿＿＿＿＿＿＿＿＿＿＿＿

办案单位＿＿＿＿＿＿＿＿＿＿＿＿＿＿＿＿＿＿＿＿＿＿＿＿＿＿

填发时间＿＿＿＿＿＿＿＿＿＿＿＿＿＿＿＿＿＿＿＿＿＿＿＿＿＿

填 发 人＿＿＿＿＿＿＿＿＿＿＿＿＿＿＿＿＿＿＿＿＿＿＿＿＿＿

×××公安局

拘 留 证

×公（ ）拘字〔 〕 号

　　根据《中华人民共和国刑事诉讼法》第_____条之规定，兹决定对犯罪嫌疑人_____（性别____，出生日期_____，住址_____）执行拘留，送_____看守所羁押。

（公安局印）

年 月 日

　　本证已于_____年_____月____日____时向我宣布。

　　　　　　　被拘留人：　　　（捺指印）

　　本证副本已收到，被拘留人_____于_____年____月____日_____时送至我所。

　　接收民警：　　　（看守所印）

此联附卷

×××公安局

拘 留 证

（副　本）

　×公（　）拘字〔　　〕　　号

　　根据《中华人民共和国刑事诉讼法》第＿＿＿＿条之规定，兹决定对犯罪嫌疑人＿＿＿＿＿＿（性别＿＿＿＿，出生日期＿＿＿＿＿，住址＿＿＿＿＿＿＿＿＿＿＿＿＿＿＿＿＿）执行拘留，送＿＿＿＿＿＿＿＿＿看守所羁押。

　　执行拘留时间：＿＿＿＿年＿＿＿月＿＿＿日＿＿时

　　涉嫌罪名＿＿＿＿＿＿＿＿＿＿＿＿＿＿＿

　　属于律师会见需经许可的案件：是/否

（公安局印）

年 月 日

此联交看守所

×××公安局

拘留通知书

（存　根）

×公（　）拘通字〔　　〕　　号

案件名称 _____

案件编号 _____

被拘留人 _____ 男/女

拘留原因 _____

拘留时间 _____

羁押处所 _____

家属姓名 _____

地　　址 _____

办 案 人 _____

办案单位 _____

填发时间 _____

填 发 人 _____

×××公安局

拘 留 通 知 书

（副　本）

×公（　）拘通字〔　　〕　　号

_____：

　　根据《中华人民共和国刑事诉讼法》第_____条之规定，我局已于_____年___月___日___时将涉嫌_____罪的_____刑事拘留，现羁押在_____看守所。

（公安局印）

年　月　日

　　本通知书已收到。

　　被拘留人家属：　　　　　年　月　日　时

　　如未在拘留后 24 小时内通知被拘留人家属，注明原因：_____

　　办案人：

年　月　日　时

此联附卷

×××公安局

拘　留　通　知　书

×公（　）拘通字〔　　〕　　　号

_____ :

根据《中华人民共和国刑事诉讼法》第_____条之规定，我局已于_____年___月___日___时将涉嫌_____罪的_____刑事拘留，现羁押在_____看守所。

（公安局印）

年　月　日

注：看守所地址_____

此联交被拘留人家属

五、写作要点

根据《文书式样》的规定，拘留证和拘留通知书都是三联填充式文书，都由正本、副本、存根三部分组成。拘留证的正本交拟羁押的看守所，拘留通知书的正本交被拘留人家属，副本附卷。正本和副本的内容与制作要求基本一样，拘留证副本中记载的执行拘留的时间应当与正本中记载的向犯罪嫌疑人宣布拘留的时间保持一致，拘留通知书副本的时间应当与拘留证副本上被拘留人在签收栏部分填写的时间一致。存根由制作单位存档备查，副本附卷，拘留证存根应依次填写文书编号、案件名称、案件编号，犯罪嫌疑人的姓名、性别、年龄、住址、单位及职业，拘留原因，批准人、批准时间、执行人、办案单位、填发时间、填发人。拘留证和拘留通知书中的拘留原因一栏均应填写具体涉嫌的罪名，如"涉嫌××罪"。

（一）首部

拘留证和拘留通知书的首部由制作机关名称、文书名称和文书字号组成，一般情况下执法办案系统会自动生成这些内容。

（二）正文

正文部分包括拘留的法律依据、被拘留人的基本情况和拟送羁押的看守所名称。法律依据一栏根据不同的情形分别填写《刑事诉讼法》第 82 条、第 71 条第 4 款、第 77 条第 2 款；被拘留人的基本情况包括姓名、性别、出生日期、住址，被拘留人不讲真实姓名的，可以按其自报的姓名填写；看守所的名称填写拟羁押的看守所名称。

（三）尾部

尾部填写清楚成文时间，写明单位名称，并加盖制作文书的公安机关的印章。

第四节　取保候审决定书、执行通知书

一、概念

取保候审决定书，是指公安机关在侦查过程，依照我国《刑事诉讼法》的有关规定，决定对犯罪嫌疑人采取取保候审措施时制作的法律文书。取保候审执行通知书是取保候审决定机关通知执行机关对被取保候审人进行监督管理的依据和凭证。

二、作用

取保候审是《刑事诉讼法》规定的刑事强制措施之一。取保候审决定书是具有法律效力的文书，它既是公安机关对犯罪嫌疑人采取取保候审措施的依据，也是犯罪嫌疑人通过保证人担保或者交纳保证金的方式取得取保候审的凭证。对犯罪嫌疑人依法采取取保候审措施，有利于公安机关调查取证以及有效约束犯罪嫌疑人，对公安机关侦查活动的顺利进行具有重要的保障作用。

三、法律依据

《刑事诉讼法》第 66 条规定：人民法院、人民检察院和公安机关根据案件情况，对犯罪嫌疑人、被告人可以拘传、取保候审或者监视居住。

《刑事诉讼法》第 67 条规定：公安机关对有下列情形之一的犯罪嫌疑人，可以取保候审：(1)可能判处管制、拘役或者独立适用附加刑的；(2)可能判处有期徒刑以上刑罚，采取取保候审不致发生社会危险性的；(3)患有严重疾病、生活不能自理，怀孕或者正在哺乳自己婴儿的妇女，采取取保候审不致发生社会危险性的；(4)羁押期限届满，案件尚未办结，需要采取取保候审的。取保候审由公安机关执行。

《刑事诉讼法》第 91 条第 3 款规定：人民检察院应当自接到公安机关提请批准逮捕书后的 7 日以内，作出批准逮捕或者不批准逮捕的决定。人民检察院不批准逮

捕的,公安机关应当在接到通知后立即释放,并且将执行情况及时通知人民检察院。对于需要继续侦查,并且符合取保候审、监视居住条件的,依法取保候审或者监视居住。

《刑事诉讼法》第98条规定:犯罪嫌疑人、被告人被羁押的案件,不能在本法规定的侦查羁押、审查起诉、一审、二审期限内办结的,对犯罪嫌疑人、被告人应当予以释放;需要继续查证、审理的,对犯罪嫌疑人、被告人可以取保候审或者监视居住。

《程序规定》第81条至86条对适用取保候审的条件做了进一步的说明。

四、格式

×××公安局

决　定
取保候审执行通知书

（存　根）

×公（　）取保字〔　〕　号

案件名称_____

案件编号_____

被取保候审人_____ 男/女

出生日期_____

取保原因_____

起算时间_____

保 证 人_____ 男/女

出生日期_____

保 证 金_____

办案单位_____

执行机关_____

批 准 人_____

批准时间_____

填发时间_____

填 发 人_____

×××公安局

取保候审决定书

（副　本）

×公（　）取保字〔　　〕　　号

犯罪嫌疑人＿＿＿＿＿＿性别＿＿，出生日期＿＿＿＿＿＿，
住址＿＿＿＿＿＿＿＿＿＿＿＿＿＿＿＿＿＿＿＿＿＿，
单位及职业＿＿＿＿＿＿＿＿＿＿＿＿＿＿＿＿＿＿，
联系方式＿＿＿＿＿＿＿＿＿＿＿＿＿＿＿。
我局正在侦查＿＿＿＿＿＿＿＿＿＿＿＿＿＿＿＿案，
因犯罪嫌疑人＿＿＿＿＿＿＿＿＿＿＿＿＿＿＿＿＿＿，根据《中华
人民共和国刑事诉讼法》第＿＿＿＿条之规定，决定对其取保候审，期限从＿＿＿＿
年＿＿＿＿月＿＿＿＿日起算。犯罪嫌疑人应当接受保证人＿＿＿＿＿＿的监督／交
纳保证金（大写）＿＿＿＿＿＿元。

（公安局印）

年　月　日

本决定书已收到。

被取保候审人：　　　　　（捺指印）

年　月　日

×××公安局

取保候审决定书

×公（　）取保字〔　　〕　　号

犯罪嫌疑人_____,性别____,出生日期_____,

住址_____,

单位及职业_____,

联系方式_____。

我局正在侦查_____案,因犯罪嫌疑人

_____,根据《中华人民共和国刑事诉讼

法》第_____条之规定,决定对其取保候审,期限从_____年_____月_____

日起算。犯罪嫌疑人应当接受保证人_____的监督/交纳保证金(大写)_____

_____元。

（公安局印）

年　月　日

此联交被取保候审人

×××公安局

取保候审执行通知书

×公（　）取保字〔　　〕　　号

_____ :

　　因_____，
我局正在侦查_____案决定对犯罪嫌疑人_____
_____（性别____,出生日期_____,住址_____
_____, 单位及职业_____
____,联系方式_____）取保候审,交由你单位执行,取保
候审期限从_____年____月____日起算。

　　被取保候审人接受保证人_____的监督/交纳保证金（大写）____
_____元。

（公安局印）

年　月　日

此联交执行单位

五、写作要点

根据《文书式样》的规定，取保候审决定书为四联填充式文书。由取保候审决定书正本和副本、取保候审执行通知书及存根四联组成。存根由公安机关留存备查，取保候审决定书的正本交被取保候审人，副本附卷，执行通知书交执行单位。四联均由首部、正文和尾部三部分组成。

（一）首部

首部包括标题、案号和执行机关名称。

1. 标题

标题应分两行居中写明公安机关名称和文书名称。取保候审决定书的正本和副本的标题写为："×××公安局取保候审决定书"；执行通知联写为："×××公安局取保候审执行通知书"；存根联写为："×××公安局取保候审决定（执行）通知书"。

2. 案号

取保候审决定书、执行通知书的案号为："×公（   ）取保字〔20××〕×号"。

3. 执行机关名称

执行通知书首部的抬头应顶格填写被取保候审人居住地派出所的名称。公安机关决定取保候审的，应当及时通知被取保候审人居住地的派出所执行。必要时，办案部门可以协助执行。因此，抬头应填写被取保候审人居住地派出所。居住地包括户籍所在地、经常居住地，如果两地分属不同的公安派出所管辖，则应从有利于侦查和监督管理的角度出发，选择便于执行取保候审的公安派出所。

（二）正文

1. 取保候审决定书的正本和副本

取保候审决定书的正本是公安机关通知犯罪嫌疑人对其采取取保候审，并责令其接受保证人监督或者交纳保证金的依据和凭证。副本作为公安机关采取强制措施的凭证，用于附卷。正、副本的内容与填写要求一致。正文部分应依次填写六项内容，即犯罪嫌疑人的基本情况、案件名称、取保候审原因、法律依据、取保候审的起算时间和保证方式。

（1）犯罪嫌疑人的基本情况。包括姓名、性别、出生日期、住址、单位及职业、联系方式。

（2）案件名称。可以用"犯罪嫌疑人姓名＋涉嫌罪名"的方式填写。例如，"李××涉嫌强奸"。也可以填写案件代号。例如，"7·5强奸案"。

（3）取保候审的原因。可根据案件情况，按照《刑事诉讼法》第67条规定的有关事项分别填写。其中，因患有严重疾病被取保候审的，应写明患有何种疾病。

（4）法律依据。《刑事诉讼法》关于取保候审的规定除了第67条第1款外，还有第91

条第 3 款、第 98 条等条款,应根据案件具体情况准确适用法律条文。

(5)取保候审起算时间。此处应当填写取保候审决定日期。同时,最高人民法院《关于适用〈中华人民共和国刑事诉讼法〉的解释》(以下简称《刑诉法司法解释》)第 202 条规定,以月计算的期限,自本月某日至下月同日为 1 个月。期限起算日为本月最后一日的,至下月最后一日为 1 个月。下月同日不存在的,自本月某日至下月最后一日为 1 个月。半个月一律按 15 日计算。

(6)保证方式。犯罪嫌疑人应当接受保证人×××(姓名)的监督[或交纳保证金(大写)_____元]。不能同时采取保证人保证和保证金保证,制作时可根据情况划掉不选择的内容。采取保证金形式取保候审的,保证金的起点数额为 1000 元。取保候审的决定机关应当综合考虑保证诉讼活动正常进行的需要,被取保候审人的社会危险性,案件的性质、情节,可能判处刑罚的轻重,以及被取保候审人的经济状况等情况,确定保证金数额。保证金应当以人民币交纳。

2. 取保候审执行通知书

取保候审执行通知书的正文应按格式要求,依次填写取保候审原因、案件名称、被取保候审人的姓名、性别、出生日期、住址、单位及职业、联系方式、取保候审起算日期和保证方式。

3. 取保候审决定书、执行通知书存根

存根作为公安机关采取取保候审措施的凭证,用于公安机关留存备查。填写存根联应按照顺序详细填写以下内容:案件名称、案件编号、被取保候审人、出生日期、取保原因、起算时间、保证人、出生日期、保证金、办案单位、执行机关、批准人、批准时间、填发时间、填写人。

(三)尾部

取保候审决定书的正副本以及取保候审执行通知书的尾部,均应写明制作文书的公安机关名称,文书制作的年、月、日,并加盖制作文书的公安机关印章。副本联在送达后还应由被取保候审人在左下方写明"本决定书已收到",并写明收到的具体时间,签名、捺指印。

第五节 监视居住决定书、执行通知书

一、概念

监视居住决定书,是指公安机关在侦查过程中依法决定对犯罪嫌疑人采取监视居住时,向犯罪嫌疑人宣布监视居住决定和向执行机关通知时制作的法律文书。监视居住执行通知书是有关执行机关(有关派出所或办案部门)对被采取监视居住的犯罪嫌疑人进行监督管理的依据。

二、作用

监视居住是公安机关责令犯罪嫌疑人不得随意离开其住所或者指定的居所，并对其加以监视和控制的一种强制方法。2018年修改前的《刑事诉讼法》没有单独规定监视居住适用的条件和情形，而是对监视居住和取保候审规定了相同的适用条件，监视居住决定书的内容和写法也与取保候审决定书基本相同，但监视居住对人身自由的限制程度要大大高于取保候审。修改后的《刑事诉讼法》单独规定了监视居住的适用条件和情形，《文书式样》也根据《刑事诉讼法》的规定作了更加详尽的规定，这不仅有利于司法实践中监视居住的正确应用，对犯罪嫌疑人的权利保护也大有帮助。

三、法律依据

《刑事诉讼法》第66条规定：人民法院、人民检察院和公安机关根据案件情况，对犯罪嫌疑人、被告人可以拘传、取保候审或者监视居住。

《刑事诉讼法》第74条第1款规定：公安机关对符合逮捕条件，有下列情形之一的犯罪嫌疑人，可以监视居住：(1)患有严重疾病、生活不能自理的；(2)怀孕或者正在哺乳自己婴儿的妇女；(3)系生活不能自理的人的唯一抚养人；(4)因为案件的特殊情况或者办理案件的需要，采取监视居住措施更为适宜的；(5)羁押期限届满，案件尚未办结，需要采取监视居住措施的。

《刑事诉讼法》第74条第2款规定：对符合取保候审条件，但犯罪嫌疑人不能提出保证人，也不交纳保证金的，可以监视居住。

《刑事诉讼法》第71条第3款规定：被取保候审的犯罪嫌疑人、被告人违反前两款规定，已交纳保证金的，没收部分或者全部保证金，并且区别情形，责令犯罪嫌疑人、被告人具结悔过、重新交纳保证金、提出保证人，或者监视居住、予以逮捕。

《刑事诉讼法》第91条第3款规定：人民检察院应当自接到公安机关提请批准逮捕书后的7日以内，作出批准逮捕或者不批准逮捕的决定。人民检察院不批准逮捕的，公安机关应当在接到通知后立即释放，并且将执行情况及时通知人民检察院。对于需要继续侦查，并且符合取保候审、监视居住条件的，依法取保候审或者监视居住。

《刑事诉讼法》第75条第1款规定：监视居住应当在犯罪嫌疑人、被告人的住处执行；无固定住处的，可以在指定的居所执行。对于涉嫌危害国家安全犯罪、恐怖活动犯罪，在住处执行可能有碍侦查的，经上一级公安机关批准，也可以在指定的居所执行。但是，不得在羁押场所、专门的办案场所执行。

《程序规定》第109条、第110条对监视居住适用的条件和情形等内容也作了较为完整的规定，这些规定都是制作监视居住决定书、执行通知书的法律依据。

四、格式

××× 公安局

决定
监视居住执行通知书

（存　根）

×公（　）监居字〔　　〕　号

案件名称 _____

案件编号 _____

被监视居住人 _____ 男/女

出生日期 _____

住　　址 _____

监视居住原因 _____

监视居住地点 _____

指定居所 _____ 是　/　否 _____

起算时间 _____

执行机关 _____

批　准　人 _____

批准时间 _____

办　案　人 _____

办案单位 _____

填发时间 _____

填　发　人 _____

×××公安局

<h1 style="text-align:center">监 视 居 住 决 定 书</h1>

（副　本）

×公（　）监居字〔　　〕　号

犯罪嫌疑人＿＿＿＿＿＿＿＿＿，性别＿＿＿，出生日期＿＿＿＿＿＿＿，
住址＿＿＿＿＿＿＿＿＿＿＿＿＿＿＿＿＿＿＿＿＿＿＿＿＿＿＿＿＿。

我局正在侦查＿＿＿＿＿＿＿＿＿＿案，因＿＿＿＿＿＿＿＿＿＿＿＿＿＿＿，
根据《中华人民共和国刑事诉讼法》第＿＿＿＿＿＿＿条之规定，决定在＿＿＿＿＿＿＿
＿＿＿＿＿＿＿＿＿＿＿＿＿＿＿＿＿＿＿。

对犯罪嫌疑人监视居住/指定居所监视居住，由＿＿＿＿＿＿＿＿＿＿负责执
行，监视居住期限从＿＿＿＿年＿＿＿月＿＿＿日起算。

在监视居住期间，被监视居住人应当遵守下列规定：

一、未经执行机关批准不得离开执行监视居住的处所；

二、未经执行机关批准不得会见他人或者通信；

三、在传讯的时候及时到案；

四、不得以任何形式干扰证人作证；

五、不得毁灭、伪造证据或者串供；

六、将护照等出入境证件、身份证件、驾驶证件交执行机关保存。

如果被监视居住人违反以上规定，情节严重的，可以予以逮捕；需要予以逮捕
的，可以先行拘留。

（公安局印）
年　月　日

本决定书已收到。

被监视居住人：　　　　　（捺指印）

年　　月　　日

此联附卷

×××公安局

监 视 居 住 决 定 书

×公（　）监居字〔　　〕　　号

犯罪嫌疑人＿＿＿＿＿＿＿＿，性别＿＿＿，出生日期＿＿＿＿＿＿，
住址＿＿＿＿＿＿＿＿＿＿＿＿＿＿＿＿＿＿＿＿＿＿＿＿＿＿。

我局正在侦查＿＿＿＿＿＿＿＿＿＿案，因＿＿＿＿＿＿＿＿＿＿＿＿＿＿＿＿＿，
根据《中华人民共和国刑事诉讼法》第＿＿＿＿＿＿＿＿＿＿条之规定，决定在＿＿＿＿＿
＿＿＿＿＿＿＿＿＿＿＿＿＿＿＿＿＿＿＿＿＿＿对犯罪嫌疑人监视居住/指定居所监
视居住，由＿＿＿＿＿＿＿＿＿＿＿＿负责执行，监视居住期限从＿＿＿＿年＿＿月＿＿日
起算。

在监视居住期间，被监视居住人应当遵守下列规定：

一、未经执行机关批准不得离开执行监视居住的处所；

二、未经执行机关批准不得会见他人或者通信；

三、在传讯的时候及时到案；

四、不得以任何形式干扰证人作证；

五、不得毁灭、伪造证据或者串供；

六、将护照等出入境证件、身份证件、驾驶证件交执行机关保存。

如果被监视居住人违反以上规定，情节严重的，可以予以逮捕；需要予以逮捕
的，可以先行拘留。

（公安局印）

年 月 日

此联交被监视居住人

××× 公安局

监视居住执行通知书

×公（ ）监居字〔 〕 号

＿＿＿＿＿＿＿＿＿＿：

因＿＿＿＿＿＿＿＿＿＿＿＿＿＿＿＿＿＿＿＿＿＿＿，我局决定在＿＿＿＿＿对涉嫌＿＿＿＿＿＿＿＿罪的犯罪嫌疑人＿＿＿＿＿＿＿（性别＿＿，出生日期＿＿＿＿＿＿，住址＿＿＿＿＿＿＿＿＿＿＿＿＿＿＿＿＿）监视居住/指定居所监视居住，交由你单位执行，监视居住期限从＿＿年＿＿月＿＿日起算。

在监视居住期间，执行机关监督被监视居住人遵守下列规定：

一、未经执行机关批准不得离开执行监视居住的处所；

二、未经执行机关批准不得会见他人或者通信；

三、在传讯的时候及时到案；

四、不得以任何形式干扰证人作证；

五、不得毁灭、伪造证据或者串供；

六、将护照等出入境证件、身份证件、驾驶证件交执行机关保存。

如果被监视居住人违反以上规定，情节严重的，可以予以逮捕；需要予以逮捕的，可以先行拘留。

属于律师会见需经许可的案件：是/否

（公安局印）
年 月 日

此联交执行机关

五、写作要点

根据《文书式样》的规定,监视居住决定书、执行通知书属四联填充式文书。由监视居住决定书正本、副本和监视居住执行通知书以及存根四联组成。存根联用于公安机关留存备查,监视居住决定书正本交被监视居住人,副本附卷,监视居住执行通知书交执行机关。四联均由首部、正文和尾部三部分组成。

(一)首部

1. 标题

标题应分两行居中写明公安机关名称和文书名称。监视居住决定书的正本和副本的标题写为:"×××公安局监视居住决定书";执行通知联写为"×××公安局监视居住执行通知书";存根联写为"×××公安局监视居住决定(执行)通知书"。

2. 案号

监视居住决定书、执行通知书的案号为:"×公(   )监居字〔20××〕×号"。

3. 执行机关名称

执行通知书的首部,抬头应顶格写明负责执行监视居住的派出所或办案部门的名称。

(二)正文

1. 监视居住决定书的正本和副本

监视居住决定书的正本是告知犯罪嫌疑人对其监视居住的依据。副本作为公安机关采取监视居住的凭证,用于附卷。正、副本正文的内容和填写要求相同,均包括决定事项、监视居住期间应当遵守的规定。

决定事项应依次具体写明七项内容:犯罪嫌疑人的基本情况、案件名称、监视居住的原因和法律依据、监视居住的地点、监视居住的类型、执行机关和监视居住期限起算的时间。

(1)犯罪嫌疑人的基本情况。应依次写明犯罪嫌疑人的姓名、性别、出生日期、住址。

(2)案件名称。写明犯罪嫌疑人涉嫌的罪名,可参考取保候审决定书、执行通知书的相关内容。

(3)监视居住的原因和法律依据。根据《刑事诉讼法》第74条第1款、第74条第2款、第71条第3款、第91条第3款等规定,区分情形填写。若是指定居所监视居住的,还应当同时引用《刑事诉讼法》第75条的规定。

(4)监视居住的地点。根据《刑事诉讼法》第75条的规定,监视居住应当在犯罪嫌疑人的住处执行;无固定住处的,可以在指定的居所执行。对于涉嫌危害国家安全犯罪、恐怖活动犯罪、特别重大贿赂犯罪,在住处执行可能有碍侦查的,经上一级公安机关批准,也可以在指定的居所执行。《程序规定》第112条规定,固定住处,是指被监视居住人在办案机关所在的市、县内生活的合法住处;指定的居所,是指公安机关根据案件情况,在办案机关所在的市、县内为被监视居住人指定的生活居所。

(5)监视居住的类型。文书正文有"监视居住/指定居住监视居住"两种监视居住类型供选择,若属于指定居所监视居住的,则填写时将"监视居住"划掉即可。

(6)执行机关。《程序规定》第117条规定,公安机关决定监视居住的,由被监视居住人住处或者指定居所所在地的派出所执行,办案部门可以协助执行。必要时,也可以由办案部门负责执行,派出所或者其他部门协助执行。因此,执行机关应填写实际执行的派出所名称或办案部门的名称。

(7)监视居住期限起算时间。应当填写监视居住决定日期。根据《刑诉法司法解释》第202条的规定,以月计算的期限,自本月某日至下月同日为1个月。期限起算日为本月最后一日的,至下月最后一日为1个月。下月同日不存在的,自本月某日至下月最后一日为1个月。半个月一律按15日计算。

被监视居住人在监视居住期间应当遵守的规定。该内容已印制在文书上。

2. 监视居住执行通知书

监视居住执行通知书的正文应按格式要求依次填写监视居住的原因、监视居住场所、涉嫌的罪名、犯罪嫌疑人的基本情况、监视居住的类型、监视居住起算日期、监视居住期间应当遵守的规定。内容的填写要求与监视居住决定书正本相同。此联中"是否属于律师会见需经许可"的栏目,由侦查人员根据实际情况选择"是"或者"否"。

3. 监视居住决定书、执行通知书存根

存根联用于公安机关留存备查。存根联应按顺序填写清楚以下内容:案件名称、案件编号、被监视居住人姓名和性别、出生日期、住址、监视居住原因、监视居住地点、指定居所、起算时间、执行机关、批准人、批准时间、办案人、办案单位、填发时间、填发人。

(三)尾部

监视居住决定书的正本与副本以及监视居住执行通知书的尾部应写明制作文书的公安机关名称,文书制作的年、月、日,并加盖公安机关印章,副本联在送达后由被监视居住人在左下方写明"本决定书已收到",并签名、捺指印,写明收到决定书的具体时间。

第六节 提请批准逮捕书

一、概念

提请批准逮捕书,是指公安机关对有证据证明有犯罪事实,有逮捕必要的犯罪嫌疑人,提请同级人民检察院审查批准逮捕时制作的法律文书。

二、作用

提请批准逮捕书是公安机关行使诉讼权利并严格依法办案的一种表现形式,是公安机关提请逮捕犯罪嫌疑人的法律凭据,同时也是人民检察院审查批准逮捕的基础和依据,体现了公安机关与人民检察院在刑事诉讼中分工负责、互相制约的原则。由于逮捕是最严厉的一种强制措施,因此,公安机关在办理刑事案件过程中,需要逮捕犯罪嫌疑人的,应当严格依法履行审批审批手续,认真制作提请批准逮捕书。

三、法律依据

《刑事诉讼法》第 80 条规定:逮捕犯罪嫌疑人、被告人,必须经过人民检察院批准或者人民法院决定,由公安机关执行。

《刑事诉讼法》第 81 条规定:对有证据证明有犯罪事实,可能判处徒刑以上刑罚的犯罪嫌疑人、被告人,采取取保候审尚不足以防止发生下列社会危险性的,应当予以逮捕:(1)可能实施新的犯罪的;(2)有危害国家安全、公共安全或者社会秩序的现实危险的;(3)可能毁灭、伪造证据,干扰证人作证或者串供的;(4)可能对被害人、举报人、控告人实施打击报复的;(5)企图自杀或者逃跑的。批准或者决定逮捕,应当将犯罪嫌疑人、被告人涉嫌犯罪的性质、情节,认罪认罚等情况,作为是否可能发生社会危险性的考虑因素。对有证据证明有犯罪事实,可能判处 10 年有期徒刑以上刑罚的,或者有证据证明有犯罪事实,可能判处徒刑以上刑罚,曾经故意犯罪或者身份不明的,应当予以逮捕。被取保候审、监视居住的犯罪嫌疑人、被告人违反取保候审、监视居住规定,情节严重的,可以予以逮捕。

《刑事诉讼法》第 87 条规定:公安机关要求逮捕犯罪嫌疑人的时候,应当制作提请批准逮捕书,连同案卷材料、证据,一并移送同级人民检察院审查批准。必要的时候,人民检察院可以派人参加公安机关对于重大案件的讨论。

《程序规定》第 137 条规定:需要提请批准逮捕犯罪嫌疑人的,应当经县级以上公安机关负责人批准,制作提请批准逮捕书,连同案卷材料、证据,一并移送同级人民检察院审查批准。

四、格式

为便于读者理解适用,对于文书中应注意的事项,作者用括号内文字注明,并以楷体字表示,后同。

×××公安局

提 请 批 准 逮 捕 书

×公（ ）提捕字〔 〕 号

犯罪嫌疑人×××〔犯罪嫌疑人姓名（别名、曾用名、绰号等），性别，出生日期，出生地，身份证件种类及号码，民族，文化程度，职业或工作单位及职务，居住地（包括户籍所在地、经常居住地、暂住地），政治面貌（如是人大代表、政协委员，一并写明具体级、届代表、委员），违法犯罪经历以及因本案被采取强制措施的情况（时间、种类及执行场所）。案件有多名犯罪嫌疑人的，应逐一写明〕。

辩护律师×××〔如有辩护律师，写明其姓名，所在律师事务所或者法律援助机构名称，律师执业证编号〕。

犯罪嫌疑人涉嫌×××（罪名）一案，由×××举报（控告、移送）至我局（写明案由和案件来源，具体为单位或者公民举报、控告、上级交办、有关部门移送、本局其他部门移交以及工作中发现等）。（简要写明案件侦查过程中的各个法律程序开始的时间，如接受案件、立案的时间。具体写明犯罪嫌疑人归案情况）

经依法侦查查明：……（根据具体案件情况，详细叙述经侦查认定的犯罪事实，并说明应当逮捕理由）。

（对于只有一个犯罪嫌疑人的案件，犯罪嫌疑人实施多次犯罪的犯罪事实应逐一列举；同时触犯数个罪名的犯罪嫌疑人的犯罪事实应该按照主次顺序分别列举；对于共同犯罪的案件，写明犯罪嫌疑人的共同犯罪事实及各自在共同犯罪中的地位和作用后，按照犯罪嫌疑人的主次顺序，分别叙述各个犯罪嫌疑人的单独犯罪事实）

认定上述事实的证据如下：

……（分列相关证据，并说明证据与犯罪事实的关系）

综上所述，犯罪嫌疑人×××……（根据犯罪构成简要说明罪状），其行为已触犯《中华人民共和国刑法》第××条之规定，涉嫌×××罪，符合逮捕条件。依照《中华人民共和国刑事诉讼法》第八十一条、第八十七条之规定，特提请批准逮捕。

此致

×××人民检察院

（公安局印）

××××年××月××日

附：本案卷宗　　卷　　页

五、写作要点

根据《文书式样》的规定，提请逮捕书为叙述式文书。由首部、正文和尾部三部分组成。

(一)首部

首部应写明标题和案号,犯罪嫌疑人的身份情况、违法犯罪经历以及因本案被采取的强制措施的情况,辩护人的情况,案由、案件来源和案件侦查过程。

1. 标题和案号

标题应居中分行写明制作文书的机关名称和文书名称。例如,"×××公安局提请批准逮捕书"。提请批准逮捕书的案号为"×公( )提捕字〔20××〕××号"。

2. 犯罪嫌疑人的身份情况,违法犯罪经历以及因本案被采取的强制措施的情况

犯罪嫌疑人的身份情况应写明:犯罪嫌疑人的姓名(包括曾用名、别名、绰号等与案件有关的名字,对未查清犯罪嫌疑人姓名的,按其自报的姓名填写)、性别、出生日期、出生地、身份证号码、职业或工作单位及职务(写明犯罪嫌疑人的工作单位名称及从事的职业种类)、居住地(包括户籍所在地、经常居住地、暂住地)、政治面貌(如果是人大代表、政协委员的应一并写明具体级、届代表、委员)。违法犯罪经历以及因本案被采取强制措施的情况。犯罪嫌疑人如接受过刑事处罚、治安处罚的,应写清时间、种类及执行场所,同时应写明因本案被采取强制措施的情况。例如,"××××年×月×日因涉嫌××罪被××公安局刑事拘留,××××年×月×日被××人民检察院批准逮捕"。如系共同犯罪案件,有多个犯罪嫌疑人需要追究刑事责任的,应按照首要分子、主犯、从犯、胁从犯的顺序排列犯罪嫌疑人,并逐一写明其身份等基本情况。如果是单位犯罪,应写明单位名称、所在地址、法定代表人或代表人的姓名、性别和职务。

3. 辩护人的情况

犯罪嫌疑人有辩护律师的,应在犯罪嫌疑人身份情况下方,写明辩护律师的姓名、所在律师事务所或法律援助机构的名称、律师执业证号码。

4. 案由、案件来源和案件侦查过程

案由,即案件性质。例如,"李××盗窃一案"。案件来源,即写明公安机关获取案件线索或者受理案件的来源,具体写明单位或者公民举报、控告、上级交办、有关部门移送、本局其他部门移交以及工作中发现等。案件侦查过程,简要写明侦查过程中的各个法律程序开始的时间,包括接受案件、立案的时间,具体写明犯罪嫌疑人归案的情况等。例如:"犯罪嫌疑人武××涉嫌抢劫一案,由被害人李××于20××年7月10日报案至我局。我局经过审查,于7月10日立案进行侦查。犯罪嫌疑人武××已于20××年7月14日被抓获归案。"

（二）正文

提请批准逮捕书的正文包括案件事实、证据和法律依据三项内容。

1. 案件事实

叙述案件事实时，应以"经依法侦查查明"领起下文，然后围绕刑事诉讼法规定的逮捕条件，结合刑法规定的犯罪构成的要件，详细叙述经侦查认定的犯罪嫌疑人涉嫌犯罪的事实。此部分应重点写明已有证据证明发生了犯罪事实，犯罪事实是犯罪嫌疑人实施的，证明犯罪嫌疑人实施犯罪行为的证据已经查证属实；犯罪嫌疑人的行为具有《刑事诉讼法》第81条第1款规定的社会危害性的情形之一，有逮捕必要；或者有证据证明有犯罪事实，可能判处10年以上刑罚或者判处徒刑以上刑罚，曾经是故意犯罪等。在这一部分，要抓住主要的案件事实进行叙述，即要反映出犯罪嫌疑人出于什么动机和目的，实施了什么犯罪行为，以及作案的具体时间、地点、手段、情节和危害后果。对于只有一个犯罪嫌疑人的案件，如犯罪嫌疑人实施了多次犯罪事实，触犯一个罪名的，应按时间顺序逐一叙述；对于触犯多个罪名的犯罪嫌疑人，应按主次顺序分别叙述其犯罪事实；对于共同犯罪的案件，首先应叙述犯罪嫌疑人共同犯罪的事实以及各个犯罪嫌疑人在共同犯罪中所处的地位和作用，然后依照犯罪嫌疑人的主次顺序，再分别叙述各个犯罪嫌疑人单独犯罪的事实。

2. 证据

在犯罪事实的叙述后，另起一段，以"认定上述事实的证据如下"引出列举的证据。提请批准逮捕书中所列的证据并不是案件的所有证据，而是已经查证属实的主要证据，所列的证据要能证明犯罪嫌疑人与犯罪事实的关系。

3. 法律依据

这一部分首先根据犯罪构成简要阐明犯罪嫌疑人的行为特征及其所触犯的《刑法》条文和所涉嫌的罪名。然后阐明提请批准逮捕犯罪嫌疑人的法律依据。例如，"综上所述，犯罪嫌疑人赵××、王××以非法占有为目的，采用以暴力相威胁的手段，劫取他人财物，其行为已触犯了《中华人民共和国刑法》第二百六十三条之规定，涉嫌抢劫罪，符合逮捕条件。依照《中华人民共和国刑事诉讼法》第八十一条、第八十七条之规定，特提请批准逮捕。"

（三）尾部

尾部包括致送的人民检察院名称、署名、日期、加盖印章、附项。

1. 致送的人民检察院名称

在正文后，应分行先写致送用语"此致"，下一行顶格写明致送的同级人民检察院名称。

2. 署名

在提请批准逮捕书的右下方应署文书制作的公安机关名称。

3. 日期

此处需要写明文书制作的具体年、月、日。

4. 加盖公安机关印章

公安机关的印章表明了提请批准逮捕的主体。

5. 附项

此处应写明卷案的份数和页数。

第七节　起诉意见书

一、概念

起诉意见书，是指公安机关对案件侦查终结后，认为犯罪事实清楚，证据确实、充分，应当追究犯罪嫌疑人的刑事责任，向同级人民检察院移送审查起诉时制作的法律文书。

二、作用

公安机关制作的起诉意见书，是对案件侦查终结活动的总结和结论，标志着侦查工作的结束。因此，起诉意见书集中反映了公安机关办理刑事案件的质量，同时也是提请人民检察院依法对案件进行审查，并决定是否起诉的法定文件，是人民检察院审查起诉和人民法院审理案件的基础材料，充分体现了公检法三机关在刑事诉讼中分工负责、互相配合、互相制约的原则。由于公安机关在刑事诉讼活动中负责第一道工序，因此其制作的起诉意见书在刑事诉讼活动中起着非常重要的作用，必须认真、谨慎制作。

三、法律依据

《刑事诉讼法》第162条规定：公安机关侦查终结的案件，应当做到犯罪事实清楚，证据确实、充分，并且制作起诉意见书，连同案卷材料、证据一并移送同级人民检察院审查决定；同时将案件移送情况告知犯罪嫌疑人及其辩护律师。

《程序规定》第289条规定：对侦查终结的案件，应当制作起诉意见书，经县级以上公安机关负责人批准后，连同全部案卷材料、证据，以及辩护律师提出的意见，一并移送同级人民检察院审查决定；同时将案件移送情况告知犯罪嫌疑人及其辩护律师。第291条规定：共同犯罪案件的起诉意见书，应当写明每个犯罪嫌疑人在共同犯罪中的地位、作用、具体罪责和认罪态度，并分别提出处理意见。

四、格式

×××公安局

起 诉 意 见 书

×公（　）诉字〔　　〕　　号

犯罪嫌疑人×××……［犯罪嫌疑人姓名（别名、曾用名、绰号等），性别，出生日期，出生地，身份证件种类及号码，民族，文化程度，职业或工作单位及职务，居住地（包括户籍所在地、经常居住地、暂住地），政治面貌，违法犯罪经历以及因本案被采取强制措施的情况（时间、种类及执行场所）。案件有多名犯罪嫌疑人的，应逐一写明］

辩护律师×××……［如有辩护律师，写明其姓名，所在律师事务所或者法律援助机构名称，律师执业证编号］

犯罪嫌疑人涉嫌×××（罪名）一案，由×××举报（控告、移送）至我局（写明案由和案件来源，具体为单位或者公民举报、控告、上级交办、有关部门移送或工作中发现等）。（简要写明案件侦查过程中的各个法律程序开始的时间，如接受案件、立案的时间。具体写明犯罪嫌疑人归案情况。最后写明犯罪嫌疑人×××涉嫌×××案，现已侦查终结）

经依法侦查查明：……（详细叙述经侦查认定的犯罪事实，包括犯罪时间、地点、经过、手段、目的、动机、危害后果等与定罪有关的事实要素。应当根据具体案件情况，围绕刑法规定的该罪构成要件，进行叙述）

（对于只有一个犯罪嫌疑人的案件，犯罪嫌疑人实施多次犯罪的犯罪事实应逐一列举；同时触犯数个罪名的犯罪嫌疑人的犯罪事实应该按照主次顺序分别列举；对于共同犯罪的案件，写明犯罪嫌疑人的共同犯罪事实及各自在共同犯罪中的地位和作用后，按照犯罪嫌疑人的主次顺序，分别叙述各个犯罪嫌疑人的单独犯罪事实）

认定上述事实的证据如下：

……（分列相关证据，并说明证据与案件事实的关系）

上述犯罪事实清楚，证据确实、充分，足以认定。

犯罪嫌疑人×××……（具体写明是否有累犯、立功、自首、和解等影响量刑的从重、从轻、减轻等犯罪情节）

综上所述，犯罪嫌疑人×××……（根据犯罪构成简要说明罪状），其行为已触犯《中华人民共和国刑法》第××条之规定，涉嫌×××罪。依照《中华人民共和国刑事诉讼法》第一百六十二条之规定，现将此案移送审查起诉。（当事人和解的公诉案件，应当写明双方当事人已自愿达成和解协议以及履行情况，同时提出从宽处理的建议）

此致

×××人民检察院

（公安局印）

××××年××月××日

附：1.本案卷宗　　卷　　页。

2.随案移交物品　　件。

五、写作要点

根据《文书式样》的规定，起诉意见书为叙述式文书。由首部、正文和尾部三部分组成。

（一）首部

首部应写明标题、案号、犯罪嫌疑人的身份情况及犯罪经历，辩护人的情况、案由、案件来源和案件侦查过程。

1. 标题

标题应居中分两行写明文书制作的公安机关名称和文书名称。例如，"×××公安局起诉意见书"。

2. 案号

起诉意见书的案号应写为"×公（　）诉字〔20××〕×号"。

3. 犯罪嫌疑人的身份情况及犯罪经历

这一部分应按《文书式样》规定的内容依次写明犯罪嫌疑人的姓名、性别、出生日期、出生地、身份证件种类及号码、民族、文化程度、职业或工作单位及职务、居住地、政治面貌、违法犯罪经历以及因本案被采取强制措施的情况。

叙写犯罪嫌疑人的身份情况，应注意以下几个问题：

（1）犯罪嫌疑人的姓名。应写犯罪嫌疑人合法身份证件上的姓名，没有合法身份证件的，应写在户籍登记中使用的姓名。如果犯罪嫌疑人是外国人，除应当填写其合法身份证件上的姓名外，还应当同时写明汉语译名。起诉意见书中应当在写明犯罪嫌疑人姓名的同时，写明犯罪嫌疑人使用过的其他名称，包括别名、曾用名、绰号等。如有必要，还可写明笔名、网名等名称。确实无法查明其真实姓名的，也可以暂填写其自报的姓名，查清其真实姓名后，按照查清后的姓名填写，对之前填写的内容可不再更改，但应当在案件卷宗中予以书面说明（犯罪嫌疑人出生日期、住址不明的，可参照上述规定写明）。

（2）犯罪嫌疑人的出生日期。犯罪嫌疑人的出生日期以公历（阳历）为准，除有特别说明的以外，一律具体到年、月、日。确定犯罪嫌疑人的出生日期应当以其合法身份证件上记载的出生日期为准，没有合法身份证件的，以户籍登记中的出生日期为准。

（3）犯罪嫌疑人的住址。写明犯罪嫌疑人被采取强制措施前的经常居住地。犯罪嫌疑人的经常居住地以户籍登记中的住址为准。如果该犯罪嫌疑人离开户籍所在地在其他地方连续居住满 1 年以上的，则以该地为经常居住地，并应当在填写经常居住地的同时注明户籍登记中的住址。

（4）身份证件种类及号码。应写明居民身份证、军官证、护照等法定身份证件的种类及号码。

（5）文化程度。应写明国家承认的学历。文化程度分为研究生（博士、硕士）、大学、大专、高中、初中、小学、文盲等档次。

（6）犯罪嫌疑人的单位及职业。写明犯罪嫌疑人的工作单位名称以及从事的职业种类。单位名称应当填写全称，必要时在前面加上地域名称。认定犯罪嫌疑人的工作单位，不能单纯凭人事档案是否在该单位确定，而应当核实其是否实际在该单位工作。只要其实际在该单位工作的，即可认定该单位为工作单位。职业应当填写从事工作的种类。没有工作单位的，可以根据实际情况填写经商、务工、农民、在校学生或者无业等。

（7）违法犯罪经历。如果犯罪嫌疑人有违法犯罪经历，应写明有关情况。如受过刑事处罚，应写明何时因何原因受过何单位给予的何种处罚。例如，"2022 年 7 月 20 日，李××因犯盗窃罪被××县人民法院判处有期徒刑 3 年。"犯罪嫌疑人如有数次违法犯罪经历的，应按时间顺序逐一写明违法犯罪的时间、种类及执行场所、释放时间等。

（8）因本案被采取强制措施的情况。应写明犯罪嫌疑人因本案何时被采取何种强制措施。例如，"犯罪嫌疑人张××20××年×月×日因涉嫌抢劫罪被××市公安局刑事拘留，经××市人民检察院批准，于同年×月×日被依法逮捕。"如果变更强制措施，应写明变更的有关情况。

（9）同案有多名犯罪嫌疑人的，应按犯罪嫌疑人在案件中的主次地位，按顺序逐一写明以上各项内容。

（10）单位犯罪的，应写明单位的名称、所在地址；法定代表人或代表人的姓名、性别和职务。

4. 辩护人

犯罪嫌疑人聘请律师的，应写明律师的姓名，所在律师事务所或者法律援助机构的名称，律师执业证编号。

5. 案由、案件来源和案件侦查过程

案由应根据犯罪事实和触犯的刑法条款来加以认定。案件来源是公安机关获取案件线索或者受理案件的来源，应写明是单位或者公民举报、控告、上级交办、有关部门移送还是工作中发现等。案件侦查过程应简要写明案件侦查过程中各个法律程序开始的时间,如接受案件、立案时间以及犯罪嫌疑人归案的情况。最后写明犯罪嫌疑人×××涉嫌××一案,现已侦查终结。例如,"犯罪嫌疑人李×涉嫌盗窃一案,由被害人孙××于20××年×月×日报案至我局,我局于×月×日立案并展开侦查。×月×日晚,被害人孙××在本县游戏厅发现犯罪嫌疑人李×后电话报警,刑侦大队将犯罪嫌疑人李×抓获,当场缴获苹果手机一部(型号:iPhone 6s,黑色机身,价值人民币 4000 元),银行卡 3张。犯罪嫌疑人李×涉嫌盗窃一案,现已侦查终结。"

(二)正文

正文是起诉意见书的核心内容,包括犯罪事实、证据、案件的有关情节,提出起诉意见的理由和法律依据。

1. 犯罪事实

正文开头应以"经依法侦查查明"引出对犯罪事实的叙述,然后围绕刑法规定的犯罪构成要件,详细叙述经公安机关侦查终结确认的犯罪嫌疑人的犯罪事实。

犯罪构成要件是认定犯罪的基本要求,也是起诉意见书赖以存在的基础。因此,要通过对事实的叙述,反映出犯罪嫌疑人构成犯罪的四个要件,即犯罪嫌疑人在实施犯罪时所侵害的客体,实施犯罪的具体行为,犯罪嫌疑人是否达到刑事责任年龄和具有刑事责任能力,主观上是故意还是过失。在具体叙写时,并不要求按照犯罪构成的四个要件全面展开,只需在叙述犯罪事实时,把构成犯罪的情节反映出来即可。具体而言就是要写清与定罪量刑有关的事实要素。即写明犯罪嫌疑人出于什么动机和目的,实施了什么犯罪行为,作案的时间、地点、手段、情节、危害后果以及证明这些犯罪事实的主要证据。作案的时间和地点是任何刑事犯罪都必须具备的要素,对时间的叙写,要求准确写明犯罪嫌疑人具体作案的年、月、日,有些特殊案件还应确切到时、分。对于流窜作案的犯罪事实,要把犯罪嫌疑人作案经过的地域名称写清楚。犯罪的动机是刺激、促使犯罪嫌疑人达到犯罪目的的内心起因、内在冲动或思想活动,是犯罪构成要件中的主观方面。有些案件中犯罪嫌疑人的犯罪动机隐藏得很深,公安机关侦查时只能通过蛛丝马迹才能发现,而很多案件没有作案动机,比如过失致人死亡罪、交通肇事罪等。犯罪目的则是犯罪嫌疑人在一定的动机推动下希望通过某种行为来达到某种结果的心理状态。动机和目的是定罪量刑时重点要考虑的要素,因此在叙述犯罪事实时不能把两者相混淆。作案的手段是犯罪嫌疑人实施犯罪行为时所采取的方式方法。情节是犯罪嫌疑人在实施犯罪行为过程中的情况变化,如犯罪未遂、中止等。危害后果是犯罪行为所造成的结果。起诉意见书的犯罪事实部分应结合案件的不同情况,采用不同的叙述方法,客观准确地写清楚这些构成犯罪事实的要素。

2. 证据

在叙述犯罪事实后,另起一段以"认定上述事实的证据如下"引出列举的证据。起诉意见书中不需把证明犯罪嫌疑人犯罪事实的全部证据一一列举出来,而是要根据案件的不同性质、不同特点,有针对性地列出部分主要证据。所列的相关证据应能说明与案件事实的关系。在列举证据之后,另起一段写明:"上述犯罪事实清楚,证据确定、充分,足以认定……"

3. 案件的有关情节

案件的有关情节应具体写明是否有累犯、立功、自首、和解等影响量刑的从重、从轻、减轻等犯罪情节。

4. 提出起诉意见的理由和法律依据

提出起诉意见的理由,要概括说明犯罪嫌疑人的行为触犯了我国《刑法》的条文和涉嫌的罪名,依法应当受到刑事处罚。移送起诉的法律依据是《刑事诉讼法》第 162 条的规定。对当事人和解的公诉案件,还应写明双方当事人已自愿达成和解协议以及履行情况,同时可以提出从宽处理的建议。这部分内容根据《文书式样》规定,可表述为:"综上所述,犯罪嫌疑人×××……(根据犯罪构成简要说明罪状),其行为已触犯《中华人民共和国刑法》第××条之规定,涉嫌××罪。依照《中华人民共和国刑事诉讼法》第一百六十二条之规定,现将此案移送审查起诉(当事人和解的公诉案件,应当写明双方当事人已自愿达成和解协议以及履行情况,同时可以提出从宽处理的建议)。"

(三)尾部

尾部包括受文单位、文书制作单位、日期、用印和附注五项内容。

1. 受文单位

该部分写明接受移送案件的同级人民检察院的名称。具体应分行写为"此致""××人民检察院"。

2. 文书制作单位

该部分应写明制作起诉意见书的公安机关名称。

3. 日期

该部分应写移送审查起诉的具体年、月、日。

4. 用印

加盖公安机关印章。

5. 附注

根据实际情况写明"本案卷宗×卷×页","随案移送物品×件"。

第八节 讯 问 笔 录

一、概念

讯问笔录是侦查人员在侦查活动中,为了证实犯罪、查明犯罪事实,依法对犯罪嫌疑人进行讯问时如实记载讯问情况的文字记录。

二、作用

讯问笔录是侦查人员依法对犯罪嫌疑人进行讯问的书面记录。讯问的目的是查清案情,以确保案件的正确处理。讯问犯罪嫌疑人的笔录是言词证据的一种。犯罪嫌疑人的供述和辩解是诉讼中的重要证据之一,经查证属实的,就可以作为定案的根据。同时,在司法实践中,讯问笔录也是侦查人员分析案情,研究问题,处理案件,总结经验教训,检查办案质量的重要文字依据。

三、法律依据

《刑事诉讼法》第 122 条规定:讯问笔录应当交犯罪嫌疑人核对,对于没有阅读能力的,应当向他宣读。如果记载有遗漏或者差错,犯罪嫌疑人可以提出补充或者改正。犯罪嫌疑人承认笔录没有错误后,应当签名或者盖章。侦查人员也应当在笔录上签名。犯罪嫌疑人请求自行书写供述的,应当准许。必要的时候,侦查人员也可以要犯罪嫌疑人亲笔书写供词。

四、格式

讯 问 笔 录(第_____次)

时间_____年_____月_____日_____时_____分

至_____年_____月_____日_____时_____分

地点_____

询问/讯问人(签名)_____、_____工作单位_____

记录人(签名)_____工作单位_____

被询问/讯问人_____性别____出生日期_____

身份证件种类及号码_____

现住址_____联系方式_____

户籍所在地_____

(口头传唤/被扭送/自动投案的被询问/讯问人于____年__月____日

时__分到达,____年____月____日____时__分离开本人签名:_____)

问:_____

答:_____

_____

_____

第 页 共 页

犯罪嫌疑人诉讼权利义务告知书

根据《刑事诉讼法》的规定,在公安机关对案件进行侦查期间,犯罪嫌疑人有如下诉讼权利和义务:

(1)不通晓当地通用的语言文字时有权要求配备翻译人员,有权用本民族语言文字进行诉讼。

(2)对于公安机关及其侦查人员侵犯其诉讼权利和人身侮辱的行为,有权提出申诉或者控告。

(3)对于侦查人员、鉴定人、记录人、翻译人员有下列情形之一的,有权申请他们回避:①是本案的当事人或者是当事人的近亲属的;②本人或者他的近亲属和本案有利害关系的;③担任过本案的证人、鉴定人、辩护人、诉讼代理人的;④与本案当事人有其他关系,可能影响公正处理案件的。对于驳回申请回避的决定,可以申请复议一次。

(4)在接受第一次讯问后或者被采取强制措施之日起,有权委托律师作为辩护人。经济困难或者有其他原因没有委托辩护人的,可以向法律援助机构提出申请。

(5)在接受传唤、拘传、讯问时,有权要求饮食和必要的休息时间。

(6)对于采取强制措施超过法定期限的,有权要求解除强制措施。

(7)对于侦查人员的提问,应当如实回答。但是对与本案无关的问题,有拒绝回答的权利。在接受讯问时有权为自己辩解。如实供述自己罪行的,可以从轻处罚;因如实供述自己罪行,避免特别严重后果发生的,可以减轻处罚。

(8)核对讯问笔录的权利,笔录记载有遗漏或者差错,可以提出补充或者改正。

(9)未满18周岁的犯罪嫌疑人有要求通知其法定代理人到场的权利。

(10)聋、哑的犯罪嫌疑人在讯问时有要求通晓聋、哑手势的人参加的权利。

(11)依法接受拘传、取保候审、监视居住、拘留、逮捕等强制措施和人身检查、搜查、扣押、鉴定等侦查措施。

(12)公安机关送达的各种法律文书经确认无误后,应当签名、捺指印。

(13)有权知道用作证据的鉴定意见的内容,可以申请补充鉴定或重新鉴定。

此告知书在第一次讯问犯罪嫌疑人或对其采取强制措施之日交犯罪嫌疑人,并在第一次讯问笔录中记明或责令犯罪嫌疑人在强制措施文书附卷联中签注。

五、写作要点

1. 首部

这部分为填充式,主要填写讯问次数、讯问起止时间、讯问地点、侦查员、记录员姓名及单位、犯罪嫌疑人姓名。

2. 正文

这部分内容是讯问笔录记录的重点。

根据讯问次数的不同,记录内容也有所不同。第一次讯问时,要在第一部分依项讯问和记录清楚犯罪嫌疑人的基本情况,包括姓名、曾用名、化名、年龄或出生年月日、民族、籍贯、文化程度、现住址、工作单位、职务与职业、是否是人大代表或政协委员、家庭情况、社会经历、是否受过刑事处罚或行政处分等情况。近年来,随着《中华人民共和国监察法》的颁布实施,公安机关与监察机关的协作配合日趋紧密,因此讯问过程中还应当记录清楚犯罪嫌疑人政治面貌、所属党支部情况,以便按照有关规定在对其采取强制措施后及时向监察机关通报。要与原案件材料认真核对,严防错拘错捕。另外,还要问清记明犯罪嫌疑人是否知道为什么被拘留或被逮捕。第一次讯问后,之后的系列讯问可不再问基本情况。可直接进行第二部分讯问。第二部分,要问清记明讯问的全部过程,记录人首先要记清讯问人的提问,根据提问的中心问题,全面准确地记载犯罪嫌疑人关于犯罪事实的供辩。这一部分内容要根据讯问的原过程准确清楚地证明犯罪的时间、地点、动机、目的、手段、起因、后果、证据、涉及的人和事等,尤其是其中能说明案件性质的关键情节、有关的证据、有明显矛盾的地方等重要情况,要注意准确清楚地记录下来。如果犯罪嫌疑人进行无罪辩解,要注意记清其陈述的理由和依据。此外,为准确适用认罪认罚从宽制度,对犯罪嫌疑人的认罪态度也要准确地记录下来。

3. 尾部

讯问结束时,笔录应交犯罪嫌疑人核对(没有阅读能力的要向其宣读)无误后,在笔录的末尾由犯罪嫌疑人签明对笔录的意见:"以上笔录我看过(或向我宣读过),和我说的相符。"并在笔录逐页末尾右下角签名(盖章)或捺指印。如记录有差错、遗漏,应当允许犯罪嫌疑人更正或者补充,并在改正补充的文字上捺指印。如果拒绝签名(盖章)或捺指印,记录员应在笔录中注明。

第三章　检察机关主要法律文书

第一节　起　诉　书

一、概念

起诉书是人民检察院依照法定的诉讼程序,代表国家向人民法院对被告人提起公诉的法律文书。

二、作用

起诉书的作用体现在以下几方面。

(1)对侦查机关来说,起诉书是对侦查终结的案件事实清楚、证据确实充分的认定,是在事实和法律层面的认可。

(2)对检察机关来说,起诉书既是代表国家对被告人追究刑事责任,将其交付审判的文件,也是出庭支持公诉、发表公诉意见、参加法庭调查和辩论的基础。一定程度上来说,起诉书也是检察院对其受理的审查起诉案件的最终决定的体现。

(3)对审判机关来说,起诉书是引起一审刑事审判活动的依据,是对公诉案件进行审判的凭据,也是法庭审理的基本内容。

(4)对被告人及其辩护人来说,起诉书既是告知已将被告人交付审判的通知,也是公开指控其犯罪行为的法定文件。

三、法律依据

《刑事诉讼法》第169条规定,凡是需提起公诉的案件,一律由人民检察院审查决定。

《刑事诉讼法》第176条规定:人民检察院认为犯罪嫌疑人的犯罪事实已经查清,证据确实、充分,依法应当追究刑事责任的,应当作出起诉决定,按照审判管辖的规定,向人民法院提起公诉,并将案卷材料、证据移送人民法院。犯罪嫌疑人认罪认罚的,人民检察院应当就主刑、附加刑、是否适用缓刑等提出量刑建议,并随案移送认罪认罚具结书等材料。

四、格式

起诉书的结构分为首部、事实与证据、罪状描述和尾部四个部分。

（一）首部

首部在格式上要求较严格，从字体到书写方式和顺序都有规定，而且机关名称必须是全称，且程序性行为如告知权利义务、延期、退侦、并案等必须按时间进行写明。

示范如下。

××××人民检察院

起　诉　书

××检××刑诉〔××××〕×号

被告人……（写明姓名、曾用名、绰号、性别、出生年月日、公民身份号码、民族、文化程度、职业或者工作单位及职务、户籍地、住址、曾受到刑事处罚以及与本案定罪量刑相关的行政处罚的情况和因本案采取强制措施的情况等）

本案由×××（监察/侦查机关）调查/侦查终结，以被告人×××涉嫌××罪，于××××年××月××日向本院移送审查起诉。本院受理后，于××××年×月××日已告知被告人有权委托辩护人和认罪认罚可能导致的法律后果，××××年××月××日已告知被害人及其法定代理人（近亲属）、附带民事诉讼的当事人及其法定代理人有权委托诉讼代理人，依法讯问了被告人，听取了被告人及其辩护人（值班律师）、被害人及其诉讼代理人的意见，审查了全部案件材料……（写明退回补充调查/侦查、延长审查起诉期限等情况）。被告人同意本案适用速裁/简易/普通程序审理。

（二）事实与证据

此部分对于多人多起的案件，一般可按时间顺序进行排序，也可按案件性质进行排序，涉及个人隐私的被害人名字必须进行隐匿。

示范如下。

经依法审查查明：

……（写明经检察机关审查认定的犯罪事实，包括犯罪时间、地点、经过、手段、目的、动机、危害后果，以及被告人到案后自愿如实供述自己的罪行，与被害人达成和解协议或者赔偿被害人损失，取得被害人谅解等与定罪、量刑有关的事实要素。应当根据具体案件情况，围绕刑法规定的该罪的构成要件叙写）

（对于只有一个犯罪嫌疑人的案件，犯罪嫌疑人实施多次犯罪的，犯罪事实应逐一列举；对于同时触犯数个罪名的犯罪嫌疑人的犯罪事实，应该按照主次顺序分类列举。对于共同犯罪的案件，写明犯罪嫌疑人的共同犯罪事实及各自在共同犯罪中的地位和作用后，按照犯罪嫌疑人的主次顺序，分别叙明各个犯罪嫌疑人的单独犯罪事实）

认定上述事实的证据如下：

1. 物证：……

2. 书证：……

3. ……

（针对上述犯罪事实，列举证据，包括犯罪事实证据和量刑情节证据）

上述证据收集程序合法，内容客观真实，足以认定指控事实。被告人×××对指控的犯罪事实和证据没有异议，并自愿认罪认罚。

（三）罪状描述

此部分是对案件进行定性并描述的重要一部分，一般遵照法条规定进行撰写，同时对于共同犯罪、主从犯、未遂、中止、预备、累犯、坦白、自首、立功、数罪并罚、未成年人、认罪认罚等所有情节必须全部描述。

本院认为，……（概述罪状，包括被告人行为的性质、危害程度、情节轻重），其行为已触犯《中华人民共和国刑法》第××条（引用法定刑条款）之规定，犯罪事实清楚，证据确实、充分，应当以××罪追究其刑事责任。被告人××认罪认罚，依据《中华人民共和国刑事诉讼法》第十五条的规定，可以从宽处理。……（阐述认定的法定、酌定量刑情节，并引用相关法律条款），建议判处被告人×××……（阐述具体量刑建议，包括主刑、附加刑的刑种、刑期，以及刑罚执行方式；建议判处财产刑的，写明确定的数额。也可以单独附量刑建议书，量刑建议不在起诉书中表述）。根据《中华人民共和国刑事诉讼法》第一百七十六条的规定，提起公诉，请依法判处。

（四）尾部

此部分是对案件中需要人民法院知晓的细节进行统一说明,如被告人羁押场所或联系方式、侦查卷册数等情况。

示范如下。

此致

×××人民法院

检察官　×××

检察官助理　×××

××××年×月×日

（院印）

附件:1.被告人现在处所:(具体包括在押被告人的羁押场所或监视居住、取保候审的处所,非羁押的写明联系电话)

2.案卷材料和证据××册

3.《认罪认罚具结书》一份

4.《量刑建议书》一份(单独制作量刑建议书时移送)

5.有关涉案款物情况

6.被害人(单位)附带民事诉讼情况

7.其他需要附注的事项

五、写作要点

(1)起诉书是代表国家提起诉讼的重要文书,故需要写明案件事实(简洁明了即可,不需写明所有细节)。

(2)罪状描述部分需要对案件中所有的认定情节进行表述,同时需要格式统一,起诉书中的案件事实和罪状描述是最重要的两个部分。

六、范文

宁夏回族自治区银川市金凤区人民检察院

起　诉　书

银金检刑诉〔2022〕×××号

被告人陈××,男,19××年×月××日出生,公民身份号码640××××××
××××××1535,汉族,初中文化,个体,户籍所在地宁夏银川市西夏区,住银川市
贺兰县××小区20—2—××室。2021年7月17日因涉嫌故意伤害罪被银川市公
安局金凤区分局刑事拘留,2021年7月30日被银川市公安局金凤区公安局取保候
审。2022年5月16日被本院取保候审。

被告人李××,男,20××年×月××日出生,公民身份号码640××××××
××××××2718,汉族,初中文化,银川市××公司销售员,户籍所在地宁夏吴忠市
利通区,住银川市贺兰县××小区3—3—××室。2021年7月17日因涉嫌故意伤
害罪被银川市公安局金凤区分局刑事拘留,2021年7月30日被银川市公安局金凤
区公安局取保候审。2022年5月16日被本院取保候审。

本案由银川市公安局金凤区分局侦查终结,以被告人陈××、李××涉嫌故意伤
害案,于2022年5月16日向本院移送审查起诉。本院受理后,于2022年5月16日
已告知被告人有权委托辩护人和认罪认罚可能导致的法律后果,2022年5月16日已
告知被害人有权委托诉讼代理人,依法讯问了被告人,听取了被告人及其辩护人、值
班律师、被害人的意见,审查了全部案件材料。被告人同意本案适用速裁程序审理。

经依法审查查明:

2020年7月10日23时许,被告人陈××、李××在银川市金凤区大阅城贰麻
酒馆门口因停车事宜与被害人王××发生口角,被告人陈××推搡被害人,被害人
王××将被告人陈××脖子抓住,两人继而扭打在一起,被告人李××看到后遂上
前帮忙,将二人拉倒在地,三人在地上扭打在一起,造成三人不同程度受伤,被害人
王××经诊断为右膝关节脱位,右膝关节韧带断裂、右膝内外侧半月板撕裂、右膝
关节腔积血,右肩部软组织损伤。经鉴定,王××人体损伤程度为轻伤一级。

另查明,被告人陈××、李××已赔偿被害人王××共计50万元并取得被害
人谅解。

认定上述事实的证据如下:

1.受案登记表、立案决定书、户籍信息等书证;

2.证人关××、张×、徐××等人的证言;

3.被害人王××的陈述;

4.被告人陈××、李××的供述和辩解；

5.鉴定意见；

6.辨认笔录；

7.视听资料。

上述证据收集程序合法，内容客观真实，足以认定指控事实。被告人陈××、李××对指控的犯罪事实和证据没有异议，并自愿认罪认罚。

本院认为，被告人陈××、李××故意伤害他人身体，造成一人轻伤，其行为已触犯《中华人民共和国刑法》第二百三十四条第一款之规定，犯罪事实清楚，证据确实、充分，应当以故意伤害罪追究其刑事责任。本案系共同犯罪，应当适用《中华人民共和国刑法》第二十五条第一款之规定。被告人陈××、李××经电话传唤到案并如实供述自己的罪行，系自首，应当适用《中华人民共和国刑法》第六十七条第一款之规定。被告人陈××、李××认罪认罚，依据《中华人民共和国刑事诉讼法》第十五条的规定，可以从宽处理。建议判处被告人陈××有期徒刑八个月，缓刑一年；被告人李××有期徒刑八个月，缓刑一年。根据《中华人民共和国刑事诉讼法》第一百七十六条的规定，提起公诉，请依法判处。

此致

银川市金凤区人民法院

检察官 邵××

二〇二二年五月二十四日

（院印）

附件：

1.被告人现取保候审于其居住地，联系电话：陈××157××××7775，李××132××××4321；

2.案卷材料和证据二册；

3.《认罪认罚具结书》二份。

第二节 不起诉决定书

一、概念

不起诉决定书是人民检察院对侦查终结的刑事案件经审查后，认为依法不应追究犯罪嫌疑人的刑事责任、不需要判处刑罚或者应免除刑罚的，或者经退回补充侦查仍证据不足的，作出不将犯罪嫌疑人移送人民法院进行审判的决定时使用的法律文书。

二、作用

起诉书的作用具体体现在有利于保障人权,基于疑罪从无原则,更规范地引导侦查机关取证。此外,对于相对不起诉案件,不起诉决定书的作用更多地体现在节约司法资源、彰显人文关怀方面。基于诉后判处免刑等情况,加之检察机关近年来提倡的少捕慎诉慎押理念,不起诉书的作用更多地体现在维护社会稳定、参与社会治理方面。

三、法律依据

《刑事诉讼法》第 16 条规定,有下列情形之一的,不追究刑事责任,已经追究的,应当撤销案件,或者不起诉,或者终止审理,或者宣告无罪:(1)情节显著轻微、危害不大,不认为是犯罪的;(2)犯罪已过追诉时效期限的;(3)经特赦令免除刑罚的;(4)依照刑法告诉才处理的犯罪,没有告诉或者撤回告诉的;(5)犯罪嫌疑人、被告人死亡的。其他法律规定免予追究刑事责任的。

《刑事诉讼法》第 177 条规定,犯罪嫌疑人没有犯罪事实,或者有本法第 16 条规定的情形之一的,人民检察院应当作出不起诉决定。对于犯罪情节轻微,依照刑法规定不需要判处刑罚或者免除刑罚的,人民检察院可以作出不起诉决定。人民检察院决定不起诉的案件,应当同时对侦查中查封、扣押、冻结的财物解除查封、扣押、冻结。对被不起诉人需要给予行政处罚、处分或者需要没收其违法所得的,人民检察院应当提出检察意见,移送有关主管机关处理。有关主管机关应当将处理结果及时通知人民检察院。

四、格式

不起诉书的结构分为首部、正文、尾部三个部分。

(一)首部

不起诉书的首部的格式要求较严格,从字体到书写方式和顺序都要遵照规范要求,机关名称必须是全称,且程序性行为必须写明,如存疑不起诉的退侦等情况。同时,不起诉案件中的辩护人/值班律师必须写明。

示范如下。

××××人民检察院

不 起 诉 决 定 书

××检××刑不诉〔××××〕×号

被告人……(写明姓名、曾用名、绰号、性别、出生年月日、公民身份号码、民族、

文化程度、职业或者工作单位及职务、户籍地、住址、曾受到刑事处罚以及与本案定罪量刑相关的行政处罚的情况和因本案采取强制措施的情况等)

(如被不起诉人系单位，则应写明单位名称、住所地等)

辩护人……(写姓名、单位)

本案由×××(监察/侦查机关)调查/侦查终结，以被不起诉人××涉嫌××罪，于××××年××月××日向本院移送审查起诉。

(如果是自侦案件，此处写"被不起诉人×××涉嫌××一案，由本院调查/侦查终结，于××××年××月××日移送起诉或不起诉。"如果案件是其他人民检察院移送的，此处应当将指定管辖、移送单位以及移送时间等写清楚)

(如果案件曾经退回补充侦查，应当写明退回补充侦查的日期、次数以及再次移送起诉的时间)

(二)正文

正文为不起诉决定书最重要的部分，三种不起诉决定书在书写上稍有不同，但总体来说都是从法律条文出发，写明即可。

示范如下。

经本院依法审查查明：

……

(概括叙写案件事实，其重点内容是有关被不起诉人具有的法定情节和检察机关酌情/存疑作出不起诉决定的具体理由的事实。要将检察机关审查后认定的事实和证据写清楚，不必叙写调查/侦查机关移送审查时认定的事实和证据。对于证据不足的事实，不能写入不起诉决定书中。在事实部分中表述犯罪情节时应当以犯罪构成要件为标准，还要将体现其情节轻微的事实及符合不起诉条件的特征叙述清楚。叙述事实之后，应当将证明"犯罪情节"的各项证据一一列举，以阐明犯罪情节如何轻微)

本院认为，×××实施了《中华人民共和国刑法》第××条规定的行为，但犯罪情节轻微，具有×××情节(此处写明认罪认罚、从轻、减轻或者免除刑事处罚具体情节的表现)，根据《中华人民共和国刑法》第××条的规定，不需要判处刑罚(或者免除刑罚)。依据《中华人民共和国刑事诉讼法》第一百七十七条第××款的规定，决定对××不起诉。

（三）尾部

尾部的内容为告知被不起诉人、被害人相关权利,同时对于涉案财物进行处理。

示范如下。

查封、扣押、冻结的涉案款物的处理情况。

被不起诉人如不服本决定,可以自收到本决定书后七日内向本院申诉。

被害人如不服本决定,可以自收到本决定书后七日以内向××人民检察院申诉,请求提起公诉;也可以不经申诉,直接向××人民法院提起自诉。

××人民检察院

××年×月×日

（院印）

五、写作要点

不起诉决定书是检察机关对审查起诉案件作出的终局性决定,故落款为××人民检察院,并不像起诉书落款为检察官××。

六、范文

宁夏回族自治区银川市金凤区人民检察院

不起诉决定书

银金检刑不诉〔20××〕××号

被不起诉人李×,男,1995年9月6日出生,公民身份号码610×××××××××××4216,汉族,初中文化,银川市金凤区通达街某烧烤店员工,户籍所在地陕西省宝鸡市千阳县,住宁夏银川市金凤区××小区47－1－××室。2020年11月9日因涉嫌故意伤害罪被银川市公安局金凤区分局取保候审。

值班律师刘××,北京××(银川)律师事务所律师。

本案由银川市公安局金凤区分局侦查终结,以被不起诉人李××涉嫌故意伤害罪,于2021年9月16日向本院移送审查起诉。

经本院依法审查查明：

2019年10月28日凌晨4时许，被害人马××酒后在银川市金凤区××小区47号楼1单元602员工宿舍因工作中的琐事与同事王××（案发时年满16周岁未满18周岁，另案处理）发生争吵，继而相互殴打，被不起诉人李××拉架制止无效后，因其与王××关系较好，遂从卧室内拿出一根棒球棒在马××后背打了一棒，王××和马××继续互相殴打，餐厅主管赶到现场后将二人拉开。2019年10月31日，马××感觉身体疼痛到永宁县医院检查，诊断为左侧季肋区软组织挫伤。2019年11月8日转至宁夏医科大学总医院急诊治疗，诊断为皮挫裂伤（脾周血肿），腹、盆腔积血。经银川市公安局物证鉴定所鉴定，马××身体所受损伤程度为轻伤一级。

另查明，案发后被不起诉人李××经公安机关电话传唤到案并如实供述其犯罪事实，与王××共同赔偿被害人经济损失后取得谅解。

认定上述事实的证据如下：

1. 受案登记表、查获经过、户籍信息等书证；

2. 证人严××、邓××的证言；

3. 被害人马××的陈述；

4. 被不起诉人李××、同案犯王××的供述和辩解；

5. 鉴定意见；

6. 辨认、指认笔录。

上述证据收集程序合法，内容客观真实，足以认定指控事实。被不起诉人李××对指控的犯罪事实和证据没有异议，并自愿认罪认罚。

本院认为，被不起诉人李××故意伤害他人身体健康，致一人轻伤，其行为已触犯《中华人民共和国刑法》第二百三十四条第一款之规定，构成故意伤害罪。鉴于本案系同事间纠纷引发，且被不起诉人李××具有自首、认罪认罚、赔偿取得谅解等法定、酌定从轻、从宽处罚情节，犯罪情节轻微，依照刑法规定不需要判处刑罚或者免除处罚，依据《中华人民共和国刑法》第六十七条第一款、《中华人民共和国刑事诉讼法》第十五条、第一百七十七条第二款的规定，决定对李××不起诉。

被不起诉人如不服本决定，可以自收到本决定书后七日内向本院申诉。

被害人如不服本决定，可以自收到本决定书后七日以内向银川市人民检察院申诉，请求提起公诉；也可以不经申诉，直接向银川市金凤区人民法院提起自诉。

银川市金凤区人民检察院

二零二一年十二月一日

（院印）

第三节 量刑建议书

一、概念

量刑建议书是人民检察院代表国家提起公诉时,向法院提交的量刑意见书,建议法院对被告人量刑的文书。

二、作用

量刑建议书的作用具体体现在以下几方面。

(1)对于检察机关来说,量刑建议书是行使求刑权的具体体现,同时也是对人民法院量刑权的监督。

(2)对于被告人来说,量刑建议书是对于其犯罪行为在量刑上的前期预判,是对被告人知情权的又一体现。

(3)对于人民法院来说,量刑建议书是对案件进行刑罚量化的一种参考,更是承办检察官与承办法官在开庭前的沟通文书。

三、法律依据

《刑事诉讼法》第201条规定,对于认罪认罚案件,人民法院依法作出判决时,一般应当采纳人民检察院指控的罪名和量刑建议,但有下列情形的除外：(1)被告人的行为不构成犯罪或者不应当追究其刑事责任的;(2)被告人违背意愿认罪认罚的;(3)被告人否认指控的犯罪事实的;(4)起诉指控的罪名与审理认定的罪名不一致的;(5)其他可能影响公正审判的情形。

人民法院经审理认为量刑建议明显不当,或者被告人、辩护人对量刑建议提出异议的,人民检察院可以调整量刑建议。人民检察院不调整量刑建议或者调整量刑建议后仍然明显不当的,人民法院应当依法作出判决。

四、格式

量刑建议书的结构分为首部、正文和尾部三个部分。

(一)首部

量刑建议书首部需要明确交代案件的基本情况。其中认罪认罚类必须写明法定刑,不认罪认罚类不需要写明法定刑。

认罪认罚类量刑建议书首部示范如下。

××人民检察院
量刑建议书

检量建〔××〕××号

被告人××涉嫌××一案,经本院审查认为,被告人××的行为已触犯《中华人民共和国刑法》第_____条第_____款第_____项之规定,犯罪事实清楚,证据确实、充分,应当以××罪追究其刑事责任,其法定刑为_____。

不认罪认罚类量刑建议书首部示范如下。

××人民检察院
量刑建议书

检量建〔××〕××号

本院以××检刑诉〔××〕××号起诉书提起公诉的××涉嫌××一案,经审查认为,被告人××的行为已触犯《中华人民共和国刑法》××之规定,犯罪事实清楚,证据确实、充分,应当以××罪追究其刑事责任。

(二)正文

正文部分因是否适用认罪认罚而截然不同,不认罪认罚类的量刑建议书需要写明所有涉案的情节,包括法定情节和酌定情节,认罪认罚类案件则相对简单,只需写明罪名和刑期。

认罪认罚类量刑建议书正文示范如下。

因其具有以下量刑情节:

1.法定从重处罚情节:_____

2.法定从轻、减轻或者免除处罚情节:_____

3.酌定从重处罚情节:_____

4.酌定从轻处罚情节:_____

5.其他:_____

不认罪认罚量刑建议书正文示范如下。

被告人××自愿如实供述涉嫌的犯罪事实,对指控的犯罪没有异议,接受刑事处罚,建议判处被告人(主刑种类及幅度、单处附加刑或者免予刑事处罚),_____(执行方式),并处_____(附加刑)。

(三)尾部

不认罪认罚类案件需要写明适用的法律依据,认罪认罚类案件只需注明落款。

认罪认罚类量刑建议书尾部示范如下。

故根据_____(法律依据)的规定,建议判处被告人××(主刑种类及幅度、单处附加刑或者免予刑事处罚),_____(执行方式),并处_____(附加刑)。

此致

×××人民法院

检察官 ×××

××年×月×日

(院印)

不认罪认罚类量刑建议书尾部示范如下。

此致

×××人民法院

检察官 ×××

××年×月×日

(院印)

五、写作要点

量刑建议书分为不认罪认罚类和认罪认罚类,但二者在量刑种类方面都可以适用确定型量刑和量刑幅度,没有严格规定哪类必须适用确定型量刑或量刑幅度。

六、范文

宁夏回族自治区银川市金凤区人民检察院
量刑建议书
（不认罪认罚案件适用）

银金检量建〔20××〕××号

　　被告人张××故意伤害一案,经本院审查认为,被告人张××的行为已触犯《中华人民共和国刑法》第二百三十四条第一款之规定,犯罪事实清楚,证据确实、充分,应当以故意伤害罪追究其刑事责任,其法定刑为三年以下有期徒刑、管制或者拘役。

　　因其具有以下量刑情节:

　　1. 法定从重处罚情节:劣迹;

　　2. 酌定从轻处罚情节:已赔偿被害人经济损失并取得被害人谅解。

　　故根据《中华人民共和国刑法》第二百三十四条第一款的规定,建议判处被告人张××六个月以下有期徒刑或者拘役。

　　此致

银川市金凤区人民法院

检察官　邵××

二零二二年四月二十一日

（院印）

宁夏回族自治区银川市金凤区人民检察院
量刑建议书
（认罪认罚案件适用）

银金检量建〔20××〕××号

　　本院以银金检刑诉〔20××〕××号起诉书提起公诉的岳××敲诈勒索一案,经审查认为,被告人岳××的行为已触犯《中华人民共和国刑法》第二百七十四条之规定,犯罪事实清楚,证据确实、充分,应当以敲诈勒索罪追究其刑事责任。

被告人岳××自愿如实供述涉嫌的犯罪事实,对指控的犯罪没有异议,接受刑事处罚,建议判处被告人有期徒刑一年,缓刑二年,并处罚金人民币六千元。

此致

银川市金凤区人民法院

检 察 官 邵××

二零二二年五月二十六日

(院印)

第四节 抗 诉 书

一、概念

抗诉书是人民检察院对人民法院确有错误的刑事判决或裁定依法提出抗诉时所制作的文书。

二、作用

抗诉书的作用主要体现在对人民法院刑事判决或裁定的监督,表明检察机关对案件的态度。

三、法律依据

《刑事诉讼法》第228条规定,地方各级人民检察院认为本级人民法院第一审的判决、裁定确有错误的时候,应当向上一级人民法院提出抗诉。

四、格式

抗诉书的结构分为首部、正文和尾部三个部分。

(一)首部

首部主要是表明错误的判决或裁定的相关结果,并表明结果是事实认定、法律适用或是程序错误等情况。

示范如下。

×××× 人民检察院

刑 事 抗 诉 书

检××诉刑抗〔××××〕××号

×××人民法院以××号刑事判决（裁定）书对被告人××一案判决（裁定）……（判决、裁定结果）。本院依法审查后认为（如果是被害人及其法定代理人不服地方各级人民法院第一审的判决而请求人民检察院提出抗诉的，应当写明这一程序，然后再写"本院依法审查后认为"），该判决（裁定）确有错误（包括认定事实有误、适用法律不当、审判程序严重违法），理由如下：

（二）正文

正文部分没有明确的写作方式，它是对检察官论理性的充分考验，只需说明判决或裁定的错误之处，并表明自己的立场。

示范如下。

……（根据不同情况，理由从认定事实错误、适用法律不当和审判程序严重违法等几个方面阐述）

（三）尾部

尾部为总结部分，再次强调检察机关的立场，形成首尾呼应。

示范如下。

综上所述……（概括上述理由），为维护司法公正，准确惩治犯罪，依照《中华人民共和国刑事诉讼法》第二百二十八条的规定，特提出抗诉，请依法判处。

此致

×××人民法院

×××人民检察院

××××年××月××日

（院印）

附件：

1. 被告人×××现羁押于×××（或者现住×××）；

2. 其他有关材料。

五、写作要点

抗诉书是对确有错误的刑事判决或裁定进行纠正的表现方式,更是从法理、法条出发阐述自身观点的有力依托。对于提抗机关来说,上级检察机关支持抗诉的决定也至关重要。

六、范文

宁夏回族自治区永宁县人民检察院
刑 事 抗 诉 书

永检刑抗〔××××〕××号

永宁县人民法院以(××××)永刑初字第××号刑事判决书对被告人杨××以职务侵占罪判处有期徒刑二年;被告人孙××以职务侵占罪判处有期徒刑一年八个月;被告人于××以职务侵占罪判处有期徒刑一年二个月;被告人王××以职务侵占罪判处有期徒刑七个月,宣告缓刑一年;被告人许××以职务侵占罪判处拘役四个月,宣告缓刑一年。本院依法审查后认为五被告人均应以盗窃罪定罪量刑,对五被告人以职务侵占罪定罪量刑,系定性错误,适用法律不当,理由如下:

判决书认定:"本案中,被告人杨××、孙××、王××系'宸宇公司'的保安。他们的职责就是维护被害单位正常工作秩序,保护单位财物安全,库房保管员同样也有具有保护库房财物安全的职责,因此保安员保护本单位财物安全的职责与库房保管员保护库房财产安全的职责是竞合的,尤其是在库房保管员及其他人员下班或节假日休息期间,保护本单位的财物安全的职责全部由保安员承担,本单位的财物实际上就处在他们的掌控和管理之下,他们也就成为被害单位财物安全的实际管理人员,保护被害单位的财物不被毁损、丢失、盗取是他们的主要职责。被告人杨××、孙××、王××正是利用公司赋予他们的职务和岗位范围内的权力,利用自己担任公司保安掌控公司大门钥匙并能够自由出入的便利条件,乘自己值班之机'监守自盗',将本单位的财物非法占为己有,其行为特征符合职务侵占罪的客观条件。"

本院认为,被告人杨××、孙××、王××虽然具有保安身份,但其职责仅仅是维护公司厂区的安全,没有进入库房和管理库房财物的职责,公司也没有赋予其主管、管理或经手本单位财物的权力。"利用职务上的便利"应当是根据法律、法令、政策、单位章程以及单位有关负责人员赋予特定权力的人员利用主管、管理、经营、经手单位财产的便利条件。"管理"的职务表现为对财物的直接占有、支配。其应当具有合法性、职能性、现时性、直接性、亲自性。故被告人杨××、孙××、王××利用的职务便利条件与其所具有的保安职责没有必然的联系，不属于直接利用职务上的便利。被告人杨××、孙××、王××窃取的对象是他人管理的本单位财物，各被告并无仓库钥匙，不属于保管人，而且采取了卸掉库房门这种明显属秘密窃取的手段实施了盗窃犯罪。因此，三被告人的行为不属于利用职务上的便利侵占自己所掌握的本单位的财物，而只是利用对本单位工作环境熟悉和进出大门容易等工作上的便利实施了盗窃行为，判决书扩大了职务便利的内涵，混淆了"职务上的便利"与"工作上的便利"的区别。保安员与库管员均有保护库房安全的职责，但范围却不尽相同，有着完全不同的性质。判决书将二者职责及范围完全混同是错误的。故对被告人杨××、孙××、王××应当以盗窃罪定罪量刑。被告人于××、许××在共同犯罪中，接到被告人孙××的通知后，积极配合被告人杨××、孙××、王××在作案现场收购赃物并支付赃款，系从犯，故对二被告人也应以盗窃罪定罪量刑。

综上所述，被告人杨××、孙××、王××、于××、许××以非法占有为目的，采取秘密手段窃取财物应以盗窃罪定罪量刑。为维护司法公正，准确惩治犯罪，依照《中华人民共和国刑事诉讼法》第一百八十一条的规定，特提出抗诉，请依法判处。

此致
银川市中级人民法院

永宁县人民检察院
二○一○年五月十一日
（院印）

附：

1. 被告人杨××、孙×、于×现羁押于永宁县看守所；

2. 被告人王×现住银川市湖滨街××公寓19－2－××室；被告人许××现住银川市兴庆区××小区出租房。

第五节　纠正违法通知书

一、概念

纠正违法通知书是人民检察院发现公安机关、公安人员在侦查活动中或审判机关、审判人员在审理、执行案件过程中有违法情况,向公安机关或审判机关发出的纠正意见。

二、作用

纠正违法通知书的作用具体体现在向相对方发出建议,纠正错误的违法行为,避免以后同类事情的发生。

三、法律依据

《刑事诉讼法》第 57 条规定,人民检察院接到报案、控告、举报或者发现侦查人员以非法方法收集证据的,应当进行调查核实。对于确有以非法方法收集证据情形的,应当提出纠正意见;构成犯罪的,依法追究刑事责任。

《刑事诉讼法》第 100 条规定,人民检察院在审查批准逮捕工作中,如果发现公安机关的侦查活动有违法情况,应当通知公安机关予以纠正,公安机关应当将纠正情况通知人民检察院。

《刑事诉讼法》第 209 条规定,人民检察院发现人民法院审理案件违反法律规定的诉讼程序,有权向人民法院提出纠正意见。

《刑事诉讼法》第 274 条规定,人民检察院认为人民法院减刑、假释的裁定不当,应当在收到裁定书副本后 20 日以内,向人民法院提出书面纠正意见。人民法院应当在收到纠正意见后一个月以内重新组成合议庭进行审理,作出最终裁定。

《刑事诉讼法》第 276 条规定,人民检察院对执行机关执行刑罚的活动是否合法实行监督。如果发现有违法的情况,应当通知执行机关纠正。

四、格式

纠正违法通知书的结构分为首部、正文和尾部三个部分。

(一)首部

纠正违法通知书的首部主要是表明通过什么途径发现何案存在错误行为。

示范如下。

宁夏回族自治区××××人民检察院

纠正违法通知书

××检××纠违〔××××〕××号

××侦查机关／审判机关：

本院在办理李××故意伤害案件中（或在工作中）发现，你 _____ 在侦查／审理 _____ 案过程中存在下列违法行为：

（二）正文

纠正违法通知书的正文没有统一格式，只需说明发现的问题及法律依据即可。

示范如下。

1.发现的违法情况……（包括违法人员的姓名、单位、职务、违法事实等，如果是单位违法，要写明违法单位的名称。违法事实，要写明违法时间、地点、经过、手段、目的和后果等。可表述为：经调查核实，发现……）

2.认定违法的理由和法律依据……（包括违法行为触犯的法律、法规和规范性文件的具体条款，违法行为的性质等。可表述为：本院认为……）

（三）尾部

尾部列明发出纠正违法通知书的法律依据并写明要求回复日期即可。

示范如下。

根据《中华人民共和国刑事诉讼法》第 ____ 条之规定，现通知你 ____ 予以纠正，并在收到本通知书后十五日内将纠正情况告知本院。

××××年××月××日

（院印）

五、写作要点

纠正违法通知书旨在监督相对方纠正错误做法，必须要有理有据才能说服对方进行改正并对今后的工作进行有力指导。

六、范文

宁夏回族自治区银川市金凤区人民检察院
纠正违法通知书

银金检纠违〔20××〕4 号

银川市公安局××××分局：

本院在办理张××危险驾驶案中发现,你局在侦查过程中存在下列违法行为：

未及时固定、妥善保存该案现场查获视频,致使关键性证据缺失,影响案件事实认定。《中华人民共和国刑事诉讼法》第一百一十五条规定："公安机关对已经立案的刑事案件,应当进行侦查,收集、调取犯罪嫌疑人有罪或者无罪、罪轻或者罪重的证据材料。"《公安机关办理刑事案件程序规定》第一百九十一条规定："公安机关对已经立案的刑事案件,应当及时进行侦查,全面、客观地收集、调取犯罪嫌疑人有罪或者无罪、罪轻或者罪重的证据材料。"你局在该案侦查取证过程中存在违反程序规定的情形。

为及时、有效打击犯罪,提高侦查取证质量和效率,维护司法公正。根据《人民检察院刑事诉讼规则》第五百五十二条、第五百六十七条第（十六）项之规定,现通知你局予以纠正,并在收到本通知书后十五日内将纠正情况告知本院。

2022 年 1 月 26 日

（院印）

第四章 人民法院主要法律文书

第一节 判 决 书

一、刑事判决书

（一）概念

刑事判决书，是指人民法院对所受理的刑事案件，在审理终结后，依照法律规定，对被告人是否有罪，应否受到刑事处罚以及受到何种处罚等实体问题作出的书面处理决定。由于起诉方式、审理程序以及判决内容的不同，刑事判决书的种类也有所不同。按照起诉方式的不同，可以分为公诉案件刑事判决书和自诉案件刑事判决书，其中公诉案件刑事判决书，根据适用程序和内容又有相应区别：一审公诉适用普通程序刑事判决书、一审公诉适用简易程序刑事判决书、一审公诉适用普通程序刑事附带民事判决书、一审单位犯罪刑事判决书。在所有的刑事判决书中，一审公诉案件适用普通程序的刑事判决书最具有代表性，也是刑事审判中最广泛适用的文书。依据刑事判决书的内容，可以分为有罪判决和无罪判决两大类，其中有罪判决分为定罪处刑的判决和定罪免刑的判决。

（二）作用

刑事判决书具有以下重要作用。

第一，惩治犯罪。刑事判决书中确定的刑罚，是国家司法权力最强有力的体现，相比于其他的强制措施，刑罚不仅可以限制罪犯的人身自由、财产权利，还可以直接剥夺罪犯的生命以及政治权利。如故意杀人罪等严重犯罪规定的死刑，是对罪犯生命的剥夺；经济犯罪与财产犯罪中，除自由刑外，还有罚金、没收财产等刑罚，是对罪犯财产权益的惩治。通过对罪犯的刑罚惩治，体现刑法弃恶扬善、制止犯罪、伸张正义的作用。

第二，预防犯罪。"刑罚的目的不是报复，而是预防犯罪。"预防犯罪包括一般预防和特殊预防，刑事判决书一方面通过对刑法条文的具体解读，使社会大众清晰地了解哪些行为是犯罪，以及相应的行为会受到何种刑事处罚，让潜在的犯罪人避免产生犯罪的动机，此为一般预防，也是司法威慑力的具体体现。特殊预防是指通过刑罚对罪犯的惩治，消除或限制罪犯的再犯罪条件。

第三，补偿、安抚受害人。被害人因为刑事犯罪，其人身或财产权益受到一定损失，需要通过刑事判决书确定的内容来得到补偿。如刑事附带民事判决书中,需对被害人人身权益的赔偿进行确定;财产刑犯罪需要退赔被害人相应的经济损失。此外,刑事判决书通过惩治罪犯、确定补偿,还能减轻因犯罪行为给被害人以及社会大众造成的侵害,恢复犯罪行为破坏的社会心理秩序,使被害人从犯罪所造成的痛苦中尽快解脱。

(三)法律依据

《刑事诉讼法》第185条规定,合议庭开庭审理并且评议后,应当作出判决。对于疑难、复杂、重大的案件,合议庭认为难以作出决定的,由合议庭提请院长决定提交审判委员会讨论决定。审判委员会的决定,合议庭应当执行。

《刑事诉讼法》第200条规定,在被告人最后陈述后,审判长宣布休庭,合议庭进行评议,根据已经查明的事实、证据和有关的法律规定,分别作出以下判决:(1)案件事实清楚,证据确实、充分,依据法律认定被告人有罪的,应当作出有罪判决;(2)依据法律认定被告人无罪的,应当作出无罪判决;(3)证据不足,不能认定被告人有罪的,应当作出证据不足、指控的犯罪不能成立的无罪判决。该条规定是人民法院制作刑事判决书的法律依据。

(四)格式

下面以公诉案件适用普通程序的刑事判决书为例,介绍刑事判决书的一般写作规则。

××××人民法院

刑事判决书

(××××)×××刑初××号

公诉机关×××人民检察院。

被告人×××(写明姓名、性别、出生年月日、民族、文化程度、职业或者工作单位和职务、住址和因本案所受强制措施情况等,现羁押处所)。

辩护人×××(写明姓名、工作单位和职务)。

×××人民检察院以×检×诉〔××××〕××号起诉书指控被告人×××犯××罪,向本院提起公诉。本院于××××年××月××日受理后,依法组成合议庭,公开(或者不公开)开庭审理了本案。×××人民检察院指派检察员×××出庭支持公诉,被害人×××及其法定代理人×××、诉讼代理人×××,被告人×××及其法定代理人×××,辩护人×××,证人×××,鉴定人×××,翻译人员×××等到庭参加诉讼。现已审理终结。

×××人民检察院指控×××(概述人民检察院指控被告人犯罪的事实、证据和适用法律的意见)。

被告人×××辩称……（概述被告人对指控的犯罪事实予以供述、辩解、自行辩护的意见和有关证据）。辩护人×××提出的辩护意见是……（概述辩护人的辩护意见和有关证据）。

经审理查明，……（首先写明经庭审查明的事实；其次写明经举证、质证定案的证据及其来源；最后对控辩双方有异议的事实、证据进行分析、认证）。

本院认为，……（根据查证属实的事实、证据和有关法律规定，论证公诉机关指控的犯罪是否成立，被告人的行为是否构成犯罪，犯的什么罪，应否从轻、减轻、免除处罚或者从重处罚。对于控辩双方关于适用法律方面的意见，应当有分析地表示是否予以采纳，并阐明理由）。依照……（写明判决的法律依据）的规定，判决如下：

……（写明判决结果。分三种情况）

（第一，定罪判刑的，表述如下）

一、被告人×××犯××罪，判处……（写明主刑、附加刑）

（刑期从判决执行之日起计算。判决执行以前先行羁押的，羁押一日折抵刑期一日，即自××××年×月×日起至××××年×月×日止）

二、被告人×××……（写明决定追缴、退赔或者发还被害人、没收财物的名称、种类和数额）

（第二，定罪免刑的，表述如下）

被告人×××犯××罪，免予刑事处罚（如有追缴、退赔或者没收财物的，续写第二项）

［第三，宣告无罪的，无论是适用《中华人民共和国刑事诉讼法》第二百条第（二）项还是第（三）项，均应表述为如下内容］

被告人×××无罪。

如不服本判决，可在接到判决书的第二日起十日内，通过本院或者直接向×××人民法院提出上诉。书面上诉的，应当提交上诉状正本一份，副本×份。

审　判　长　×××

审　判　员　×××

审　判　员　×××

××××年××月××日

（院印）

书　记　员　×××

本件与原本核对无异

(五)结构

刑事判决书由首部、事实、理由、判决结果和尾部五个部分组成。

1. 首部

(1)法院名称,一般应与院印的文字一致,但是基层人民法院的名称前应冠以省、自治区、直辖市的名称;判处涉外案件时,各级人民法院均应冠以"中华人民共和国"的字样。

(2)案号,由立案年度、制作法院、案件性质、审判程序的代字和案件的顺序号组成。如银川市兴庆区人民法院 2022 年立案的第 10 号刑事案件,表述为"(2022)宁 0104 刑初 10 号"。案号写在文书名称下一行的右端,其最末一字与下面的正文右端各行看齐。案号上下各空一行。

(3)公诉机关,直接写"公诉机关××人民检察院"。"公诉机关"与"×××人民检察院"之间不用标点符号,也不用空格。

(4)被害人和法定代理人、诉讼代理人出庭参加诉讼的,在审判经过段的"出庭人员"中写明(未出庭的不写)。

(5)被告人的基本情况,应注意写明以下内容。被告人如果有与案情有关的别名、绰号、化名的,应该在其姓名后面用括号加以注明,如:(别名刀哥)。年龄表述中,被告人的"出生年月日"应当明确,确实查不清的,也可只写年龄。对于被告人是未成年人的,必须写明出生年月日。被告人的职业,一般应写工人、农民、个体工商户,等等;如有工作单位的,应写明其工作单位和职务。如果被告人的犯罪事实与其职务有关,还应写明曾担任过的相关职务。被告人曾受过刑事处罚、行政处罚、劳动教养,或者在限制人身自由期间有逃跑等法定或者酌定从重处罚情节的,应当写明其事由和时间。被告人系累犯的,应当写明最后一次刑事处罚执行完毕的时间,即释放时间,否则看不出是累犯。因本案所受强制措施情况,应写明被拘留、逮捕等羁押时间,以便于折抵刑期。如果拘留、逮捕时间与实际抓获到案时间不一致,应当在事实、证据部分予以说明。取保候审的,要写明取保候审的具体时间。被告人项内书写的各种情况之间,一般可用逗号隔开;如果某项内容较多,可视行文需要,另行采用分号或者句号。被告人的住址应写户籍所在地;户籍所在地和经常居住地不一致的,可以列明经常居住地。同案被告人有二人以上的,按主从关系的顺序列项书写。被告人是外国人的,应在其中文译名后用括号写明其外文姓名、护照号码、国籍。被告人信息系其自报的,应当在其姓名后注明,即"被告人×××(自报)",或"被告人自报×××……"。被告人是未成年人的,应当在写明被告人基本情况之后,另行续写法定代理人的姓名、与被告人的关系、工作单位和职务以及住址。

(6)辩护人是律师的,只写姓名、工作单位和职务,即"辩护人×××,×××律师事务所律师";辩护人是人民团体或者被告人所在单位推荐的,只写姓名、工作单位和职务;辩护人是被告人的监护人、亲友的,还应写明其与被告人的关系;辩护人是人民法院指定的,写为"指定辩护人",并在审判经过段中作相应的改动。同案被告人有二人以上并各有辩护人的,分别在各被告人项的下一行列项书写辩护人的情况。

(7)案件的由来和审判经过段中,检察院的起诉日期为法院签收起诉书等材料的日期;出庭的被告人、辩护人有多人的,可以概写为"上列被告人及其辩护人";出庭支持公诉的如系检察长、副检察长、助理检察员的,均应表述为"检察员"。

(8)对于前案依据《刑事诉讼法》第200条第(3)项规定作出无罪判决,人民检察院又起诉的,原判决不予撤销,但应在案件审判经过段"×××人民检察院以×检×诉〔　〕×××号起诉书"一句前,增写"被告人×××曾于××××年××月××日被×××人民检察院以×××罪向×××人民法院提起公诉。因证据不足,指控的犯罪不能成立,被×××人民法院依法判决宣告无罪。"

(9)对于经第二审人民法院发回重审的案件,原审法院重审以后,在制作判决书时,在"开庭审理了本案"一句之后,增写以下内容:"于××××年××月××日作出(××××)×刑初字第××号刑事判决,被告人×××提出上诉(或者×××人民检察院提出抗诉)。×××人民法院于××××年××月××日作出(××××)×刑终字第××号刑事裁定,撤销原判,发回重审。本院依法另行组成合议庭,公开(或者不公开)开庭审理了本案。"

2. 事实

事实是判决的基础,是判决理由和判决结果的根据。制作判决书,首先要把事实叙述清楚。书写判决事实时,应当注意以下几点。

(1)按照样式规定,事实部分包括四个方面的内容:人民检察院指控被告人犯罪的事实和证据;被告人的供述、辩解和辩护人的辩护意见;经法庭审理查明的事实;据以定案的证据。这一部分分四个自然段书写,以充分体现控辩式的审理方式。

(2)叙述事实时,应当写明案件发生的时间、地点,被告人的动机、目的、手段,实施行为的过程、危害结果和被告人在案发后的表现等内容,并以是否具备犯罪构成要件为重点,兼叙影响定性处理的各种情节。

(3)叙述事实要层次清楚,重点突出。一般按时间先后顺序叙述;一人犯数罪的,应当按罪行主次的顺序叙述;一般共同犯罪案件,应当以主犯为主线进行叙述;集团犯罪案件,可以先综述集团的形成和共同的犯罪行为,再按首要分子、主犯、从犯、胁从犯或者罪重、罪轻的顺序分别叙述各个被告人的犯罪事实。

(4)认定事实的证据必须注意以下几点。首先,依法公开审理的案件,除无须举证的事实外,证明案件事实的证据必须经法庭公开举证、质证,才能认证;未经法庭公开举证、质证的,不能认证。其次,特别要注意通过对证据的具体分析、认证来证明判决所确认的犯罪事实。防止并杜绝用"以上事实,证据充分,被告也供认不讳,足以认定"的抽象、笼统的说法或者用简单的罗列证据的方法,来代替对证据的具体分析、认证。最后,证据要尽可能写得明确、具体。证据的写法,应当因案而异。案情简单或者控辩双方没有异议的,可以集中表述;案情复杂或者控辩双方有异议的,应当进行分析、认证;一人犯数罪或者共同犯罪案件,还可以分项或者逐罪叙述证据或者对证据进行分析、认证。对控辩双方没有争议的证据,在控辩主张中可不予叙述,而只在"经审理查明"的证据部分具体表述,以避免不必要的重复。

(5)叙述证据时,应当注意保守国家秘密,保护报案人、控告人、举报人、被害人、证人的安全和名誉。

3. 理由

理由是判决的灵魂,是将犯罪事实和判决结果有机联系在一起的纽带。其核心内容是针对案情特点,运用法律规定、政策精神和犯罪构成理论,阐述公诉机关的指控是否成立,被告人的行为是否构成犯罪,构成什么罪,依法应当如何处理,为判决结果打下基础。书写判决理由时,应当注意以下几点。

(1)理由的论述一定要有针对性、有个性。要注意结合具体案情,充分摆事实、讲道理。说理力求透彻,逻辑严密,无懈可击,使理由具有较强的思想性和说服力。防止理由部分不说理或者说理不充分,只引用法律条文,不阐明适用法律的道理;切忌说空话、套话,理由千篇一律,只有共性,没有个性。尽量使用法律术语,并注意语言精练。

(2)确定罪名,应当以《刑法》和《最高人民法院关于执行〈中华人民共和国刑法〉确定罪名的规定》为依据。一人犯数罪的,一般先定重罪,后定轻罪;共同犯罪案件,应在分清各被告人在共同犯罪中的地位、作用和刑事责任的前提下,依次确定首要分子、主犯、从犯或者胁从犯、教唆犯的罪名。

(3)如果被告人具有从轻、减轻、免除处罚或者从重处罚等一种或者数种情节的,应当分别或者综合予以认定。

(4)对控辩双方适用法律方面的意见应当有分析地表明是否予以采纳,并阐明理由。

(5)判决的法律依据,根据《最高人民法院关于司法解释工作的若干规定》,法律依据应当包括司法解释在内。在引用法律条文时,应当注意准确、完整、具体,并且要有一定的条理和顺序。引用两条以上的法律条文的,应当先引用有关定罪与确定量刑幅度的条文,后引用从轻、减轻、免除处罚或者从重处罚的条文;判决结果既有主刑,又有附加刑的,应当先引用适用主刑的条文,后引用适用附加刑的条文。引用的法律依据中,既有法律规定又有司法解释规定的,应当先引用法律规定,再引用司法解释。既有实体法又有程序法的,应当先引用实体法。

4. 判决结果

(1)判处的刑罚,应按法律规定写明全称,不可随意简化,也不能随意添加。

(2)有期徒刑的刑罚应当写明刑种、刑期和主刑的折抵办法以及起止时间。本书引用样式系按判处有期徒刑、拘役的模式设计起止时间的。如系判处死刑缓期二年执行的,起止时间表述为:"死刑缓期二年执行的期间,从高级人民法院核准之日起计算";如系判处管制的,表述为:"刑期从判决执行之日起计算;判决执行以前先行羁押的,羁押一日折抵刑期二日,即自××××年××月××日起至××××年××月××日止。"

(3)关于对三类特殊案件判决结果的表述。根据《刑诉法司法解释》第241条第1款第(6)项、第(7)项的规定,对被告人因不满16周岁不予刑事处罚和被告人是精神病人,在不能辨认或者不能控制自己行为的时候造成危害结果不予刑事处罚的,均应当在判决结果中宣告"被告人×××不负刑事责任"。依照《刑诉法司法解释》第241条第1款第(9)项的规定,对被告人死亡的案件,根据已查明的案件事实和认定的证据材料,能够确认被告人无罪的,应当在判决结果中宣告"被告人×××无罪"。

(4)适用《刑事诉讼法》第200条第(3)项规定宣告被告人无罪的,应当将"证据不足,×××人民检察院指控的犯罪不能成立"作为判决的理由,而不应当将其作为判决的主文。

(5)追缴、退赔和发还被害人、没收的财物,应当写明其名称、种类和数额。财物多、种类杂的,可以在判决结果中概括表述,另列清单,作为判决书的附件。

(6)数罪并罚的,应当分别定罪量刑(包括主刑和附加刑),然后按照刑法关于数罪并罚的原则,决定执行的刑罚,切忌综合(即"估堆")量刑。

(7)一案多人的,应当以罪责的主次或者判处刑罚的轻重为顺序,逐人分项定罪判处。

5. 尾部

(1)如果适用《刑法》第63条第2款的规定在法定刑以下判处刑罚,应当在交代上诉权之后,另起一行写明:"本判决依法报请最高人民法院核准后生效。"

(2)判决书的尾部应当由参加审判案件的合议庭组成人员或者独任审判员署名。合议庭成员有陪审员的,署名为"人民陪审员";院长(副院长)或者庭长(副庭长)参加合议庭的,应当担任审判长,均署名为"审判长"。

(3)判决书尾部的年月日,为作出判决的日期。当庭宣判的,应当写当庭宣判的日期;定期或者委托宣判的,应当写签发判决书的日期。当庭宣告判决的,其不服判决的上诉和抗诉的期限,仍应当从接到判决书的第二日起计算。

(六)范文

宁夏回族自治区银川市兴庆区人民法院
刑事判决书

(××××)宁×××刑初××号

公诉机关宁夏回族自治区银川市兴庆区人民检察院。

被告人沈×,男,1991年4月8日出生于宁夏回族自治区永宁县,公民身份号码××××××××××××××××××,汉族,大专文化,无业,户籍所在地宁夏回族自治区银川市兴庆区××小区13—2—××室。2020年7月23日因犯过失致人死亡罪被银川市金凤区人民法院判处有期徒刑二年,2021年2月9日刑满释放。2021年2月9日因涉嫌犯抢劫罪被银川市公安局兴庆区分局传唤到案,并于次日被刑事拘留,2021年3月13日被执行逮捕。现羁押于银川市看守所。

辩护人王××,宁夏×××律师事务所律师。

银川市兴庆区人民检察院以银兴检一部刑诉〔××××〕×××号起诉书指控被告人沈×犯抢劫罪,于2021年6月9日向本院提起公诉。本院依法组成合议庭适用普通程序,于2021年8月3日依法公开开庭审理了本案。银川市兴庆区人民检察院指派检察员徐××出庭支持公诉,被告人沈×及其辩护人王××到庭参加诉讼。现已审理终结。

公诉机关指控,2015年11月13日,被害人刘×联系卢×(已判决),双方商议由刘×出资,卢×联系赌博人员组织赌博并通过在赌博过程中使用"出老千"的方式从中获利。卢×将刘×欲在赌博过程中"出老千"一事告诉了冉×(已判决),二人遂联系被告人沈×,商议在赌博时对现场的扑克牌进行验牌,以确定刘×是否"出老千"。

11月14日晚22时许,沈×通过电话纠集李××、马××、于×、刘××、张×、尹××(均已判决)等人至银川市兴庆区柠檬大酒店316房间,等待在楼上521房间参与赌博的冉××的通知。按照沈×的指使,卢××带尹××至该酒店521房间与冉××等人一起以"诈金花"的方式赌博。11月15日零时许,冉××电话通知沈××上楼查验扑克牌,沈××随即让在316房间等待的李××、马××、于×、刘××、张××等人上楼至521房间。刘××利用工具查验扑克牌后告知在场人员刘×使用透视扑克牌在赌博中作弊,李××持刀对刘×进行威胁,马××持房间内的烟灰缸将刘×头部打伤。李××等人从刘×及其女友史××处抢得现金共计23 500元,李××携带款项与马××、张××等人从房间逃离,后将抢来的现金交给沈×,沈×将其中的3000元交给李××,李××分给于×200元。沈×交给张××2500元,张××给马××分了800元,给尹××分了800元。经法医鉴定,被害人刘×身体所受伤程度为轻微伤。

另查明,2021年2月9日,被告人沈×犯过失致人死亡罪刑满释放,同日被银川市公安局兴庆区分局书面传唤到案,如实供述了主要犯罪事实。

公诉机关认为,被告人沈×伙同他人持刀暴力威胁被害人,抢劫公私财物23 500元,数额较大,其行为已触犯《中华人民共和国刑法》第二百六十三条之规定,应当以抢劫罪追究其刑事责任。本案系共同犯罪,被告人沈×起主要作用,系主犯。被告人沈×归案后如实供述自己的罪行,系坦白,依法可从轻处罚;被告人沈×认罪认罚,依法可从宽处理。公诉机关当庭建议判处被告人沈×有期徒刑四年七个月,并处罚金人民币五千元。公诉机关同时提交了常住人口详细信息等书证、证人赵××、刘××等人的证言、被害人刘×、史××的陈述、被告人沈×的供述和辩解等证据予以证实。

被告人沈×对公诉机关指控的犯罪事实、罪名及量刑建议均无异议，认罪认罚且签字具结，在开庭审理过程中亦无异议。

被告人沈×辩护人的辩护意见是，被告人沈×具有坦白的法定从轻情节、认罪认罚的法定从宽情节、赔偿被害人史××经济损失，并取得谅解以及被害人过错的酌定从轻情节。

经依法审理查明，2015 年 11 月 13 日，被害人刘×联系卢××（已判决），双方商议由刘×出资，卢××联系赌博人员组织赌博并通过在赌博过程中使用"出老千"的方式从中获利。卢××将刘×欲将在赌博过程中"出老千"一事告诉冉××（已判决），二人遂联系被告人沈×，商议在赌博时对现场的扑克牌进行验牌，以确定刘×是否"出老千"。11 月 14 日晚 22 时许，沈×通过电话纠集李××、马××、于××、刘××、张××、尹××（均已判决）等人至银川市兴庆区柠檬大酒店 316 房间，等待在楼上 521 房间参与赌博的冉××的通知。按照沈×的指使，卢××带尹××至该酒店 521 房间与冉××等人一起以"诈金花"的方式赌博。11 月 15 日零时许，冉××电话通知沈×上楼查验扑克牌，沈×随即让在 316 房间等待的李××、马××、于××、刘××、张××等人上楼至 521 房间。刘××利用工具查验扑克牌后告知在场人员刘×使用透视扑克牌在赌博中作弊，李××持刀对刘×进行威胁，马××持房间内的烟灰缸将刘×头部打伤。李××等人从刘×及其女友史××处抢得现金共计 23 500 元，李××携带款项与马××、张××等人从房间逃离，后将抢来的现金交给沈×，沈×将其中的 3000 元交给李××，李××分给于×某 200 元。沈×交给张××2500 元，张××给马××分了 800 元，给尹××分了800 元。经法医鉴定，被害人刘×身体所受损伤程度为轻微伤。

另查明，2020 年 7 月 23 日，被告人沈×因犯过失致人死亡罪被银川市金凤区人民法院判处有期徒刑二年，2021 年 2 月 9 日，被告人沈×犯过失致人死亡罪刑满释放，同日被银川市公安局兴庆区分局书面传唤到案，并于次日被刑事拘留，且归案后如实供述了主要犯罪事实。

还查明，案发后，被告人沈×亲属赔偿被害人史××经济损失 3500 元，被害人史××对被告人沈×的行为表示谅解。

上述事实，被告人沈×及其辩护人在庭审中无异议，并有公诉机关提供，并经法庭质证、认证的被告人沈×的常住人口信息、受案登记表、受案回执、立案决定书、疾病诊断证明、门诊病历、法医学人体损伤程度鉴定书、柠檬大酒店入住登记单、辨认笔录、现场指认照片、抓获经过、羁押证明、刑事判决书、释放证明书、证人赵××、刘××等人证言、被害人刘×、史××的陈述、同案犯刘××、张××、尹××等人的供述、被告人沈×的供述、收条、谅解书、违法犯罪记录查询情况说明等证据予以证实，足以认定。

本院认为，被告人沈×以非法占有为目的，伙同他人采用持刀暴力威胁的方式，抢劫他人财物共计 23 500 元，其行为已经构成抢劫罪。公诉机关的指控成立，应予刑事处罚。在共同犯罪中，被告人沈×起主要作用，系主犯。被告人沈×归案后能如实供述其罪行，系坦白，依法可从轻处罚。被告人沈×具有认罪认罚的法定从宽情节，依法可从宽处理。被告人沈×已经赔偿了被害人史××的经济损失，并取得了被害人史××的谅解，本院在量刑时酌情予以考虑。本案中，刘×召集他人进行赌博，并在赌博过程中作弊，对造成本案的发生负有一定的过错，酌情可对被告人沈×从轻处罚。辩护人上述相应的辩护意见，本院予以采纳。公诉机关量刑建议适当，本院予以采纳。被害人刘×、史××被抢现金系赌资，不受法律保护，本院不再责令被告人予以退赔。被告人沈×与同案犯马××、卢××、冉××、于××、李××、刘××、张××、尹××违法所得 23 500 元，应予追缴。为了维护社会秩序，保护公私财物所有权和公民的人身权利不受侵犯，依照《中华人民共和国刑法》第二百六十三条、第二十五条第一款、第二十六条第一款、第六十七条第三款、第五十二条、第五十三条、第六十四条，《中华人民共和国刑事诉讼法》第十五条、第二百零一条第一款之规定，判决如下：

一、被告人沈×犯抢劫罪，判处有期徒刑四年七个月，并处罚金人民币五千元。

（刑期自判决执行之日起计算，判决执行前先行羁押的羁押一日折抵刑期一日，即自 2021 年 2 月 9 日起至 2025 年 9 月 8 日止；罚金于本判决生效之日起十日内缴纳）。

二、向被告人沈×与同案犯马××、卢××、冉××、于××、李××、刘××、张××、尹××追缴违法所得 23 500 元，上缴国库。

如不服本判决，可在接到本判决书的第二日起十日内，通过本院或直接上诉于宁夏回族自治区银川市中级人民法院，书面上诉的，应当提交上诉状正本一份、副本五份。

审 判 长　×××

审 判 员　×××

人 民 陪 审 员　×××

二〇二一年八月三日

（院印）

书 记 员　×××

本件与原件核对无异

（七）写作训练

请根据案例详情撰写一篇刑事判决书。

1. 被告人王×的身份信息。王×，男，1994年2月9日出生于宁夏回族自治区西吉县，公民身份号码642××××××××××××5120，回族，初中文化，无业，户籍所在地宁夏回族自治区固原市西吉县白崖乡鹞子川村阳坡组××号。辩护人宋×，宁夏××律师事务所律师。

2. 采取的强制措施情况。被告人王×于2021年4月24日因涉嫌犯故意伤害罪被银川市公安局兴庆区分局刑事拘留，2020年9月15日变更为取保候审，2021年5月11日被银川市兴庆区人民检察院取保候审，2021年6月7日被本院决定取保候审。

3. 银川市兴庆区人民检察院以银兴检一部刑〔××××〕×号起诉书指控被告人王×犯故意伤害罪，于2021年6月7日向本院提起公诉。

起诉书指控：2021年3月23日，被告人王×在银川市兴庆区金茂建材城KTV二楼V05包间内和被害人刘×及马×等人唱歌喝酒。期间，被告人王×和被害人刘×发生口角，王×拿起包间内桌上装满啤酒的啤酒瓶砸到刘×左侧腹部，致刘×脾破裂，左侧第10跟肋骨骨折，腹部闭合性损伤，失血性休克，经手术摘除脾脏。经鉴定，被害人刘×的人体损伤程度为重伤二级。

4. 控辩双方的观点。

公诉机关认为，被告人王×故意伤害他人身体，致一人重伤二级，其行为已构成故意伤害罪，应适用《中华人民共和国刑法》第二百三十四条第二款之规定定罪量刑。被告人王×主动投案，归案后如实供述了自己的罪行，系自首，根据《中华人民共和国刑法》第六十七条第一款之规定，可以从轻处罚。被告人王×认罪认罚，根据《中华人民共和国刑事诉讼法》第十五条的规定，可以从宽处理。公诉机关根据庭审中辩护人提交的新证据，当庭建议法庭对被告人王×依法进行判决，并提交了被告人王×的常住人口信息、疾病诊断证明等书证、法医学人体损伤程度鉴定书、被害人刘×的陈述、证人马×等人的证言、被告人王×的供述等证明被告人犯罪的相关证据。

被告人王×对公诉机关的指控事实、罪名及量刑建议没有异议，认罪认罚且签字具结，在开庭审理过程中亦无异议。

被告人王×辩护人的辩护意见是，被告人王×具有自首的法定从轻情节、认罪认罚的法定从宽情节及赔偿谅解的酌定从轻情节。

5. 本案审理情况。

本案于2021年8月12日公开开庭进行了审理。银川市兴庆区人民检察院指派检察员张××出庭支持公诉，被告人王×及其辩护人宋×到庭参加诉讼。

6. 审理查明的事实。

2021 年 3 月 23 日 23 时许,被告人王×在银川市兴庆区金茂建材城 KTV 二楼 V05 包间内和被害人刘×及马×、马××、尹×等人唱歌喝酒。期间,被告人王×和被害人刘×发生口角,王×拿起包间内桌上装满啤酒的啤酒瓶砸到刘×左侧腹部,致刘×脾破裂,左侧第 10 根肋骨骨折,腹部闭合性损伤,失血性休克,经手术摘除脾脏。经鉴定,被害人刘×的人体损伤程度为重伤二级。2021 年 4 月 30 日,被告人王×主动到银川市公安局兴庆区分局银古路派出所投案,到案后如实供述自己的罪行。

另查明,案发后,被告人王×亲属赔偿被害人刘×医疗费、误工费、交通费、护理费、住院伙食补助费、精神抚慰金、营养费、残疾赔偿金、住宿费、伤残鉴定费等各项经济损失 25 万元,被害人刘×对被告人王×的行为表示谅解。诉讼中,原告人刘×以被告人王×已履行民事赔偿义务为由,向本院申请撤回附带民事诉讼。

上述事实,被告人王×及其辩护人在庭审中无异议,并有公诉机关提供,经法庭质证、认证的被告人王×的常住人口信息、受案登记表、立案决定书、到案经过、银川市第一人民医院出具的刘×疾病诊断证明、住院病案、入院记录、诊断报告单、长期医嘱单、情况说明、辨认笔录、鉴定聘请书、法医学人体损伤程度鉴定书、鉴定意见通知书、证人马×、尹×的证言、被害人刘×的陈述、被告人王×的供述、违法犯罪记录查询情况说明等证据予以证实。

7. 承办人的意见。

(1)被告人王×故意伤害他人身体,致一人重伤二级,其行为已构成故意伤害罪。公诉机关的指控成立,应予刑事处罚。

(2)被告人王×具有以下量刑情节:

第一,被告人王×主动投案,且归案后如实供述了自己的犯罪行为,系自首,依法可从轻处罚;

第二,被告人王×的亲属已经赔偿被害人刘×的经济损失,被害人刘×对被告人王×的行为表示谅解;

第三,被告人王×具有认罪认罚的法定从宽情节,依法可从宽处理。

(3)根据犯罪情节及悔罪表现,拟判处被告人王×有期徒刑三年,缓刑五年。

二、民事判决书

(一)概念

民事判决书,是人民法院依照法律规定,对所受理民事案件的当事人争议的实体权利义务作出的书面处理决定,民事判决书主要适用于民商事诉讼案件、知识产权诉讼案件、海事诉讼案件等。按照不同的审判程序,民事判决书可以分为第一审民事判决书、第二审民事判决书、特别程序民事判决书、再审民事判决书等。

(二)作用

民事判决书是最重要的民事法律文书之一,对明确当事人的权利义务关系,维护当事人的合法权益,准确实施国家法律、法规,推进社会主义法治建设,促进社会主义市场经济健康发展,实现社会公平正义都有着十分重要的意义。

第一,明确民事权利义务。民事纠纷源于当事人之间的权利义务不清晰,并导致双方产生争议。民事判决书是人民法院确定民事纠纷当事人之间权利义务的处理决定,以判决的方式确定一方的权利,明确另一方的义务,使当事人之间原本存在争议的、并不明朗的权利义务关系变得清晰、明确,从而化解当事人之间相互纠缠的权利义务关系,达到定分止争的目的。

第二,申请强制执行的依据。当事人之间的权利义务通过民事判决书确定后,在当事人之间就具有了法律效力,主要体现为既判力和执行力。当事人必须按照民事判决书确定的内容履行义务,拒不履行义务的,对方当事人可依据生效民事判决书向人民法院申请强制执行,启动强制执行程序,追究其相应法律责任。

第三,民事活动的教育指引。人民法院通过民事判决书对当事人之间的民事争议作出定论,其中对孰是孰非、谁对谁错的评价,就是对当事人相应行为的教育指引。如判决违约方支付违约金、侵权方承担赔偿责任等,从而使其遵法守法。此外,民事判决书的公开制度,还能够促使不特定的社会成员了解人民法院对相关民事行为的评价和态度,使其知晓哪些民事行为能够获得人民法院的正面评价,哪些民事行为是人民法院所不允许的,从而教育指引民事主体在法律框架内从事民事活动。

(三)法律依据

《民事诉讼法》第142条规定,法庭辩论终结,应当依法作出判决。判决前能够调解的,还可以进行调解,调解不成的,应当及时判决。

《民事诉讼法》第152条规定,判决书应当写明判决结果和作出该判决的理由。判决书内容包括:(1)案由、诉讼请求、争议的事实和理由;(2)判决认定的事实和理由、适用的法律和理由;(3)判决结果和诉讼费用的负担;(4)上诉期间和上诉的法院。

判决书由审判人员、书记员署名,加盖人民法院印章。

(四)格式

根据不同的审判程序,民事判决书的格式也有所不同。下面介绍人民法院最为常见的第一审普通程序民事判决书的基本格式。

×××省×××市×××区人民法院

民事判决书

（××××）××民初××号

原告：×××，住所地……

法定代表人/负责人：×××，……

委托诉讼代理人：×××，……

被告：×××，男/女，×××年××月××日出生，×族，……（工作单位、职务或职业），住……

法定代理人/指定代理人：×××。

委托诉讼代理人：×××。

第三人：×××，……（写明身份信息）。

委托诉讼代理人：×××。

（以上写明当事人和其他诉讼参加人的姓名或者名称等基本信息）

原告×××与被告×××，第三人×××……（写明案由）一案，本院于×××年××月××日立案后，依法适用普通程序，公开/因涉及……（写明不公开开庭的法定理由）不公开开庭进行了审理。原告×××、被告×××、第三人×××（写明当事人和其他诉讼参加人的诉讼地位、姓名或名称）到庭参加诉讼。本案现已审理终结。

×××向本院提出诉讼请求：1.……；2.……（写明原告的诉讼请求）。事实和理由：……（概述原告提出诉讼请求所依据的事实和理由）。

×××辩称，……（概述被告的答辩意见）。

×××第三人诉称/述称，……（概述第三人的意见）。

当事人围绕诉讼请求依法提交了证据，本院组织当事人进行了证据交换和质证。对当事人无异议的证据，本院予以确认并在卷佐证。对当事人有异议的证据和事实，本院认定如下：1.……；2.……（写明法院是否采信证据，事实认定的意见和理由）。

本院认为，……（写明争议焦点，根据认定的事实和相关法律，对当事人提出的诉讼请求进行分析评判，说明理由）。

综上所述，……（对当事人提出的诉讼请求是否支持进行总结评述）。依照《中华人民共和国……法》第××条、……（写明法律名称及条款项的序号）规定，判决如下：

一、……；

二、……。

（分项写明判决结果）

如果未按本判决指定的期间履行给付金钱的义务，应当按照《中华人民共和国民事诉讼法》第二百六十条规定，加倍支付迟延履行期间的债务利息（判决中没有金钱给付义务的，此段不写）。

案件受理费……元，由×××负担（写明当事人的姓名或者名称、负担费用的金额）。

如不服本判决，可以在判决书送达之日起十五日内，向本院递交上诉状，并按照对方当事人或者代表人的人数提出副本，上诉于×××省×××市中级人民法院。

审 判 长 ×××

审 判 员 ×××

审 判 员 ×××

××××年××月××日

（院印）

书 记 员 ×××

本件与原件核对无异

第一审普通程序民事判决书一般由九部分组成：(1)标题，包含法院名称、文书名称、案号；(2)首部，包含当事人及诉讼参加人的基本信息、案件来源及审理经过说明；(3)事实，包含当事人诉辩意见、证据和事实认定；(4)判决理由；(5)判决依据；(6)判决主文；(7)尾部，包含迟延履行责任告知、诉讼费用负担、上诉权利告知；(8)落款，包含合议庭署名、日期、书记员署名、院印；(9)附录，包括审理本案适用的法律规定、相关图案、图表等。

（五）写作要点

1. 标题

标题由制作机关、文书名称和案号这三部分组成，案号是法院立案后，根据案件的性质进行分类、登记后分配的案件号码。

2. 首部

首部由当事人及诉讼参加人的基本信息、案件来源及审理经过说明两部分组成。

(1)当事人及诉讼参加人的基本信息。先写原告，后写被告，再写第三人；如果是本诉与反诉合并审理的，在"原告"后用括号注明"反诉被告"，在"被告"后用括号注明"反诉原告"；第三人的书写不区分有独立请求权或无独立请求权，一律写为"第三人"。当事人是自然人的，写明姓名、性别、出生年月日、民族、工作单位、职务或者职业、住所。当事人是法人的,写明名称、住所地,另起一行写明法定代表人或者负责人姓名及职务。有委托诉讼代理人的,写明委托诉讼代理人的诉讼地位、姓名,委托诉讼代理人是当事人近亲属的,在近亲属姓名后括号注明与当事人之间的关系,并写明近亲属的住所;委托诉讼代理人是法人当事人本单位工作人员的,写明姓名、性别及职务;委托诉讼代理人是律师的,写明姓名、律所名称及律师身份;委托诉讼代理人是基层法律服务工作者的,写明姓名、基层法律服务所名称及基层法律服务所工作者身份;委托诉讼代理人是当事人所在社区、单位及有关社会团体推荐的公民的,写明姓名、性别、住所,并注明由相关社区、单位或有关社会团体推荐。委托诉讼代理人的排列顺序为:近亲属或者本单位工作人员在前,律师、法律工作者、被推荐的公民在后。

(2)案件由来及审理经过说明。依次写明当事人的诉讼地位、姓名或名称、案由、立案日期、适用普通程序、开庭日期、开庭方式、到庭参加诉讼人员、未到庭参加诉讼或者中途退庭人员、审理终结。如开庭方式为不公开开庭的,需写明不公开开庭的原因。到庭参加诉讼人员情况,写明到庭人员和未到庭人员,未到庭的写明"×××经本院传票传唤无正当理由未到庭参加诉讼"或"×××经本院公告送达开庭传票,未到庭参加诉讼"。需要注意的是,如在诉讼过程中存在管辖、程序转化、审判人员变更、中止诉讼的情形,应当在首部予以说明。

3. 事实

事实包括原告提出的诉讼请求、事实和理由,被告的答辩意见、事实和理由,认定的证据和事实。

(1)原告的诉讼请求、事实和理由。先写诉讼请求,再总结概要写事实和理由,诉讼请求有两项以上的,用阿拉伯数字加点号分项写明。原告在诉讼过程中增加、变更、放弃诉讼请求的,应当在原诉讼请求后续写明,如"诉讼过程中,×××增加诉讼请求:……""诉讼过程中,×××变更诉讼请求为:……""诉讼过程中,×××放弃第×项诉讼请求。"

(2)被告的答辩意见、事实和理由。被告的答辩意见亦应当概括要点写明,不宜原封不动地照搬照抄。如被告承认全部诉讼请求的,则只需写明:"×××承认×××的全部诉讼请求。"如被告承认部分诉讼请求的,则写明被告承认原告的部分诉讼请求的具体内容。如被告承认原告主张的全部事实的,则只需写明:"×××承认×××主张的事实。"被告承认原告主张的部分事实的,则先写明:"×××承认×××主张的……事实。"后再写明存在争议的事实。被告未到庭参加诉讼,未提交书面答辩状,未作任何答辩的,则写明:"×××未作答辩。"

另外,被告提出反诉的,需在被告答辩意见后另起一段,写明:"×××向本院提出反诉请求:1.……;2.……"后接反诉的概要事实和理由。再另段写明:"×××对×××的反诉辩称,……"原告、被告有多名且意见一致的,可以合并写明;意见不同的,应当分别写明。对于原告的诉讼请求,各被告、第三人都需要陈述意见,不可遗漏任何一位被告或第三人,即使未到庭的被告或第三人,亦应当明确写明其未提出任何意见,以释明法院平等保护各方诉讼权利。

(3)认定的证据和事实。对当事人提交的证据和人民法院调查收集的证据数量较多的,原则上不一一列举,可以附证据目录清单。对当事人没有提出异议的证据,需写明:"对当事人无异议的证据,本院予以确认并在卷佐证。"对存在争议的证据,应当写明争议证据的名称、争议的内容及法院对争议证据的认定意见和理由;对存在争议的事实,应当写明法院认定事实的意见和理由。对争议的证据和事实,可以一并叙明,也可以先单独对争议证据进行认定,后另段概括写明认定的案件基本事实,即"根据当事人陈述和经审查确认的证据,本院认定事实如下:……"

对于人民法院调取的证据、鉴定意见,经庭审质证后,按照是否有争议分别写明,一般另起一段放在法院认定的案件事实之后。召开庭前会议或者在庭审时归纳争议焦点的,应当写明争议焦点。争议焦点的位置,可以根据争议的内容处理。争议焦点中有证据和事实内容的,可以在当事人诉辩意见之后写明;争议焦点主要是法律适用问题的,可以在本院认为部分,先写明争议焦点,再进行说理。

4. 判决理由

判决理由是根据认定的事实和相关法律,对当事人提出的诉讼请求,逐一进行评判的理由。有争议焦点的,先列争议焦点,再分条分项进行分析认定,后进行综合分析认定;没有列争议焦点的,直接写明裁判理由。撰写判决理由,要紧紧围绕原告的诉讼请求展开,同时要结合所查明的案件事实,运用相应的法律规定进行评析。当事人提出的诉讼请求,在判决理由中必有回应;事实部分书写的案件事实,必须能为判决理由所用到。要做到前后呼应,如果查明的事实不能为判决理由所用,那大概率就是多余的,可以不写入判决书;如果重要的事实在查明的事实部分有记录,但在判决理由中没有提及,那判决理由就很可能存在疏忽或遗漏,甚至有逻辑漏洞。

当然,如果被告承认原告全部诉讼请求,且不违反法律规定的,判决理由处只需写明:"被告承认原告的诉讼请求,不违反法律规定。"不需再进行说理论证。

5. 判决依据

在判决说理之后,作出判决前,应当援引法律依据。分条分项说理后,另起一段,综述对当事人诉讼请求是否支持的总结评价,后接法律依据,直接引出判决主文。说理部分已经完成,无须再对诉讼请求进行综述评价的,直接另段援引法律依据,写明判决主文。经本院审判委员会讨论决定的案件,在法律依据引用前写明:"经本院审判委员会讨论决定,……"

需要注意的是法律文件的引用顺序:先基本法律,后其他法律;先法律,后行政法规和司法解释;先实体法,后程序法;实体法的司法解释可以放在被解释的实体法之后。

6. 判决主文

判决主文即判项,判决主文有两项以上的,各项前依次使用汉字数字分段写明;单项判决主文和末项判决主文句末用句号,其余判决主文句末用分号;如果有一项判决主文句中有分号或者句号的,则各项判决主文后均用句号。判决主文中可以用括注,对判项予以说明。括注应当紧跟被注释的判决主文。

判决主文中当事人姓名或者名称需用全称,不得用简称。金额需用阿拉伯数字。金额前不加"人民币",但人民币以外的其他种类货币的,金额前加相应货币种类。如判项中有两种以上货币的,则所有金额前均要加货币种类。

7. 尾部

尾部包括迟延履行告知、诉讼费用负担、上诉权利三部分内容。

(1)迟延履行告知。判决主文中有给付金钱义务的,在判决主文后另起一段写明:"如果未按本判决指定的期间履行给付金钱义务,应当依照《中华人民共和国民事诉讼法》第二百六十条规定,加倍支付迟延履行期间的债务利息。"以告知迟延履行判决义务的法律后果。

(2)诉讼费用负担。根据国务院《诉讼费用交纳办法》的规定,由法院根据案件情况决定诉讼费用的负担,需写明:"案件受理费……元",存在减免费用情形的,继续写明:"减交……元"或者"免予收取";不存在减免情形的,如单方负担案件受理费的,则写明:"由×××负担";多方当事人分别负担案件受理费的,需写明:"由×××负担……元,×××负担……元。"存在公告费、鉴定费等的,一并写明"公告费……元,由×××负担";"鉴定费……元,由×××负担"。

(3)上诉权利。一般情况下,当事人的上诉期为 15 日。在中华人民共和国领域内没有住所的当事人上诉期为 30 日。同一案件既有当事人的上诉期为 15 日,又有当事人的上诉期为 30 日的,需写明:"×××可以在本判决书送达之日起 15 日内,×××可以在本判决书送达之日起 30 日内,……"

8. 落款

落款包括合议庭署名、日期、书记员署名、院印及"本件与原件核对无异"。合议庭的审判长,不论其他职务为何,一律署名为"审判长";合议庭成员有审判员的,署名均为"审判员";有人民陪审员的,署名为"人民陪审员"。书记员署名为"书记员"。有的法官配有法官助理,法官助理的署名在日期行之下、书记员行之上。合议庭按照审判长、审判员、人民陪审员的顺序分行署名。落款日期为作出判决的日期,即审判长签发判决书的日期。所有人员均分行署名。落款应当在同一页上,不得分页;落款所在页无其他正文内容的,应当调整行距,不写"本页无正文"。院印加盖在审判人员和日期上,要求骑年盖月、朱在墨上。日期行以下、法官助理或者书记员行以上水平左侧处,加盖"本件与原本核对无异"印戳。

9. 附录

根据案件的不同需要,可将判决书中的有关内容载入附录部分,如将判决中所提到的法律规范条文附录在文书落款下页,以供当事人全面了解有关法律规定的内容。一般应当按照先实体法律规范,后程序法律规范;先上位法律规范,后下位法律规范;先法律,后司法解释等次序排列。另外,群体诉讼案件中当事人名单及其身份情况,审理案件过程中成形的图案、图表等均可以列入此部分。

(六)范文

宁夏回族自治区银川市西夏区人民法院
民事判决书

(2021)宁×××民初×××号

原告:银川路××汽修服务有限公司,住所地宁夏回族自治区银川市西夏区黄河西路××号。

法定代表人:牟××,该公司总经理。

委托诉讼代理人:谢××,宁夏××律师事务所律师。

被告:银川金××物资有限公司,住所地宁夏回族自治区银川市西夏区黄河西路××号。

法定代表人:金××,该公司经理。

委托诉讼代理人:丁××,北京××(银川)律师事务所律师。

被告:宁夏兴××地产有限公司,住所地宁夏回族自治区银川市兴庆区上海东路××号。

法定代表人:冯××,该公司董事长。

委托诉讼代理人:金××,男,该公司副经理。

委托诉讼代理人:丁××,北京××(银川)律师事务所律师。

原告银川路××汽修服务有限公司(以下简称路××公司)与被告银川金××物资有限公司(以下简称金××公司)、被告宁夏兴××地产有限公司(以下简称兴××公司)房屋租赁合同纠纷一案,本院于2021年4月19日立案后,依法适用普通程序,于2021年6月8日公开开庭进行了审理。原告路××公司的法定代表人牟××及其委托诉讼代理人谢××,被告金××公司的法定代表人金××及其委托诉讼代理人丁××,被告兴××公司的委托诉讼代理人金××、丁××到庭参加了诉讼。本案现已审理终结。

路××公司向本院提出诉讼请求:(1)确认路××公司与金××公司、兴××公司签订的《租赁合同》于2015年11月无效;(2)判令金××公司、兴××公司向路××公司返还租金231 928元并赔偿资金占有利息损失15 255.4元(自2019年7月16日按同期银行贷款基准利率暂计算至2021年4月5日,实际判至款项付清为止);(3)判令金××公司、兴××公司赔偿路××公司场地改造、装饰、装修、办公及机械设备投入造成的各项损失:2 507 008元(最终数值以评估机构评估报告为准),并赔偿资金占有利息损失176 479元(自2019年7月16日按同期银行贷款基准利率暂计算至2021年4月5日,实际判至款项付清为止);(4)判令金××公司、兴××公司因停水停电给路××公司造成的经济损失20万元;(5)本案诉讼费及评估费由金××公司、兴××公司承担。以上合计3 120 670元。事实与理由:金××公司与兴××公司是关联公司,均系宁夏兴××实业集团有限公司的子公司,兴××公司是位于西夏物流园项目的土地使用权人。2014年7月,路××公司与金××公司协商就租赁宁夏兴××实业集团有限公司西夏物流园场地用于经营汽车维修服务,后达成租赁协议,金××公司承诺场地能够长期使用,至少使用10至20年,双方合同每5年签订一次,先签订第一个5年期的合同,后根据市场租金水平续签后续合同。2019年6月第一阶段5年期租赁合同到期后,金××公司突然修改租赁合同条款,将租赁期限从5年改为1年。后银川市综合执法监督局陆续在场地内张贴公告,称涉案建筑属于临时建筑,批准使用期限自2014年10月至2015年10月,2015年10月以后属于违章建筑,依法限期拆除。金××公司从未向路××公司陈述场地为临时建筑,金××公司刻意隐瞒涉案房屋为临时建筑的事实,存在欺诈情形。路××公司基于金××公司承诺的租赁期限至少10至20年,从最初的建设、装饰、装修及设备均是按照银川市最大的"3A"2类等级完成,包括改造墙面、屋顶、配套地下设施、安装设备设施等各项投入总计300万至400万元。如果涉案房屋属于临时建筑,面临拆迁,损失惨重。且因拆除公告的影响,金××公司强行停水、停电、封路,直接导致路××公司无法正常经营并丢失大量客户资源。为此,路××公司多次与金××公司协商未果,故诉至法院。

金××公司、兴××公司辩称:(1)兴××公司为本案被告,系主体不适格。金××公司、兴××公司系宁夏兴泰隆集团有限公司的子公司,但均系独立企业法人,与路××公司签订《租赁合同》并履行该租赁合同关系的仅是金××公司,兴××公司与路××公司并无包括租赁合同关系在内的任何法律关系。故,路××公司诉请兴××公司为共同被告,并承担金××公司签订、履行《租赁合同》之法律后果,明显有违《中华人民共和国民法典》第四百六十五条第二款"依法成立的合同,仅对当事人具有法律约束力"的规定。(2)路××公司诉请的2014年《租赁合同》不仅早已履行完毕,并已被双方于2019年签订的《租赁合同》取代和履行完毕,且已由银川市西夏区人民法院判决处理完毕,其诉请因与司法解释规定相悖无法成立。路××公司第(1)项诉请确认《租赁合同》于2015年11月无效之所以依法不能成立,原因在于双方之间于2014年7月签订的从该年7月15日至2019年7月

15 日的为期 5 年的《租赁合同》已经履行完毕,此后双方之间续签和履行了为期一年的《租赁合同》。因此,当事人之间的债权债务终止。特别是双方之间 2019 年 7 月续签一年的《租赁合同》,已被金××公司提起诉讼的(2021)宁 0105 民初 156 号案件判决。故路××公司该项诉请也已无任何法律价值和意义。即使确认 2015 年 11 月之后的《租赁合同》无效,路××公司也应当参照《租赁合同》约定的租金标准支付租金,而绝非是"无偿使用"。因此,其诉请的第(2)项因与法律相悖依法不能成立。金××公司从未与路××公司签订案涉场地租赁 10 至 20 年的合同,也从未做过类似的允诺,因政府调整规划,2020 年 7 月 7 日,银川市综合执法监督局向兴××公司下发限期拆除通知书,责令答辩人限期拆除包括案涉场地在内的临建,逾期不拆除,该局将依法组织相关部门强制拆除。该局通知下发后,路××公司依然在正常营业。而此后的租金纠纷已被法院的上述判决书予以判决处理。因此,受损的并非是路××公司,而是路××公司在《租赁合同》期满后继续使用场地,再也无法参照《租赁合同》收取租金的金××公司。综上,路××公司的诉请不能成立,请求法院予以驳回。

当事人围绕诉讼请求依法提交了证据,本院组织当事人进行了证据交换和质证。对路××公司提交的《租赁合同》2 份、银川市综合执法监督局《强制拆除公告》《公告》《限期拆除通知书》复印件各 1 份,金××公司、兴××公司提交的租金明细台账打印件 1 份,本院出示的现场勘查笔录 1 份,双方均无异议,符合证据的真实性、合法性、关联性,本院予以确认并在卷佐证。

对当事人有异议事实和证据,本院认定如下:

1. 路××公司提交《关于××西夏物流园临时建设项目拆除意见的答复》打印件 1 份,证明金××公司所有的××西夏物流园场原系临时建设,最初审批使用期限为一年,自 2013 年 10 月至 2014 年 10 月,后延期一年,审批使用期限为 2014 年 10 月至 2015 年 10 月,合计审批使用期限仅为两年,两年使用期限届满后,场地属性为违章建筑,并于 2019 年 7 月被银川市综合执法局责令限期拆除的事实;金××公司明知其××西夏物流园在双方签订租赁合同时为临时建筑,却刻意隐瞒与订立合同有关的重要情况,与路××公司签订明显与场地使用期限不符的租赁合同的事实。金××公司、兴××公司对该证据的真实性认可,对证明目的有异议,认为银川综合执法局是 2020 年 7 月将场地拆除,且金××公司从未隐瞒任何情况,当时签订合同时是临时建筑,路××公司对该情况也知晓,路××公司持有金××公司出具的临时建筑的整套手续时才办理的营业执照及相关经营手续。本院认定,该证据符合证据的真实性、合法性、关联性,对其予以确认。

2.路××公司提交(2021)宁 0105 民初 156 号《民事判决书》复印件 1 份,证明金××公司与兴××公司系关联公司,兴××公司系涉案××物流园项目土地的使用权人,系本案适格的被告。金××公司、兴××公司对该证据的真实性认可,但对证明目的不认可,该判决书确定金××公司与兴××公司是兴泰隆集团的子公司符合事实的,但是该判决书并未确定兴××公司与路××公司有租赁关系,对其他证明目的无异议。本院认定,该判决已生效,本院予以确认,但不能证明兴××公司为租赁合同相对方的事实。

3.路××公司提交房租明细 1 张、收据、发票及银行凭证 21 张,证明自 2014 年 6 月至 2020 年 3 月 17 日,路××公司共向金××公司支付租金 1 940 124 元的事实。金××公司、兴××公司对该组证据有异议,认为路××公司支付的租金金额为 1 864 702 元。本院认定,结合本案其他证据,不能证明路××公司共向金××公司支付租金 1 940 124 元的事实,且关于双方租金的纠纷,已在另案中处理。

4.路××公司提交照片图片打印件 1 册(共 46 张)、公证书 1 份,证明路××公司承租场地后按 3A、2 类,银川市最大规格、最高标准投入改造装饰、装修车辆修理厂的事实,场地被责令强拆后,金××公司强制性关闭物流园大门,路××公司汽修厂投入、装饰、装修损失严重的事实。金××公司、兴××公司对该组证据的真实性无异议,对证明目的不认可,认为照片图片并不能证明路××公司的装饰装修是最大规格、最高标准投入建设的汽车修理厂,且拆除临时建筑是因为政府的规划调整,路××公司在租赁经营期内,装饰装修投入已经产生利润,并不必然全部导致损失,同时,装饰装修的归属及是否补偿在双方之间的租赁合同中均有约定。本院认定,结合本案其他证据可以证实双方签订合同后,金××公司未告知建筑性质及到期时间,路××公司基于其能够长期租用涉案厂房及合同约定的有权续租的信赖利益高额投资进行装饰装修的事实,对该组证据本院予以确认。

5.路××公司提交装饰装修投入清单及收据、收条、合同 37 张,证明路××公司在场地内改造、装饰、装修投放情况及总金额为 2 507 008 元的事实。金××公司、兴××公司对该组证据均不认可,认为该组证据是路××公司与案外人签订,无法核实真实性,且该证据没有合法的发票进行佐证,同时双方之间的租赁合同已对租赁期满路××公司添附的归属作出明确的约定,该组证据与本案无关联性。本院认定,结合本案其他证据,路××公司对涉案场地改造、装修的事实本院予以确认。

6.路××公司申请证人杨××、马××出庭作证的证言,证明金××公司在与包括路××公司在内的承租户签订租赁合同时,刻意隐瞒涉案场地为临时建筑,使用期限仅有两年,而后变为违章建筑的情况,并为了吸引承租户故意作虚假承诺称

"场地至少可以承租10至20年"的事实。路××公司对证人证言的真实性均无异议。金××公司、兴××公司对证人证言不予认可，认为本案的证人与路××公司有着共同的利益关系，正如杨×所述，其也对金××公司、兴××公司提起了与本案类似的诉讼，而金××公司、兴××公司对二证人所经营的公司于今年初在本院也提起了违约之诉，法院作出了相应的民事判决，因此二证人与金××公司、兴××公司之间存在利害冲突关系，因此其证言无法采信，应当以案件的实物证据（书证）的记载作为本案的事实依据。本院认定，结合本案其他证据和路××公司对涉案场地的改造、装修事实，以及租赁涉案场地的用途，可以证明路××公司基于信赖利益租赁涉案场地并计划长期租用而投资事实。

7. 路××公司提交《工程造价鉴定意见书》1份，证明路××公司场地改造装饰装修投入工程的现价值经鉴定结果是：2 601 722.17元，其中土建1 674 567.7元、安装927 154.47元，该鉴定报告客观真实合法有效。金××公司、兴××公司对该证据不认可，认为该组证据系工程造价鉴定意见书，其所表明的造价总额系2015年建设的原值，而非路××公司所陈述的现价值，想要鉴定现价值应当做资产评估而非造价评估；该工程造价鉴定书中安装的部分共计价值927 154.47元，其设施设备已被路××公司搬至新的经营场地进行利用，故该部分对路××公司并未造成任何损失；整个工程造价鉴定意见书与本案无关，原因是涉案合同明确约定，租赁合同期满后由承租方的路××公司对设施自行拆除，不予补偿。本院认定，该鉴定是在路××公司申请，金××公司、兴××公司同意后进行的，且在鉴定前已向双方告知鉴定事项，鉴定程序合法。现该涉案厂房的地址被用作房地产开发，在鉴定结论尚未出来时已被拆除，故该鉴定结论符合证据的真实性、合法性、关联性，本院予以确认。

8. 路××公司提交《承诺函》1份、设备清单7张，证明在鉴定过程中，就路××公司堆放在场地的设备零件部分，双方在司法鉴定之外，另行达成了金××公司给路××公司补偿13万元的协议。金××公司、兴××公司对该证据的真实性、合法性无异议，但对关联性及证明目的不予认可，认为该证据系2021年7月份在涉案场地拆迁时其与路××公司达成的承诺，同意对于涉案场地进行评估的行为，但不代表二公司认可所有的评估结果，且13万元的赔偿也并未在证据中显示。此外，该证据中价值13万元整的清单，均系各种汽车维修配件，在拆迁过程中均已被路××公司另行使用或自行处理。本院认定，对该组证据的真实性予以确认，金××公司确认该清单中的设备价值13万元，但不能证实金××公司给路××公司另行补偿13万元的事实。

9.金××公司、兴××公司提交《租赁合同》复印件2份,证明路××公司与金××公司于2014年3月17日签订租赁期为5年的《租赁合同》已于2019年7月15日终止,该《租凭合同》已被双方于2019年签订并履行的为期一年的《租赁合同》取代,后一份合同中的租赁期限从2019年7月15日至2020年7月15日,该合同也已终止;其诉请与合同约定相悖,应予驳回。路××公司对该组证据的证明目的有异议,认为2019年的合同无法取代2014年的合同,仅能证明双方的租赁关系具有连续性和阶段性,而2019年续签租赁合同也恰恰证明双方的租赁合同是具有延展性的合同,而不是一个固定期限不变的合同,故两份合同与金××公司及两位证人的陈述完全相符,应由金××公司承担过错责任。本院认定,该组证据符合证据的真实性、合法性、关联性,但结合本案其他证据,对其证明目的,本院不予确认。

10.金××公司、兴××公司提交银川市规划管理局出具的《关于对〈关于西夏区物流园区规划建设临时建筑的申请〉的答复》1份,证明其建西夏物流园是有审批的。路××公司对该证据的真实性、合法性、关联性无异议,但认为规划局的两份文件与路××公司提供的证据一致,前述答复所表达的意思是金××公司、兴××公司向综合执法局提出延期申请是错误的,二公司应当向规划部门提出申请,故该答复恰恰证明该场地已经从临时建筑变为违建。本院认定,该组证据符合证据的真实性,予以确认,也能够证明西夏物流园仍为临时建筑的事实。

11.金××公司、兴××公司提交(2021)宁0105民初××号《民事判决书》、银川中级人民法院(2021)宁01民终××号《民事判决书》各1份,证明在双方之间履行《租赁合同》纠纷一案中,法院已经查明双方"于2014年7月签订了5年的租赁合同,合同到期后,双方又于2019年7月续签了一年的租赁合同",亦即2014年7月双方之间签订的5年期的《租赁合同》已履行完毕,暨被2019年7月续签的1年期租赁合同取代;双方之间关于《租赁合同》的效力等纠纷已被法院判决认定。路××公司对该证据的证明目的有异议,认为2019年的合同无法取代2014年所签订的合同,前者仅能证明双方的租赁关系具有连续性和阶段性,而2019年续签租赁合同也恰恰证明双方的租赁合同是具有延展性的合同,不是一个固定期限不变的合同。关于合同效力,法院已经明确确认2019年的合同是无效合同,无效的过错在于金××公司。本院认定,该判决已生效,本院予以确认;但该判决解决的是双方之间关于租赁费的纠纷,与本案的赔偿损失不是同一法律事实。

12.金××公司、兴××公司提交照片打印件4张,证明路××公司已在西夏区××城设立了新的营业地点,并将涉案场地的设备搬至新营业地点进行使用,故鉴定意见书中关于927 154.47元设备的部分与本案无关。路××公司对该证据的真实性认可,对关联性及证明目的不认可,认为其继续从事汽车维修与在原场地的纠纷没有直接的关联性。至于搬走的配件，金××公司已出具承诺，双方已经达成13万元的赔偿，至于配件是否搬走再行利用，承诺书中写得很清楚，由路××公司自行处理，故所有搬走的机器设备均与本案的鉴定报告没有任何关联性。本院认定，该证据涉及路××公司设立的新营业地点，截止本案审理并进行鉴定时，所有鉴定范围内的建造、装修、设备均是经双方确认的，故对金××公司、兴××公司的证明目的本院不予确认。

根据当事人陈述和经审查确认的证据，本院认定事实如下：

金××公司和兴××公司是关联公司，两家公司均是宁夏兴××实业集团有限公司的子公司。兴××公司是位于银川市西夏区黄河西路××号××物流园项目土地的使用权人。2013年7月，银川市规划管理局作出银规建工临字〔2013〕第××号临时性建设工程规划许可证，共批准兴××公司在上述土地上建设19幢厂房、建筑面积为18 200平方米的××西夏物流园项目，批准期限为2013年10月至2014年10月。备注栏载明临时建设项目工程使用期限为一年。该临时建设工程项目建成后，由金××公司实际运营。2014年9月，银川市规划管理局作出银规建工临字〔2014〕第××号（延期）临时性建设工程规划许可证，将上述建设单位为兴××公司、项目名称为××西夏物流园的临时建筑批准延期，批准期限为2014年10月至2015年10月。2015年10月之后，兴××公司与金××公司均未再取得银川市规划管理局的临时性建设工程规划许可证。

2014年3月17日，金××公司（甲方）与牟××（乙方）签订《租赁合同》1份，合同第一条"承租房屋位置、面积与用途约定"：（1）乙方租赁甲方位于银川市西夏区黄河西路××号×××物流园园内场地，总面积以厂房实际面积计算；（2）上款所称场地是指由甲方出租给乙方使用的车间，乙方投资的地上附着物及车间内的设备，其使用权归乙方所有，合同期满后由乙方自行处理；（3）乙方承租车间用途以乙方营业执照核准的经营范围为准。合同第二条"租赁的期限"约定：（1）租赁期限为5年，即从2014年7月15日起至2019年7月15日止；（2）租赁期满前六个月，若乙方希望继续承租，应以书面告知甲方，在同等条件下甲方应优先考虑乙方的承租权利，经甲乙双方协商一致后办理续租手续，逾期告知视为放弃；（3）合同履行期间，因公共利益需要征用该土地，甲方应提前六个月通知乙方，并保证乙方本协议约定使用期限；（4）在合同履行期间，因不可抗力、政府政策调整使本合同无法履行或不能完全履行的，双方互不担责。合同第三条"租金及支付方式"约定：（1）租金为13元/月/平米，合计年租金350 844.00元，大写叁拾伍万零捌佰肆拾肆元整（24.79米×90.72米＝2249平方米计算）。每年自上一年期限届满之日起30日内一次性付清整年租金；（2）自第三年起每平方米每月租金上涨1元，逐年递增。合同还对双方的权利义务、违约责任等进行了约定。合同最后甲方处由金××公司签章,乙方及法定代表人处由牟××签字。合同签订后,牟××于2014年6月向金××公司缴纳定金及租金后,遂在金××公司提供的钢结构厂房内进行施工,施工范围包括场地建造、装饰、装修、办公及机构设备等,具体内容包括生活用房、办公用房、卫生间、消防工程等。另,2014年10月13日路××公司成立,经营范围为机动车修理和维护、汽车零配件批发、汽车租赁、洗车服务等项目,法定代表人牟××。

上述合同到期后,出租方金××公司(甲方)与承租方路××公司(乙方)签订《租赁合同》1份,合同第一条约定:(1)甲方同意将位于黄河西路××号院内一号库房面积2 249平方米(以下简称场地)出租给乙方使用,乙方投资的地上附着物及店内的设备,其所有权归乙方所有,由乙方自行处理;(2)该租赁场地租赁期间乙方用于经营汽车维修服务,乙方经营范围为乙方营业执照核准的全部经营范围,乙方不得在承租经营场地外设停车位、摊位及堆放其他物品。第二条约定:租期为壹年,自2019年7月15日至2020年7月14日。租赁期满后,如乙方续租,须提前六十天以书面形式通知甲方,同等条件下,乙方享有优先租赁权,双方根据当时的市场租金水平另行签订租赁合同。合同第三条约定:租金标准为12元/平方米/月;合计租金323 856元。合同还对租赁费的支付、税收及费用、双方的权利和义务、合同变更解除终止、违约责任等进行了约定。

2021年6月30日,路××公司向本院申请对涉案场地改造、装饰、装修、办公及机构设备投入的现价值鉴定评估。2021年7月2日,经路××公司与金××公司、兴××公司摇号选定并委托宁夏精××造价有限公司进行评估,宁夏中××工程事务所为备选机构。同日,宁夏××造价有限公司以其不是专业从事相关专业的鉴定机构,无法进行鉴定为由,将该案件退回。本院于2021年7月5日另行委托备选机构宁夏中××工程事务所进行评估。2021年7月26日,在本院组织下,双方到涉案厂房对建造、装饰、装修现场进行勘验。该机构于2021年10月13日出具宁夏中诚信(鉴)字〔2021〕××号《工程造价鉴定意见书》,确定涉案厂房装饰装修现值为2 601 722.17元,其中土建1 674 567.70元、安装927 154.47元。为此路××公司支付鉴定费6万元。另,2021年7月29日,金××公司向路××公司出具《承诺函》(附设备清单)1份,载明:"因金××公司与路××公司涉及租赁合同投资损失纠纷一案,现因案件进展,需要对涉案场地进行投资评估。但涉案场地需要尽快拆迁,因此为推进拆迁进度尽快进行,我方在此承诺,对涉案场地的评估没有异议,场地内属于路××公司自建钢结构板房、家具及汽车配件等均赠予该公司由其自行处理,我方予以认可。"在设备清单最后,金××公司注明:"我方认可本设备清单总计柒页,总价值为壹拾叁万元整"。该《承诺函》出具后,涉案厂房遂被拆除。

在本院第二次开庭审理中,金××公司、兴××公司申请鉴定人出庭接受询问,认为鉴定机构对涉案厂房进行了工程造价鉴定而非现价值评估,申请在现鉴定价值基础上对涉案厂房进行现值评估。鉴定人认为涉案厂房的建造、装饰、装修现值适用建筑工程中"工程造价类"鉴定,鉴定结论的建造价值即为涉案项目建造、装饰、装修的现值。

另查明,2020年7月7日,银川市综合执法监督局向兴××公司下发限期拆除通知书,通知书载明兴××公司在银川市西夏区的××西夏物流园项目,超过批准期限未拆除,违反了《中华人民共和国城乡规划法》《宁夏回族自治区城镇规划区临时建设和临时用地规划管理办法》的相关规定,责令兴××公司在收到通知书之日起十日内自行拆除该临时建筑,逾期不拆除,银川市综合执法监督局将依法组织相关部门强制拆除。之后,银川市综合执法监督局又相继发出履行行政决定催告书、公告等。

再查明,2021年1月5日,金××公司以牟××、路××公司为被告诉至本院,要求牟××、路××公司支付租金及逾期付款利息,返还租赁场地(车间),本院于2021年3月31日作出(2021)宁0105民初××号民事判决,认定:出租人就未经批准或者未按照批准内容建设的临时建筑,与承租人订立的租赁合同无效。本案中,金××公司与路××公司签订的《租赁合同》,因涉案房屋系临时建筑,且在签订合同时未获得建设工程规划许可证,故该租赁合同依法应为无效合同。又依据《最高人民法院关于审理城镇房屋租赁合同纠纷案件具体应用法律若干问题的解释》第四条第一款"房屋租赁合同无效,当事人请求参照合同约定的租金标准支付房屋占有使用费的,人民法院一般应予支持"的规定,虽涉案租赁合同无效,但路××公司仍应参照合同约定向金××公司支付房屋占用费。判决:(1)路××公司于判决生效之日起三十日内腾空并将位于银川市西夏区黄河西路××号××物流园园内厂房2249平米(以实际面积计算)返还给银金××公司;(2)路××公司于判决生效之日起十日内向金××公司支付房屋占用费20 058元;(3)牟××对路××公司的上述债务承担连带清偿责任;(4)驳回金××公司的其他诉讼请求。路××公司、牟××不服该判决提起上诉,银川市中级人民法院维持该判决,现该判决已生效。

本院认为,金××公司将关联公司建设并由自己实际运营的涉案××物流园中的厂房出租给路××公司使用并交付租金,金××公司也一直未提出异议,涉案合同的权利义务实际由路××公司继受取得,金××公司与路××公司构成租赁合同关系。《中华人民共和国城乡规划法》第四十四条规定,在城市、镇规划区内进行临时建设的,应当经城市、县人民政府城乡规划主管部门批准。《最高人民法院关于审理城镇房屋租赁合同纠纷案件具体应用法律若干问题的解释》第三条第二款规定,租赁期限超过临时建筑的使用期限,超过部分无效。本案中,金××公司出租给路××公司的厂房是临时建筑,依法应当取得城乡规划主管部门批准,但涉案临时建筑的批准使用期限自 2013 年 10 月至 2014 年 10 月,经批准延期至 2015 年 10 月,之后再未取得城乡规划主管部门批准。本院作出(2021)宁 0105 民初××号民事判决,已确认金××公司与路××公司签订的《租赁合同》超出 2015 年 10 月的部分无效,因此路××公司请求确认涉案合同于 2015 年 11 月无效的诉讼请求,本案不再处理。

关于路××公司要求金××公司返还租金 231 928 元并赔偿资金占有利息损失 15 255.4 元的诉讼请求。因本院作出的(2021)宁 0105 民初××号民事判决已对双方之间的租金事宜进行处理,且认定路××公司仍应参照合同约定向金××公司支付房屋占用费,现该判决已生效,路××公司要求返还租金 231 928 元并赔偿资金占用利息损失的诉讼请求,无事实和法律依据,本院不予支持。

关于路××公司要求金××公司赔偿场地改造、装饰、装修、办公及机械设备投入的各项损失 2 507 008 元及其资金占用利息损失 176 479 元的诉讼请求。因金××公司以兴建×××物流园的名义建设大量临时建筑厂房并宣传招商引资,引入路××公司在内的多家企业,使路××公司有理由相信该厂房能够长期租赁使用,在签订合同时并未提及涉案厂房系临时建筑;合同签订后路××公司高额投入进行改造、装饰、装修时,金××公司明知涉案厂房系临时建筑,但未告知建筑性质及到期时间,亦未制止,现虽然涉案租赁合同约定的履行期限已届满且已实际履行完毕,但因路××公司基于其能够长期租用涉案厂房及合同约定的有权续租的信赖利益,高额进行投资并且每年向金××公司缴纳租金 30 多万元,金××公司隐瞒涉案厂房临时建筑的性质,导致《租赁合同》超出 2015 年 10 月的部分无效,存在过错,应予承担赔偿责任,故对路××公司由此造成的损失应承担 40% 的赔偿责任为宜;路××公司在对涉案厂房改造、装饰、装修时未对厂房性质尽到审查注意义务,且涉案租赁合同也亦履行完毕,其本身亦存在过错,应自行承担 60% 的责任,故对其要求的该资金占用利息损失,本院不予支持;本案依据宁夏中诚信(鉴)字〔2021〕××号《工程造价鉴定意见书》,确定涉案工程总造价为 2 601 722.17 元,加之金××公司《承诺函》认可的设备价值 13 万元,涉案厂房现总建造价值为 2 731 722.17元(2 601 722.17 元＋13 万元),金××公司应赔偿路××公司损失 1 092 689元(2 731 722.17 元×40％),超出部分,本院不予支持。

关于路××公司要求金××公司赔偿因停水停电给其造成的经济损失 20 万元的诉讼请求。因路××公司未提交证据予以证明,金××公司及兴××公司也不予认可,故对其该项诉讼请求,本院不予支持。

关于路××公司要求兴××公司承担责任的诉讼请求。因租赁合同具有相对性，兴××公司并非涉案《租赁合同》相对方，故其该项主张无事实及法律依据，本院不予支持。

关于金××公司、兴××公司辩称驳回路××公司要求赔偿对涉案厂房建造、装饰、装修损失诉讼请求的理由，不能成立，本院不予采纳。

关于金××公司、兴××公司在庭审中提出的宁夏中×××工程事务所出具的鉴定意见系涉案厂房工程造价而非装饰装修现值不应采纳的意见，因该鉴定是在路××公司申请，金××公司、兴××公司同意的情况下作出的，且在鉴定前已向双方告知鉴定事项，由双方共同选定鉴定机构，程序合法；在鉴定过程中金××公司、兴××公司并未对是工程造价还是现值评估提出异议，而且金××公司为了推进拆迁尽快进行，在向向路××公司出具的《承诺函》中承诺"涉案场地需要尽快拆迁，因此为推进拆迁尽快进行，我方在此承诺，对涉案场地的评估没有异议……"，现该涉案厂房已被拆除；且经询问鉴定人，涉案厂房的装饰装修现值适用建筑工程中"工程造价类"鉴定，鉴定结论的建造价值即为涉案项目建造、装饰、装修的现值，故对金××公司、兴××公司要求在涉案厂房鉴定价值基础上对现值进行评估的请求，不予准许。

根据《最高人民法院关于适用〈中华人民共和国民法典〉时间效力的若干规定》第一条第二款之规定，本案系民法典施行前的法律事实引起的民事纠纷，除法律、司法解释另有规定外，应适用当时的法律、司法解释的规定。

综上所述，依照《中华人民共和国合同法》第五十六条、第二百一十二条，《中华人民共和国城乡规划法》第四十四条，《最高人民法院关于审理城镇房屋租赁合同纠纷案件具体应用法律若干问题的解释》第一条、第三条、第九条，《中华人民共和国民事诉讼法》第六十四条第一款，《最高人民法院关于适用〈中华人民共和国民事诉讼法〉的解释》第九十条的规定，判决如下：

一、被告银川金××物资有限公司于本判决生效之日起十日内赔偿原告银川路××汽修服务有限公司损失 1 092 689 元；

二、驳回原告银川路××汽修服务有限公司的其他诉讼请求。

如果未按本判决书指定的期间履行给付金钱义务的，应当依照《中华人民共和国民事诉讼法》第二百五十三条之规定加倍支付迟延履行期间的债务利息。

案件受理费 31 765 元，由原告银川路××汽修服务有限公司负担 20 647 元，被告银川金××物资有限公司负担 11 118 元；鉴定费 6 万元，由被告银川金××物资有限公司负担。

　　如不服本判决,可在判决书送达之日起十五日内,向本院递交上诉状,并按对方当事人或者代表人的人数提出副本,上诉于宁夏回族自治区银川市中级人民法院。

审　判　长　张××

审　判　员　冯××

人民陪审员　柳××

二○二一年××月××日

（院印）

本件与原件核对无异

法　官　助　理　沈××

书　记　员　海××

（七）写作训练

题目:请结合下列案情素材,撰写一篇民事判决书。

案情素材:

1. 人物

(1)于×,男,1993 年 7 月 27 日出生,汉族,住宁夏回族自治区银川市兴庆区××小区 5 号楼 1 单元××室。

(2)杨××,系于×母亲,住宁夏回族自治区银川市兴庆区××小区 5 号楼 7 单元××室。

(4)陈××,上海××(银川)律师事务所律师。

(5)巫××,男,1979 年 11 月 23 日出生,回族,系个体工商户银川市兴庆区好看橱柜店的经营者,住宁夏回族自治区银川市金凤区××小区 11 号楼 17 单元××室。

(6)银川大家家居建材有限公司,住所地宁夏回族自治区银川市兴庆区民族南街××号。法定代表人:刘×,该公司总经理。

(7)杨××,男,系银川大家家居建材有限公司法务部经理。

2. 事件信息

(1)巫××于 2015 年 1 月 15 日登记了名称为银川市兴庆区好看橱柜店的个体工商户,并租用大家公司大家银川店的店面开展经营,经营店面的门头为"QKEV 大家好 铂金橱柜"。

(2)2019 年 10 月 9 日,于×因装修房屋需要,购买大家好品牌的橱柜,与巫××签订了编号为 0000012 的《大家大家好全屋定制销售合同》1 份,载明甲方(购买方)为于×,乙方(销售方)为大家好不锈钢橱柜,商品名称为橱柜,水槽柜底板为活动底板,柜体为国标 304 不锈钢,安装地点为滨河五号 22－7－××号,成交价为 30 800 元,定金加预付款共收 25 000 元,余款 5 600 元;产品零甲醛,无有害元素,否则全额退款,定金付 10 000 元,三日内补交 15 000 元。该合同编号处还载有"大家好厨卫科技有限公司"的字样,合同底端载有"大家好售后服务电话:0951－7611×××,网址:www. dajiahao. com"的字样。该《大家大家好全屋定制销售合同》系巫××提供的制式合同。前述合同签订后,于×于当日向巫××支付定金 10 000 元,巫××出具《收据》一份,载明:"今收到滨河五号 22 号楼 22－1－502 交来不锈钢橱柜定金 10 000 元,收款人巫××。"该《收据》盖有"大家好橱柜专卖店 合同专用章 大家银川店"的印章。2019 年 10 月 12 日,于×向巫××支付橱柜款 15 000 元。2019 年 11 月 25 日,于×向巫××支付橱柜款 5 000 元。以上于×向巫××共计支付 30 000 元。后巫××向于×供应并安装了橱柜,于×在巫××安装的橱柜上面又安装了灶台面。后来,于×发现巫××供应的橱柜不是大家好品牌的,双方因此产生纠纷,经银川市市场监督管理局兴庆区分局胜利街市场监督管理所调解未果,为此于×于 2021 年 7 月 14 日诉至银川市西区人民法院,该院于当日立案。后于 2021 年 8 月 5 日适用简易程序公开开庭进行了审理。于×委托其母亲作为代理人,陈××、巫××、大家公司的法务部经理杨××均到庭。

(3)庭审中,于×称,其因装修房屋需要,于 2019 年 10 月 9 日从巫××经营的大家好橱柜专卖店大家银川店购买橱柜,并签订《大家大家好全屋定制销售合同》,约定橱柜总金额为 30 800 元,巫××出具《收据》一份。2020 年 6 月安装橱柜时,于×发现巫××销售的橱柜并非大家好品牌的橱柜,且异味严重,导致无法居住,只能拆除,导致于×购买的灶台面(价值 10 000 元)毁损,并导致于×无法完成装修入住,只能租房,因此造成严重经济损失。大家公司作为巫××经营店面的出租者,应当与巫××承担共同责任。为维护自身合法权益,为此诉至法院。提出诉讼请求:①判令巫××、大家公司退还橱柜款 30 000 元,并按照橱柜价款 30 800 元的三倍赔偿 92 400 元;②判令巫××、大家公司赔偿灶台面款 10 000 元及经济损失 20 000 元;③判令巫××、大家公司承担本案诉讼费用、律师费。

(4)巫××辩称,于×购买的是大家好牌的不锈钢橱柜,巫××将订单发给大家好不锈钢橱柜生产厂商后,发来的橱柜却是德弗品牌的,但这并不是巫××能控制的,况且案涉橱柜也不属于假冒伪劣产品。于×主张家具味道大,但是不能证明是巫××所供不锈钢橱柜所致。于×购买的是柜体和门板,灶台面并非巫××销售,灶台面的损失与巫××无关。

(5)大家公司辩称,其与巫××只是正常的租赁关系,于×所签的《大家大家好全屋定制销售合同》并不是大家公司的制式合同,而是巫××自制的合同,大家公司不应当承担任何责任。况且于×的证据也不能证明案涉橱柜是假冒伪劣产品。

(6)上海大家好厨卫科技有限公司于 2018 年 2 月 23 日注销登记,原登记的官网地址为 www. dajiahao888. cn。上海大家好不锈钢橱柜有限公司于 2018 年 3 月 17 日登记成立,登记的官网地址为 www. dajiahao. com。

(7)在该案审理过程中,巫××承认其不是大家好品牌不锈钢橱柜的代理经销商。

于×称安装在案涉橱柜上的灶台面尚未拆除。

注意：(1)案号根据格式要求自拟；(2)其他必要信息可根据常理自行添加。

三、行政判决书

（一）概念

行政判决书，是人民法院在行政诉讼中，为解决行政机关的具体行政行为引起的行政争议，就案件的实体问题依法作出的具有法律效力的书面处理决定。行政判决书主要适用于行政诉讼案件，按照不同的审判程序，可以分为第一审程序行政判决书、第二审程序行政判决书及再审程序行政判决书。

（二）作用

作为人民法院司法活动的产物，行政判决书除了司法行为一般具有的止纷、教育、指引等作用外，还具有其自身特有的作用和价值。

第一，行政判决书是人民法院对诉争具体行政行为作出处理决定的载体。行政机关作出的具体行政行为被诉至人民法院，人民法院必须对该行政诉讼案件作出处理：或维持某一具体行政行为，或撤销、变更某一具体行政行为，行政判决书就是承载相应处理结果的法律文书。

第二，行政判决书是人民法院监督行政机关依法行使行政职权的体现。人民法院通过审理行政案件，对行政机关依法行使行政职权进行监督，行政判决书记载了人民法院对诉争行政行为是否合法进行审查的结果，该结果直接决定诉争行政行为能否产生法律效力，所以行政判决书是人民法院保护公民、法人和其他组织的合法权益，维护和监督行政机关及其工作人员依法行使行政职权的体现。

第三，行政判决书有利于推进法治政府建设，提高公民的民主法治意识。公民提起行政诉讼，既是对行政机关行政行为的监督，也是通过行政诉讼表达自己的意志，依法参与对国家、社会事务的民主管理，实现当家做主权利的体现。

（三）法律依据

《行政诉讼法》第 69 条规定，行政行为证据确凿，适用法律、法规正确，符合法定程序的，或者原告申请被告履行法定职责或者给付义务理由不成立的，人民法院判决驳回原告的诉讼请求。

《行政诉讼法》第 70 条规定，行政行为有下列情形之一的，人民法院判决撤销或者部分撤销，并可以判决被告重新作出行政行为：(1)主要证据不足的；(3)适用法律、法规错误的；(3)违反法定程序的；(4)超越职权的；(5)滥用职权的；(6)明显不当的。

《行政诉讼法》第 77 条规定，行政处罚明显不当，或者其他行政行为涉及对款额的确定、认定确有错误的，人民法院可以判决变更。人民法院判决变更，不得加重原告的义务或者减损原告的权益。但利害关系人同为原告，且诉讼请求相反的除外。

(四)格式

行政诉讼司法实践中,因为不同的诉讼请求及不同的处理结果,行政判决书的种类繁多,下面围绕第一审普通程序请求撤销、变更行政行为的案件,介绍行政判决书的基本格式。其他类型行政判决书可参照本格式制作。

×××县人民法院

行政判决书

(××××)××行初××号

原告:×××,……(写明姓名或名称等基本情况)。

法定代表人:×××,……(写明姓名、职务)。

委托诉讼代理人(或指定代理人、法定代理人):×××,……(写明姓名等基本情况)

被告:×××,……(写明行政主体名称和所在地址)。

法定代表人/负责人:×××,……(写明姓名、职务)。

委托诉讼代理人:×××,……(写明姓名等基本情况)。

第三人:×××,……(写明姓名或名称等基本情况)。

法定代表人/负责人:×××,……(写明姓名、职务)。

委托诉讼代理人(或指定代理人、法定代理人):×××,……(写明姓名等基本情况)。

原告×××不服被告×××(写明行政主体名称)……(写明行政行为),于××××年××月××日向本院提起行政诉讼。本院于××××年××月××日立案后,于××××年××月××日向被告送达了起诉状副本及应诉通知书。本院依法组成合议庭,于××××年××月××日公开(或不公开)开庭审理了本案。……(写明到庭参加庭审活动的当事人、行政机关负责人、诉讼代理人、证人、鉴定人、勘验人和翻译人员等)到庭参加诉讼。……(写明发生的其他重要程序活动,如:中止诉讼、被批准延长本案审理期限等情况)。本案现已审理终结。

被告×××(写明行政主体名称)于××××年××月××日作出……(写明被诉行政行为的名称),……(简要写明被诉行政行为认定的主要事实、定性依据和处理结果)。原告×××诉称,……(写明原告的诉讼请求、主要理由以及原告提供的证据、依据等)。

被告×××辩称,……(写明被告的答辩请求及主要理由)。

被告×××向本院提交了以下证据、依据：1.……（写明证据的名称及内容等）；2.……

第三人×××述称，……（写明第三人的意见、主要理由以及第三人提供的证据、依据等）。

本院依法调取了以下证据：……（写明证据名称及证明目的）。

经庭审质证（或庭前交换证据、庭前准备会议），……（写明当事人的质证意见）。

本院对上述证据认证如下：……（写明法院的认证意见和理由）。

经审理查明，……（写明法院查明的事实；可以区分写明当事人无争议的事实和有争议但经法院审查确认的事实）。

本院认为，……（写明法院判决的理由）。依照……（写明判决依据的行政诉讼法以及相关司法解释的条、款、项、目）的规定，判决如下：

（写明判决结果）。

案件受理费……元，由×××负担（写明诉讼费用的负担）。

如不服本判决，可以在判决书送达之日起十五日内向本院递交上诉状，并按对方当事人的人数提出副本，上诉于××××人民法院。

审　判　长　×××

审　判　员　×××

审　判　员　×××

××××年××月××日

（院印）

书　记　员　×××

本件与原本核对无异

（五）写作要点

通常情况下，行政判决书由首部、事实、理由、判决结果、尾部、附录等部分组成。

下面结合行政判决书首部、事实、理由、判决结果、尾部、附录的写作要点，阐释各部分的写作方法和要领。

1. 首部

首部应依次写明标题、案号、当事人及其委托诉讼代理人的基本情况，以及案件的由来、审判组织、开庭审理过程以及中止、程序变更情况等。

（1）判决书标题中的法院名称，一般应与法院公章上的文字一致，但基层法院行政判决书标题应冠以省、直辖市、自治区的全称。

（2）案号是用于区分各级法院办理案件的类型和次序的简要标识，每个案件编定的案号均应具有唯一性，由中文汉字、阿拉伯数字及括号组成，基本要素为收案年度、法院代字、类型代字、案件编号，编排规格为："（收案年度）＋法院代字＋类型代字＋案件编号＋号"。收案年度是收案的公历自然年，用阿拉伯数字表示；法院代字是案件承办法院的简化标识，用中文汉字、阿拉伯数字表示；类型代字是案件类型的简称，用中文汉字表示；案件编号是收案的次序号，用阿拉伯数字表示。

（3）提起行政诉讼的原告包括公民、法人或者其他组织。原告是公民的，写明姓名、性别、出生年月日、民族和住址，居民的住址应写住所地，住所地和经常居住地不一致的，写经常居住地。原告是法人的，写明法人的名称和所在地址，并另起一行列项写明法定代表人及其姓名和职务等。原告是个体工商户的，写明业主的姓名、出生年月日、民族、住址；起有字号的，在其姓名之后用括号注明"系……（字号）业主"。原告是无诉讼行为能力公民的，除写明原告本人的基本情况外，还应列项写明其法定代理人或指定代理人的姓名、住址，并在姓名后括注其与原告的关系。群体行政诉讼案件，推选或指定诉讼代表人的，在原告身份事项之后写明"原告暨诉讼代表人……"，并写明诉讼代表人的基本情况，格式与原告基本情况相同。原告人数众多的，可在首部仅列明诉讼代表人基本情况，原告名单及其基本身份情况可列入判决书附录部分。

（4）行政判决书中的被告，应写明被诉的行政主体名称、所在地址；另起一行列项写明法定代表人或诉讼代表人姓名和职务；副职负责人出庭的在此不要列写，在交代到庭参加庭审活动的当事人及其他诉讼参加人情况时载明。法定代表人行处另起一行列写委托诉讼代理人的基本事项。

（5）有第三人参加诉讼的，第三人列在被告之后，第三人基本情况的写法同上。

（6）委托诉讼代理人系律师或基层法律服务工作者的，写明其姓名、工作单位和职务。当事人的委托诉讼代理人系当事人的近亲属的，应在代理人的姓名后括注其与当事人的关系。委托诉讼代理人系当事人所在社区、单位以及有关社会团体推荐的公民的，应写明代理人的姓名、性别、出生年月日、民族、工作单位和住址。

（7）书写案件由来、审判组织、被告与第三人的应诉、当事人进行证据交换情况以及开庭审理过程，是为了体现法院的审判活动的公开和透明。如有第三人参加诉讼，可选择使用："因×××与本案被诉行政行为或与案件处理有利害关系，本院依法通知其为第三人参加诉讼（公民、法人或者其他组织经申请作为第三人参加诉讼的写：因×××与本案被诉行政行为有利害关系，经×××申请，本院依法准许其为第三人参加诉讼）"的格式。如当事人经合法传唤无正当理由未到庭的，应当写明："×××经本院合法传唤，无正当理由拒不到庭。"进行证据交换或召开庭前会议的应写明："本院于×××年××月××日组织原、被告及第三人进行了证据交换（或召开庭前会议），并送达了证据清单副本"。如有批准延长审理期限情况的，应写明批准延长审理期限批复的文号。不公开开庭审理的,应写明不予公开的理由。有关程序活动可根据时间节点的先后顺序依次写明。

2. 事实

行政判决书的"事实"部分由以下几个部分组成:行政行为的叙述部分,当事人诉辩意见部分,当事人举证、质证和法庭认证部分,法庭"经审理查明"部分。这些不同的部分既可以互相独立,自成段落;也可以根据案情、证据、事实以及当事人争议的具体内容,互相融合,而无须使用这种固定的相互独立的样式。特别是要灵活区分当事人有争议的事实和无争议的事实;事实问题是当事人争议焦点的,也可采取灵活方式处理,留待"理由"部分再予认定。行政判决书事实部分的书写应当注意以下几点。

(1)行政行为的叙述部分应当注意详略得当。一般应当写明行政行为认定的主要事实、定性依据以及处理结果等核心内容,通过简洁的表述说明案件的诉讼标的;行政行为内容较为简单的,也可以全文引用;行政行为理由表述有歧义,被告在答辩中已经予以明确的,也可以被告明确后的理由为准。

(2)当事人诉辩意见与当事人提供的证据的撰写次序应当注意逻辑关系,因案而定。关于证据部分的书写,应当注意以下几点。

第一,一般情况下,写明当事人的诉辩意见后,即可写明其提供的相关证据。如果当事人提供的证据有较强的关联性,合并叙述更有利于综合反映案件证据情况的,也可酌情将当事人的证据合并叙述。总之,对证据的列举可以结合案情,既可以分别逐一列举证据,写明证据的名称、内容以及证明目的;也可以综合分类列举证据,并归纳证明目的。当事人提供的证据烦琐冗杂的,也可以概括说明。

第二,对于当事人超过法定举证期限提供的证据,人民法院予以采纳的,应当列明于判决并说明理由。对法院根据原告、第三人的申请调取的证据,可以作为原告、第三人提交的证据予以载明;对法院依职权调取的证据,则应当单独予以说明。当事人在法定期限内未提交证据的,应当予以说明。对于当事人在诉讼中申请调取证据,法院决定不予调取的,应当在判决书中予以记载;申请调取的证据较多,难以一一列举的,也可以概括说明。对于根据原告(或者第三人、被告)的申请,委托鉴定部门进行鉴定的,应当写明鉴定部门、鉴定事项和鉴定结论以及当事人的意见。

(3)书写当事人的诉辩意见,应当准确、完整,既要尊重当事人原意,也要注意归纳总结;既要避免照抄起诉状、答辩状或者第三人的陈述,又不宜删减当事人的理由要点。

(4)书写"经庭审质证"和"认证如下"部分,应当注意因案而异、繁简得当。既可以一证一质一认,也可以按不同分类综合举证、质证和认证。对于当事人无争议的证据或者与案件明显无关联的证据,可以通过归纳概括等方式简要写明当事人的质证意见;对于证据繁冗的案件,可以归纳概括当事人的主要质证意见。法院对证据的认证意见应当明确,对于当事人有争议的证据,特别是对行政行为的合法性有影响的证据,应当写明采纳或者不予采纳的理由。案件的争议主要集中在事实问题的,也可将对证据的具体质证、认证意见与案件的争议焦点结合起来,置于"本院认为"部分论述。

（5）书写"经审理查明"部分时,需要注意以下几点。

第一,生效裁判文书确认的事实一般具有法定的证明力,因此法官认定的事实应当准确、清晰,应当是法官基于全案的证据能够形成内心确信的事实;通过推定确认的事实必须要有依据,符合证据规则。

第二,事实的叙述可以根据具体案情采用时间顺序,也可以灵活采用其他叙述方式,以能够逻辑清晰地反映案件情况为原则。

第三,避免事无巨细地罗列,或者简单地记流水账,应当结合案件的争议焦点,做到繁简适当,与案件裁判结果无关的事实,不予认定。

第四,可以根据具体案情以及争议焦点,采取灵活多样的方式记载案件事实。必要时可以摘抄证据内容。

第五,如果庭审前经过证据交换或者庭前会议,或者在庭审辩论时当事人对合议庭归纳的无争议事实均认可,那么事实部分可以分为两个层次:一是写"对以下事实,各方当事人均无异议,本院依法予以确认";二是"本院另认定以下事实",主要写当事人可能有异议、本院依法认定的案件事实。

（6）书写案件事实时,应注意保守国家秘密,保护当事人的商业秘密和个人隐私。

3. 理由

书写"本院认为"部分时,应当注意主次分明,重点突出、详略得当。理由部分要根据查明的事实和有关法律、法规和法学理论,就行政主体所作的行政行为是否合法、原告的诉讼请求是否成立等进行分析论证,阐明判决的理由。对于争议焦点,应当详细论述;对于无争议的部分,可以简写。阐述理由时,应当注意加强对法律规定以及相关法理的阐释,除非法律规定十分明确,一般应当避免只援引规定就直接给出结论的"单刀直入"式论述。原告请求对行政行为所依据的规范性文件一并进行合法性审查的,在对规范性文件进行审查后,应依照行政诉讼法及司法解释的规定,对规范性文件的合法性以及能否作为认定被诉行政行为合法性的依据予以阐明。

根据案件的不同需要,"本院认为"部分在援引法律依据时,既可以写明整个条文的内容,也可以摘抄与案件相关的条文内容;条文内容较多的,也可以只援引法律条款,将具体内容附在判决书的附录部分,以兼顾表述的准确性和文书的可读性。对于在理由部分已经论述过的实体法律规范,在"判决如下"前可以不再重复援引。直接作为判决结果依据的法律规范,一般应当按照先行政诉讼法、后司法解释的次序排列,并写明具体规定的条、款、项、目。

4. 判决结果

判决结果是人民法院对当事人之间的行政争议作出的实体处理结论。根据《行政诉讼法》第69条、第70条、第77条等的规定,一审请求撤销、变更行政行为类判决可分为驳回诉讼请求判决、撤销或者部分撤销判决、变更判决等情形。

（1）驳回原告诉讼请求的,写明:"驳回原告×××的诉讼请求。"

（2）撤销被诉行政行为的,各项分行写明:"一、撤销被告×××（行政主体名称）作出的（××××）××字第×××号……（行政行为名称）;二、责令被告×××（行政主体名称）在××日内重新作出行政行为（不需要重作的,此项不写;不宜限定期限的,期限可不写）。"

（3）部分撤销被诉行政行为的,各项分行写明:"一、撤销被告×××（行政主体名称）作出的（××××）××字第××号……（行政行为名称）的第××项,即……（写明撤销的具体内容）;二、责令被告×××（行政主体名称）在××日内重新作出行政行为（不需要重作的,此项不写;不宜限定期限的,期限可不写）;三、驳回原告×××的其他诉讼请求。"

（4）根据《行政诉讼法》第 77 条的规定,变更行政行为的,写明:"变更被告×××（行政主体名称）作出的（××××）××字第××号……（写明行政行为内容或者具体项）,改为……（写明变更内容）。"

5. 尾部

行政判决书尾部应依次写明诉讼费用的负担,交代上诉的权利、方法、期限和上诉审法院,合议庭成员署名,判决日期、书记员署名等内容。判决书的正本,应由书记员在判决日期的左下方、书记员署名的左上方加盖"本件与原本核对无异"字样的印戳。

6. 附录

根据案件的不同需要,可将判决书中的有关内容载入附录部分,如将判决中所提到的法律规范条文附上,以供当事人全面了解有关法律规定的内容。一般应当按照先实体法律规范,后程序法律规范;先上位法律规范,后下位法律规范;先法律,后司法解释等次序排列。另外,群体诉讼案件中原告名单及其身份情况,以及审理案件过程中形成的图案、图表等均可以列入此部分。

（六）范文

北京市朝阳区人民法院
行政判决书

（××××）京××××行初××号

原告:吴××,男,1980 年 9 月 9 日出生,汉族,住河北省邯郸市魏县。

被告:北京市公安局××分局,住所地北京市朝阳区道家园×号。

法定代表人:王××,该分局局长。

委托诉讼代理人:刘××,男,北京市公安局××分局干部。

委托诉讼代理人：王××，女，北京市公安局××分局干部。

被告：北京市××区人民政府，住所地北京市朝阳区日坛北街××号。

法定代表人：文××，该区人民政府区长。

委托诉讼代理人：李××，女，北京市××区司法局干部。

委托诉讼代理人：覃××，北京市××律师事务所律师。

原告吴××（以下称原告）诉被告北京市公安局××分局（以下称区公安局）、北京市××区人民政府（以下称区政府）行政拘留及复议决定，向本院提起行政诉讼。本院受理后，依法向区公安局及区政府送达了起诉状副本及应诉通知书。本院依法组成合议庭，于2021年4月23日公开开庭审理了本案。原告、区公安局委托诉讼代理人刘××、王××、区政府委托代诉讼理人李××、覃××到庭参加诉讼。本案现已审理终结。

区公安局于2020年9月10日作出京公×行罚决字〔××××〕5××7号《行政处罚决定书》（以下简称《处罚决定书》），认定2020年9月9日21时许，原告在北京市朝阳区惠新西街南口地铁站附近占道经营，扰乱公共场所秩序，后被民警抓获。根据《中华人民共和国治安管理处罚法》（以下简称《治安管理处罚法》）第二十三条第一款第（二）项之规定，决定给予原告行政拘留五日的处罚。原告不服该决定，向区政府申请行政复议。区政府于2010年11月12日作出×政复字〔××××〕2××1号《行政复议决定书》（以下简称《复议决定书》），根据《中华人民共和国行政复议法》（以下简称《行政复议法》）第二十八条第一款第（一）项的规定，决定维持区公安局对原告作出的《处罚决定书》。

原告诉称，2020年9月9日晚8时30分，原告在健安东路口卖少许菜，××派出所及其有关人员强行将原告双手铐住带到××派出所。其区公安局对其处以五日拘留，说原告违反公共场所秩序。原告认为被告滥用职权。如果说摆地摊卖点菜也算占道经营，两家摆摊卖点菜也构成违反公共场所秩序罪，那么法律也就太不公正，而且处罚得也太重了点。原告认为区公安局作出的对原告拘留五日的决定，在认定事实、运用法律，以及在程序上，均存在十分严重的错误或缺失。如在让原告在处罚决定书上签字时根本不让原告看，也未告知。原告于2020年9月14日向区政府申请行政复议，区政府于2020年11月12日作出了《复议决定书》，现原告不服区政府作出的《复议决定书》，向人民法院提出行政诉讼。请求法院判决：1.撤销区公安局作出的《处罚决定书》；2.撤销区政府作出的《复议决定书》。

原告在指定期限内向本院提交如下证据材料：1.《处罚决定书》；2.《复议决定书》；3.摆摊地点地图截图，证明原告摆地摊的位置距离地铁口较远，旁边也不存在警示牌，区公安局作出的处罚认定事实错误。

区公安局辩称,2020年9月9日21时许,原告在北京市朝阳区惠新西街南口地铁站附近占道经营,扰乱公共场所秩序,后被民警抓获。区公安局于2020年9月10日依据《治安管理处罚法》第二十三条第一款之规定,对原告作出行政拘留五日的行政处罚。上述事实,有本人陈述、证人证言等证据证实,足以认定。本案中原告承认在朝阳区惠新西街南口地铁站附近占道经营,扰乱了公共场所秩序,自愿认错认罚,且有本人陈述、证人证言等证据证实其违法行为。现有证据足以认定案件事实,执法程序符合法律规定。综上,区公安局认为原告作出行政拘留五日的行政处罚,认定事实清楚,证据充分,适用法律准确,程序合法,处罚适当,请求人民法院驳回原告诉讼请求。

区公安局在法定期限内向本院提交如下作出处罚决定的证据材料和法律法规依据:

(一)证据材料

(1)对原告询问制作的《询问笔录》,证明原告承认违法行为;(2)对王×玲询问制作的《询问笔录》,证明王×玲证实原告存在违法行为;(3)对王×伟询问制作的《询问笔录》,证明王×伟证实原告存在违法行为;(4)对王×红询问制作的《询问笔录》,证明王×红证实原告存在违法行为;(5)对宋××询问制作的《询问笔录》,证明宋××证实原告存在违法行为;(6)照片及照片制作说明,证明原告摆摊地区为重点地区;(7)《工作记录》,证明在原告处起获其售卖物品;(8)《现场执法文书》,证明在原告处起获其售卖物品去向;(9)《网上比对工作记录》,证明查询在逃、前科情况;(10)《受案登记表》,证明公安机关依法受理案件;(11)《行政案件快速办理告知书》,证明行政案件快速办理告知;(12)《工作记录》,证明对原告进行口头传唤;(13)到案经过,证明原告到案情况;(14)《被传唤人员家属通知书》,证明传唤嫌疑人通知家属情况;(15)《公安行政处罚告知笔录》,证明行政处罚前对原告进行告知;(16)《处罚决定书》,证明作出行政处罚决定书并送达;(17)《被行政拘留人员家属通知书》及《工作记录》,证明已通知家属嫌疑人被拘留一事。

(二)法律依据

(1)《中华人民共和国人民警察法》;(2)《治安管理处罚法》,区公安局提交以上法律法规证明其作出的处罚决定合法、程序正当。

区政府辩称,区政府具有作出《复议决定书》的法定职权,作出《复议决定书》符合程序规定,认定事实清楚、证据确凿,适用法律正确,请求法院驳回原告的诉讼请求。

区政府在法定期限内向本院提交如下作出复议决定的证据材料和依据。

（一）证据材料

（1）《行政复议接待室接待笔录》《当事人送达地址确认书》《行政复议申请书》及有关材料；（2）《行政复议申请受理通知书》、送达回证、邮寄凭证及邮寄查询记录单；（3）《行政复议答复通知书》及送达回证；（4）《行政复议答复意见书》及区公安局提交的证据材料；（5）《复议决定书》《〈行政复议决定书〉更正通知》、送达回证、邮寄凭证及邮寄查询记录单，以上证据证明区政府作出的复议决定认定事实清楚、证据确凿、适用法律正确、程序合法。

（二）法律法规依据

（1）《行政复议法》；（2）《中华人民共和国行政复议法实施条例》，区政府提交以上法律法规证明其作出的复议决定合法。

经庭审质证，本院对各方当事人提交的证据作如下认定：（1）原告提交的证据能够证明区公安局作出处罚决定及区政府作出复议决定的情况，但不具有证明涉诉行政行为违法的效力，对该证明目的，本院不予采信。（2）区公安局提交的证据系作出被诉处罚决定过程中依法定程序收集的，具备关联性、合法性、真实性，本院予以采纳。（3）区政府提交的证据能够证明其受理复议申请并作出决定的情况，本院予以采纳。

经审理查明，2020 年 9 月 9 日 21 时许，北京市公安局××分局××派出所民警在巡逻时发现原告等四人在北京市朝阳区惠新西街南口地铁站附近占道经营，向过往行人售卖商品，扰乱公共场所秩序。民警当场从原告处起获玉米五根，交北京市××区人民政府××街道办事处先行登记保存。后区公安局民警将原告口头传唤至北京市公安局××分局××派出所接受审查，并制作《受案登记表》《被传唤人员家属通知书》。

2020 年 9 月 10 日，区公安局分别对原告、王×玲、王×伟、王×红、宋××进行询问并制作《询问笔录》，笔录中载明原告陈述，2020 年 9 月 9 日 21 时许，原告在北京市朝阳区惠新西街南口地铁站外卖菜，影响了惠新西街南口地铁站外交通秩序和行人正常的通行，一起被抓的还有一对在其旁边卖菜的夫妇。原告自愿认错认罚。王×玲陈述，事发时其在北京市朝阳区惠新西街南口地铁站南侧路边人行道上摆摊向过往路人售卖蔬菜，半小时后其就被民警抓获。一起摆摊的还有其丈夫和一个卖菜男子。当时人比较多应该影响了过往路人及交通。王×伟陈述，其在惠新西街南口地铁站外影响了交通秩序和行人正常的通行。××派出所民警王×红、宋××陈述，二人在北京市朝阳区惠新西街地铁站 D 口附近巡逻时发现原告、王×玲、王×伟在占道经营，向行人售卖蔬菜，还有一男子在 B 口处售卖鲜花。其二人将上述违法行为人抓获并传唤到所。其中一名卖菜男子即为本案原告。当日，原告签署《行政案件快速办理告知书》，原告签字表示同意快速办理。同日，区公安局对原告制作《公安行政处罚告知笔录》，告知拟对其作出的行政处罚的事实、理由及依据。原告在该笔录上签名，并捺压指纹。后区公安局作出《处罚决定书》，原告签字按捺指纹予以签收。家属袁×玲到所询问情况时，民警将处罚决定及执行地点向其家属予以告知。

另查明，惠新西街地铁站周边为北京市××区人民政府确定的扰乱社会秩序整治重点地区。惠新西街南口地铁站附近设立的警示牌载明："本地区为清理整治重点地区，严禁在本地区及周边实施扰乱公共场所秩序行为（非法运营、趴活揽客、无照游商、散发小广告等），如不听劝阻，继续实施扰乱公共场所秩序等违法行为，公安机关将依法予以处理。"

原告不服该处罚决定，并于2020年9月14日向区政府提出行政复议申请。区政府于2020年9月17日受理并作出《行政复议申请受理通知书》。同日，区政府向区公安局作出《行政复议答复通知书》。2020年9月26日，区公安局向区政府提交《行政复议答复意见书》及作出处罚决定的证据等材料。2020年11月12日，区政府作出《复议决定书》维持了区公安局作出的处罚决定。2020年12月8日，因决定书文号存在笔误，区政府作出《〈行政复议决定书〉更正通知》，将文号由"×政复字〔××××〕3××1号"更正为"×政复字〔××××〕2××1号"。

本院认为，依据《治安管理处罚法》第七条规定，县级以上地方各级人民政府公安机关负责本行政区域内的治安管理工作。《公安机关办理行政案件程序规定》第十条规定，行政案件由违法行为地的公安机关管辖。本案违法行为地位于××区，属区公安局的管辖范围，其具有作出被诉处罚决定的法定职权。根据《行政复议法》第十二条规定，对县级以上地方各级人民政府工作部门的具体行政行为不服的，申请人可向该部门的本级人民政府申请行政复议，也可以向上一级主管部门申请行政复议。区政府作为区公安局同级人民政府，具有受理原告的复议申请，经审查作出复议决定的法定职权。

《治安管理处罚法》第二十三条第一款第（二）项规定，扰乱车站、港口、码头、机场、商场、公园、展览馆或者其他公共场所秩序的，处警告或者二百元以下罚款；情节较重的，处五日以上十日以下拘留，可以并处五百元以下罚款。本案中，现有证据能够形成完整的证据链，足以证明2020年9月9日21时许，原告在北京市朝阳区惠新西街南口地铁站附近实施了占道经营、向过往行人售卖蔬菜的行为，本院对此予以确认。因当时行人较多，原告的行为直接影响了惠新西街南口地铁站附近交通秩序，故区公安局所作认定事实清楚，本院予以支持。关于处罚幅度一节，本院认为，设立的警示牌已经提醒惠新西街地铁站周边为扰乱社会秩序整治重点地区，且案发时人流量较大,区公安局结合该地区特定情形及危害后果作出拘留五日的处罚决定无明显不当,本院亦予以支持。区公安局作出被诉行政处罚决定前履行了受案、传唤、告知等程序,其履行程序合法,本院予以支持。

区政府在接到原告的复议申请后,经审查予以受理,在法定期限内通知区公安局,作出复议决定并履行了送达程序,区政府作出的《复议决定书》并无不当,本院亦予以支持。

综上所述,依照《中华人民共和国行政诉讼法》第六十九条、第七十九条的规定,判决如下:

驳回原告吴××的诉讼请求。

案件受理费 50 元,由原告吴××负担。

如不服本判决,可在本判决书送达之日起 15 日内,向本院递交上诉状,并按对方当事人人数提出副本,同时交纳上诉案件受理费人民币 50 元,上诉于北京市第三中级人民法院。

审 判 长　全××

人 民 陪 审 员　庞××

人 民 陪 审 员　王××

××××年××月××日

（院印）

本件与原件核对无异

书 记 员　宋××

(七)写作训练

题目:请结合下列案情素材,撰写一篇行政判决书。

案情素材:

1. 人物

(1)宁夏银发川农业有限公司(以下简称银发川公司),住所地宁夏回族自治区银川市金凤区××街××号。法定代表人张××,任总经理。委托诉讼代理人:宁夏××律师事务所秦××律师、王××实习律师。

(2)银川市西区人民政府(以下简称西区政府),住所地宁夏回族自治区银川市西区路行政中心。法定代表人吴×,任区长。委托诉讼代理人:银川市西区司法局科员李××,宁夏××律师事务所高××律师。

2. 案件情况

(1)原告银发川公司诉称,1997 年,原告与案外人宁夏北堡林草试验场签订土地承包合同,对位于北堡镇 682 余亩历史遗留砂石矿采空区土地进行生态治理土地开发,承包期50年。原告投入巨额资金,经过长达近二十年的土地回填治理,形成后期的现代化农场。2017年1月,原告突然接到宁夏北堡林草试验场要求解除土地承包合同并收回承包土地的通知,理由为被告调整产业结构,需收回原告所承包的土地。原告书面表示不同意解除合同,并认为承包合同应依法解除,收回土地应遵循法律规定的程序。原告多次要求宁夏北堡林草试验场及被告告知原告收回的依据和补偿标准,并要求进入听证程序,但无人理会。2017年3月,被告强行拆除原告的大门及围栏,推毁原告在承包土地上种植的数百亩经济作物及地上附着物并纵容施工单位强行施工。原告依法享有涉案土地的承包经营权,被告收回涉案土地导致原告失去涉案的土地承包经营权。被告应与原告签订相关协议,并出示补偿的标准。被告仅开展了部分补偿工作,但这部分工作未告知原告,也没有相应的文书送达,被告对原告的补偿未有实际的进展,损害了原告的合法权益。

为此,原告诉至人民法院,请求依法判令:①确认被告收回原告名下的位于西区北堡镇101国道影视城西侧682亩土地承包经营权的具体行政行为违法;②被告向原告支付补偿款37 449 007.6元(计算方法:收回原告承包经营权所涉土地补偿款682亩×38 000元/亩=25 916 000元+地上附着物11 533 007.6元,共计37 449 007.6元);③本案各项诉讼费由被告承担。

(2)人民法院于2021年7月22日受理该案,于2021年8月3日向被告送达了起诉状副本及应诉通知书,并依法组成合议庭,于2021年9月7日公开开庭进行了审理。庭审时,双方委托诉讼代理人均到庭参加了诉讼。

(3)在庭审中,原告撤回第①项诉讼请求,明确第②项诉请中的土地补偿款指其在涉案土地上的前期投入。原告银发川公司为证实自己的主张,向法院提交了以下证据:

证据1:证据1-1.土地承包合同三份;证据1-2.测绘影像图一份。证明目的:①原告与宁夏北堡林草试验场签订承包合同后,向原告发放承包证。证实原告依法享有涉案宗地承包经营权及约定的承包期限等其他基本情况;②测绘影像图可证实原告实际承包地面积为682亩。

证据2:证据2-1.西区北堡镇人民政府《关于银发川公司信访事项处理意见书》一份;证据2-2.被告收回土地现场照片一组;证据2-3.宁夏回族自治区人民政府宁政发〔2015〕101号《自治区人民政府关于公布宁夏回族自治区征地补偿标准的通知》一份。证明目的:①被告实际收回了原告享有承包经营权的土地使用权,且被告在收回土地的过程中,未明确补偿标准、未与原告签订补偿协议、未支付补偿款项;②依照《民法典》以及宁夏回族自治区人民政府宁政发〔2015〕101号文件的规定,被告未按规定的标准向原告支付相应补偿(按规定补偿标准为每亩38 000元,而西区北堡镇人民政府却单方提出16 000元,属违法单方改变补偿标准);③宁政发〔2015〕101号文件通知事项第一条中(第2页第10行)明确:"使用国有农(林、牧)场土地,参照相邻集体土地征地补偿标准执行",可以证明原告提出的补偿标准具有充分的依据。

证据 3：证据 3－1.原告开发经营土地卫星影像图一组；证据 3－2.地上附着物影像图及现场勘查记录一组（含江苏天元房地产土地与资产评估有限公司汇总表）；证据 3－3.原告资产计算清单一组（含固定资产、鱼池、树木、苗木。其中枸杞苗的价格是另行委托进行的价格鉴定，苗木、树木是依据江苏天元房地产土地与资产评估有限公司向原告送达的交换意见汇总表中载明的单价乘数量乘规格汇总形成，鱼池是依据长、宽、深，按土方量每立方 20 元计算形成的，固定资产是江苏天元房地产土地与资产评估有限公司已经汇总形成结论，原告补偿了个别围栏、铁门等金额，最终汇总形成该资产计算清单）；证据 3－4.宁夏森灏园艺旅游开发有限公司鉴定意见书一份。证明目的：证据 3－1 说明原告作为农业性公司，投资周期长、人力物力财力付出巨大并使土地增值［将当时的土地状况为砂石矿采空区的矿坑和北堡泄洪沟（有的是坑深达十余米的荒地）开垦为成熟的农业用地］；证据 3－2 至证据 3－4 说明原告开发建设情况及形成的财产价值，其中地上附着物部分价值为 11 533 007.6 元。

证据 4：证据 4－1.宁政复决字［2018］第 6 号《驳回行政复议申请决定书》一份；证据 4－2.（2018）宁 01 行初 861 号行政裁定书一份。证明目的：因被告实施违法行政行为，原告通过行政复议及行政诉讼维权的事实。因原告同意与被告协商处理，主动撤回诉讼，由人民法院裁定确认。其后被告确实与原告共同开展了查验现场、委托地上附着物的价值鉴定、涉案个别苗木单价鉴定以及土地测量的相关工作。

（4）在庭审中，西区政府辩称，原告不享有相关土地的承包经营权。2017 年 1 月 20 日，案外人宁夏北堡林草试验场向原告发出《关于终止土地承包合同的通知》，解除与原告签署的三份《土地承包合同》，收回原告所承包的土地及其使用权。因原告不同意解除《土地承包合同》，诉至银川市西区人民法院。该院于 2017 年 9 月 27 日作出（2017）宁 0105 民初 1333 号民事判决书，确认案外人依据合同向原告主张解除合同，并向其送达解除通知的行为符合法律规定，驳回原告要求确认案外人解除通知无效的诉讼请求。原告不服一审判决，提起上诉。2017 年 12 月 27 日，银川市中级人民法院作出（2017）宁 01 民终 1444 号民事判决书，驳回上诉，维持原判。上述生效判决书确认案外人宁夏北堡林草试验场 2017 年 1 月 20 日的解除通知符合法律规定，自即日起原告与案外人之间的三份《土地承包合同》解除。合同解除后，原告不再享有相关土地的使用权，不存在被告侵犯原告承包经营权的事实和法律前提。综上，原告的起诉无事实和法律依据，请求法院驳回原告的起诉。

西区政府为反驳原告的主张，在法定期限内向法庭提交了以下证据：银川市中级人民法院（2017）宁 01 民终 1444 号民事判决书一份。证明目的：银川市中级人民法院的生效判决书已确认案外人宁夏北堡林草试验场 2017 年 1 月 20 日的解除通知符合法律规定，自即日起原告与案外人之间的三份《土地承包合同》解除，在原告不享有相关土地承包经营权或者土地使用权的情形下，不存在侵犯原告土地承包经营权的事实和法律前提。

3. 法院经庭审查明

(1)1997年9月1日,宁夏北堡林草试验场与原告银发川公司签订合同编号为 D－苏南－280 的《土地承包合同》,约定原告从被告处承包位于110国道西侧、影视城对面面积共计501亩土地,承包期限为50年,从1997年9月1日起至2047年12月30日止。2013年3月8日,宁夏北堡林草试验场与原告又签订合同编号分别为:D－苏南－314.D－苏南－315 的《土地承包合同》,约定原告从被告处承包位于苏峪口公路南侧,东至银发川承包地、南至银发川承包地、西至银发川承包地、北至北堡村工业一组,面积共计115.14亩土地及位于苏峪口公路南侧,东至银发川承包地、南至银发川承包地、西至防洪坝、北至北堡工业一组,面积共计106.4亩土地,承包期限均为50年,从2013年3月6日起至2063年12月30日止。

(2)2017年1月12日,银川市十五届人民政府第1次常务会议研究了关于银川长城－神秘西夏文化影视主题公园项目有关事宜,并形成会议纪要。2017年1月22日,银川市人民政府主持召开专题会议,并形成关于加快推进银川长城神秘西夏影视电竞大健康基地项目建设的专题会议纪要,会议决定由西区负责。2017年1月20日,宁夏北堡林草试验场向原告发出《关于终止土地承包合同的通知》,通知原告上述三份《土地承包合同》涉及的共计722.54亩土地将用于长城影视文创康旅基地项目建设,依据相关法律及合同约定终止与原告签署的《土地承包合同》,收回原告公司所承包的土地及其使用权。后因原告不同意解除《土地承包合同》,诉至银川市西区人民法院。该院于2017年9月27日作出(2017)宁0105民初1333号民事判决书,判决:驳回原告的诉讼请求。原告不服,上诉至本院。本院于2017年12月27日作出(2017)宁01民终1444号民事判决书,判决:驳回上诉,维持原判。

(3)2017年3月,被告西区政府组织相关人员对涉案土地的地上附着物进行强制清除。被告称至今未就收回涉案土地使用权及地上附着物对宁夏北堡林草试验场进行过补偿。关于原告在涉案被收回土地上的前期投入及地上附着物的补偿事宜,被告一直与原告协商,但至今未果。故原告诉至本院,请求判如所请。

注意:(1)案号根据格式要求自拟;(2)其他必要信息可根据常理自行添加。

第二节　调　解　书

一、刑事附带民事调解书

(一)概念

刑事附带民事调解书,是指在刑事附带民事诉讼中,被害人因人身权利受到犯罪侵犯或者财物被犯罪分子毁坏而遭受物质损失的,双方就民事赔偿自愿达成协议,人民法院对该协议依法进行确认所制作的具有法律效力的文书。刑事附带民事调解书本质上是一种特别的民事调解书,解决的是刑事附带民事部分的赔偿问题。制作刑事附带民事调解书需要遵循民事调解书的一般原则,如自愿原则、合法原则等。刑事附带民事调解书的特别之处在于该文书确定的赔偿内容是基于被告人的犯罪行为,并且在刑事诉讼过程中产生,具体包括刑法规定的"告诉才处理"的案件、被害人有证据证明的轻微刑事案件以及公诉案件中有附带民事诉讼内容的案件,刑事附带民事调解书仅在以上三类案件中才可适用。

(二)作用

刑事附带民事诉讼是司法机关在刑事诉讼过程中行使刑罚权时,对社会公共利益和个人利益的同时保护。通过刑事和解并制作刑事附带民事调解书,能够尽快确定被害人的经济补偿范围,提高审判效率,也能妥善处理罪犯与被害人之间的矛盾,对维护社会和谐稳定有积极的意义。

第一,弥补被害人的经济损失,是对被告人量刑的重要考量情节。在刑事诉讼过程中,通过刑事和解,促使被告人与被害人就损失的赔偿范围及具体金额进行协商,据此确定被害人遭受的经济损失。通常情况下,被害人因与被告人就赔偿项目达成一致意见后会出具刑事谅解书,表示对被告人的犯罪行为予以谅解,请求人民法院酌情从轻处罚。根据法律规定,被告人赔偿被害人的经济损失并获得谅解,是对被告人从轻处罚或宣告缓刑的重要量刑情节。

第二,提高审判效率,避免案件久审不决。调解是最经济的诉讼方式,通过对刑事附带民事部分的调解,人民法院可以尽快确定对被害人赔偿的范围,特别是调解成功后即时清结的案件,使刑事附带民事诉讼的过程由繁变简,节约了司法成本,也避免了当事人在审判中耗时费力。实践中一些刑事附带民事部分的案件,因附带民事诉讼原告人不服判决结果而提起上诉,案件经过二审程序,无疑加重了当事人诉讼的成本和负担。在自诉案件中,自诉人与被告人达成和解协议后,也能简化审判过程,提高案件的审判质量和审判效率。

第三,有效化解矛盾,实现法律效果和社会效果的统一。刑事和解的过程,是被告人与被害人就损害赔偿协商的过程,通过刑事和解并制作刑事附带民事调解书,能够及时、有效地化解被告人与被害人之间的矛盾,避免法院直接裁判导致双方矛盾的对立。一方面,缓解被害人对赔偿结果不满意而产生的愤懑情绪,避免产生对法院、对社会报复的心理;另一方面,使被告人深刻地认识其犯罪行为给社会造成的危害,认罪伏法,接受国家改造,对于构建和谐社会有重要的意义。

(三)法律依据

《刑法》第36条规定,由于犯罪行为而使被害人遭受经济损失的,对犯罪分子除依法给予刑事处罚外,并应根据情况判处赔偿经济损失。承担民事赔偿责任的犯罪分子,同时被判处罚金,其财产不足以全部支付的,或者被判处没收财产的,应当先承担对被害人的民事赔偿责任。

《刑事诉讼法》第 101 条规定,被害人由于被告人的犯罪行为而遭受物质损失的,在刑事诉讼过程中,有权提起附带民事诉讼。被害人死亡或者丧失行为能力的,被害人的法定代理人、近亲属有权提起附带民事诉讼。如果是国家财产、集体财产遭受损失的,人民检察院在提起公诉的时候,可以提起附带民事诉讼。

《刑事诉讼法》第 210 条规定,自诉案件包括下列案件:(1)告诉才处理的案件;(2)被害人有证据证明的轻微刑事案件;(3)被害人有证据证明对被告人侵犯自己人身、财产权利的行为应当依法追究刑事责任,而公安机关或者人民检察院不予追究被告人刑事责任的案件。

《刑事诉讼法》第 212 条规定,人民法院对自诉案件,可以进行调解;自诉人在宣告判决前,可以同被告人自行和解或者撤回自诉。第 210 条第(3)项规定的案件不适用调解。

人民法院审理自诉案件的期限,被告人被羁押的,适用《刑事诉讼法》第 208 条第 1 款、第 2 款的规定;未被羁押的,应当在受理后 6 个月以内宣判。

《刑诉法司法解释》第 190 条规定,人民法院审理附带民事诉讼案件,可以根据自愿、合法的原则进行调解。经调解达成协议的,应当制作调解书。调解书经双方当事人签收后即具有法律效力。调解达成协议并即时履行完毕的,可以不制作调解书,但应当制作笔录,经双方当事人、审判人员、书记员签名后即发生法律效力。

(四)格式

×××人民法院
刑事附带民事调解书

(××××)××刑初××号

自诉人暨附带民事诉讼原告人……(写明姓名、性别、出生年月日、民族、工作单位和职务、文化程度、住址等)。

被告人……(写明姓名、性别、出生年月日、民族、工作单位和职务、文化程度、住址等)。

自诉人×××以被告人×××犯××罪,并造成经济损失为由,于××××年×月×日向本院提起控诉。本院受理后,依法实行独任审判(或者组成合议庭),公开(或者不公开)开庭进行了审理。

经审理查明，……（概述经法庭审理查明的事实），双方当事人……（写明对认定的事实没有异议或者基本上没有意见的情况）。

在本院主持调解下，……（概述被告人认错，愿意承担民事赔偿责任和双方互相谅解的情况）。双方当事人自愿达成如下协议：

被告人×××向自诉人×××赔礼道歉；

自诉人×××自愿放弃对被告人×××的指控；

被告人×××赔偿自诉人×××……（写明赔偿数额、支付方式和给付期限）。

上述协议不违反有关法律规定，本院予以确认。

本调解书经双方当事人签收后即具有法律效力。

审 判 员　×××

××××年×月×日

（院印）

本件与原本核对无异

书 记 员　×××

（五）写作要点

（1）上述样式适用于基层人民法院在审理一审自诉案件中，对于告诉才处理和被害人有证据证明的轻微刑事或者附带刑事附带民事诉讼案件，经法院主持调解，双方当事人达成协议时的情形。经调解达成协议的自诉案件，也可以不制作刑事调解书，只制作调解笔录，由当事人阅后签字盖章，并由审判人员署名后存卷。

（2）文书名称表述为"×××人民法院刑事附带民事调解书"，对于没有附带民事诉讼的刑事自诉案件，经调解，需要制作调解书时，将"刑事附带民事调解书"表述为"刑事调解书"。

（3）当事人信息中，如是公诉案件的附带民事诉讼，则应表述为"刑事附带民事诉讼原告人""刑事附带民事诉讼被告人"，被告人系未成年人的，还应在该项下写明其法定代理人的身份信息。

（4）案件的由来部分应当简要写明刑事部分的审理情况。

（5）事实和理由部分，因双方当事人对案件的事实已达成共识，事实和理由部分可以直接概述法院审理查明的事实，不必叙述控辩双方的主张，也可不必叙述证据。在理由部分的表述应着重突出以下几点：一是被告人认错并愿意承担赔偿责任；二是双方已经互相谅解；三是双方当事人是自愿达成调解协议的。

（6）调解协议的内容应当具体、明确，不能模糊，有给付内容的，需写明赔偿金额、支付方式及支付期限，以便于案件后期的执行。

（7）尾部应当表述调解书的法律效力，即"上述协议不违反有关法律规定，本院予以确认。本调解书经双方当事人签收后即具有法律效力"。

（六）范文

宁夏回族自治区银川市兴庆区人民法院
刑事调解书

（××××）宁 0104 刑初××号

自诉人银川市兴庆区芳德经销部，住所地宁夏回族自治区银川市兴庆区东城人家×××。

经营者王×。

委托诉讼代理人穆××，宁夏××律师事务所律师。

被告人胡×，女，1989 年 5 月 10 日出生于宁夏回族自治区青铜峡市，公民身份号码××××××××××××××××××，汉族，大专文化，原系银川市兴庆区芳德经销部工作人员，户籍所在地宁夏回族自治区青铜峡市×××号，现住宁夏回族自治区银川市兴庆区大新镇东城人家×××。

辩护人张××，宁夏银杜律师事务所律师。

自诉人银川市兴庆区芳德经销部（以下简称"芳德经销部"）以被告人胡×犯侵占罪，对其造成经济损失为由，于 2021 年 5 月 18 日向本院提起控诉。本院受理后，依法组成合议庭分别于 2021 年 8 月 13 日、9 月 10 日、10 月 15 日公开开庭进行了审理。

经审理查明，自诉人银川市兴庆区芳德经销部于 2010 年 4 月 15 日注册成立，类型为个体工商户，经营者为王×，主要从事化妆品销售业务。被告人胡×于 2019 年 3 月 13 日在宁盛经销部担任行政人员，主要负责经销部人员管理、财务报销等业务。2019 年 5 月，被告人胡×以芳德经销部的收款二维码无法正常使用为由，要求购货人将货款、住宿押金、PK 金等款项支付至胡×本人微信或支付宝。至 2019 年 10 月被告人胡×离职后，经芳德经销部核对发现胡×收取的上述款项并未全部交还经销部，且尚有部分备用金未交还经销部。2020 年 7 月 10 日，自诉人芳德经销部及被告人胡×共同委托宁夏正大会计师事务所就胡×经手经销部货款等情况进行审计。经审计，胡×未归还芳德经销部的货款、住宿押金、PK 金、备用金共计 205 881.44 元。自诉人芳德经销部故诉至本院。本院审理期间，自诉人芳德经销部与被告人胡×对账目进行了逐一核对。

在本院主持调解下，各方自愿达成如下调解协议：

一、自诉人银川市兴庆区芳德经销部自愿放弃对被告人胡×的指控。

　　二、被告人胡×于 2022 年 4 月 28 日一次性支付自诉人银川市兴庆区芳德经销部货款、住宿押金、PK 金、备用金等各项费用共计 170 000 元。

　　上述协议不违反有关法律规定，本院予以确认。

　　本调解书经双方当事人签收后即具有法律效力。

审 判 长　×××

审 判 员　×××

人 民 陪 审 员　×××

二〇二二年四月二十八日

（院印）

书 记 员　×××

本件与原件核对无异

二、民事调解书

（一）概念

　　民事调解书，是人民法院在审理民事案件时，在查明基本事实、分清是非的基础上，经审判人员依法主持调解，在双方当事人自愿、合法达成解决纠纷的协议后，由人民法院予以认可而制作的具有法律效力的文书。民事调解书也是确定当事人权利义务关系的法律文书，只是其中的权利义务内容系当事人在合法、自愿基础上协商确定的。

（二）作用

　　民事调解书的作用体现在以下几方面。

　　第一，调和当事人之间的矛盾。民事判决书体现的是人民法院经过审理后对权利义务进行分配的结果，而民事调解书所确认的权利义务是当事人在合法、自愿的基础上协商确定的，因此大大减少了当事人之间的对抗性，缓和了当事人的矛盾。从结果上看，民事调解书往往更容易得到当事人的主动履行，更利于化解当事人之间的矛盾。

　　第二，体现当事人的私权自治。人民法院制作民事调解书的前提是当事人通过协商达成了一致处理意见，实践中，协商的过程往往伴随着当事人一步步的妥协、让步，也离不开审判人员耐心细致的疏导和斡旋。尽管如此，有效的调解也必须建立在当事人同意的基础上，如果任何一方当事人不同意，则调解工作就无法继续，所以说调解书充分体现了当事人的私权自治。

　　第三，简化流程，节约诉讼资源。一方面，由于调解贯穿于作出民事案件判决结果前的全过程，它对时间、地点、主持人员及调解方式的要求较低，程序方面也更为便捷，几乎可以随时随地开展调解工作。另一方面，调解书的制作相较于民事判决书更为简单，通常情况下只需数十分钟,相较于制作判决书的数小时甚至数天的时间,民事调解书大大地节约了诉讼资源。

(三)法律依据

《民事诉讼法》第100条规定,调解达成协议,人民法院应当制作调解书。调解书应当写明诉讼请求、案件的事实和调解结果。

调解书由审判人员、书记员署名,加盖人民法院印章,送达双方当事人。

调解书经双方当事人签收后,即具有法律效力。

(四)格式

民事调解书的书写格式相较民事判决书而言更加简练。根据审判实践,调解成功概率最高的阶段是第一审简易程序,所以这里重点介绍第一审简易程序民事调解书的格式和写作要点,其他审判程序的调解书均可参照书写。

×××省×××市×××区人民法院

民事调解书

(××××)××民初××号

原告:×××,住所地……

法定代表人/负责人:×××,……

委托诉讼代理人:×××,……

被告:×××,男/女,×××年××月××日出生,×族,……(工作单位、职务或职业),住……

法定代理人/指定代理人:×××,……

委托诉讼代理人:×××,……

第三人:×××,……(写明身份信息)。

委托诉讼代理人:×××,……

(以上写明当事人和其他诉讼参加人的姓名或者名称等基本信息)

原告×××与被告×××,第三人×××……(写明案由)一案,本院于×××年××月××日立案后,依法适用简易程序,公开/因涉及……(写明不公开开庭的法定理由)不公开开庭(开庭调解的,不写"开庭")进行了审理。

×××向本院提出诉讼请求:1.……;2.……(写明原告的诉讼请求)。事实和理由:……(概述原告提出诉讼请求所依据的事实和理由)。

本案审理过程中，经本院主持调解，当事人自愿达成如下协议/当事人自行和解达成如下协议，请求人民法院确认/经本院委托……（写明受委托单位）主持调解，当事人自愿达成如下协议：

一、……；

二、……；

（分项写明调解协议的内容）

……（最后一项写明案件受理费的负担）

上述协议，不违反法律规定，本院予以确认。

本调解书经各方当事人签收后，即具有法律效力/本调解协议经各方当事人在调解笔录上签名或者盖章，本院予以确认后即具有法律效力（用于各方当事人同意在调解协议上签名或者盖章后即发生法律效力的情形）。

审 判 员　×××

×××年××月××日

（院印）

本件与原件核对无异

书 记 员　×××

（五）写作要点

民事调解书的制作相对简单，其中标题、首部、落款的写作要点与民事判决书相同。这里需要特别强调的几点是：

（1）首部只需言明进行了审理即可，不需要写明各方到庭参加诉讼的情况，以及审理终结的情况。

（2）事实部分只需写明诉讼请求、简单概括的事实和理由，不需要写明证据情况。

（3）制作调解书时，一定要尊重当事人的意愿，即是否同意进行调解、是否是自愿达成的协议、协议的具体内容、协议的履行期限和方式等，均需取得当事人的一致同意。

（4）要注意审查调解协议的各项内容是否与诉讼请求的内容一一对应，不能擅自超出诉讼请求范围进行调解，也不能遗漏诉讼请求进行调解。超出诉讼请求范围的，要释明当事人增加诉讼请求，并明确告知对方当事人；小于诉讼请求范围的，要在诉讼费用调解项前单独增加一项，明确载明原告方放弃其他诉讼请求。

（5）对于调解内容的审查，尤其要注意合法性审查。如果调解内容涉及民事行为无效或者合同无效的，则不应在调解书中予以确认，如《民诉法司法解释》第143条规定，适用特别程序、督促程序、公示催告程序的案件，婚姻等身份关系确认案件以及其他根据案件性质不能进行调解的案件，不得调解。《最高人民法院关于人民法院民事调解工作若干问题的规定》第 10 条规定,调解协议具有下列情形之一的,人民法院不予确认:①侵害国家利益、社会公共利益的;②侵害案外人利益的;③违背当事人真实意思的;④违反法律、行政法规禁止性规定的。另外,调解内容一定要明确、具体,要具有可履行性,当一方违约后,守约方可依民事调解书申请强制执行,而不会因为调解内容不确定而不能执行。如"待张××向被告××付清货款后三日内偿还原告借款……元""如被告未按照约定付款,则原告有权以被告驾驶的君越牌汽车优先受偿权"等等,均因内容不明确、具体而不具备可执行性。

(6)案件受理费负担一般作为调解的最后一项列明,需写明各方负担的具体金额,如原告已经预交,而调解后却由被告负担的,可以写明:"案件受理费××元,由被告××负担(该款原告××已经预交,由被告××于×××年××月××日支付给原告××)。"

(六)范文

宁夏回族自治区银川市兴庆区人民法院
民事调解书

(2021)宁 0104 民初×××号

原告:宋××,男,1973 年××月××日出生,汉族,司机,住宁夏回族自治区银川市兴庆区北京东路××号。

委托诉讼代理人:倪××,宁夏××律师事务所律师。

被告:尚××,男,1977 年××月××日出生,汉族,住宁夏回族自治区银川市兴庆区燕鸽湖家园××号楼××单元××室。

原告宋××与被告尚××民间借贷纠纷一案,本院于 2021 年××月××日立案,依法适用简易程序公开进行了审理。

宋××向本院提出诉讼请求:判令尚××偿还宋××借款 4 万元,支付利息891 元(按照年利率 4.35% 自 2020 年 1 月 28 日起暂计算至 2021 年 8 月 3 日,主张至实际还清之日),并承担本案诉讼费用。事实与理由:2021 年 1 月 28 日,宋××、尚××与孙××签订《债权转让协议》,约定孙××将其对尚××享有的 4 万元债权转让给宋××,由尚××向宋××偿还借款。后因向尚××主张借款未果,为此宋××诉至法院。

本案审理过程中,经本院主持调解,当事人自愿达成如下协议:

一、被告尚××欠原告宋××借款本金 40 000 元,自 2022 年 1 月起至 2025 年 4月止,被告尚××于每月 20 日前向原告宋××偿还借款本金××元;如被告尚××有任意一期未按照约定履行,则原告宋××有权就下欠全部借款本金申请强制执行;

二、原告宋××放弃其他诉讼请求；

三、案件受理费 822 元，减半收取计 411 元，由被告尚××负担(此款宋××已预交，尚××于 2022 年 1 月 20 日前支付给宋××)。

上述协议，不违反法律规定，本院予以确认。

本调解协议经各方当事人在笔录上签名或者盖章，本院予以确认后即具有法律效力。

审 判 员　杨××

二○二一年十一月二十九日

本件与原件核对无异　　　　　　　　　　　　　　　　　(院印)

书 记 员　马××

(七)写作训练

题目：请找出下面民事调解书中的错误，并改正。

兴庆区法院
调解书

(2021)宁 0104 民初 11280 号

原告：宁夏天时建设工程有限公司，住所地宁夏回族自治区银川市兴庆区友爱街××号。

法定代表人：芳×，该公司董事长。

委托诉讼代理人：刘×，宁夏善仁律师事务所。

委托诉讼代理人：金×，刘×律师的徒弟。

被告：银川市地利环境有限公司，住所地宁夏回族自治区银川市兴庆区贺兰山东路××号。

委托诉讼代理人：司×，宁夏××律师事务所律师。

原告宁夏天时建设工程有限公司与被告银川市地利环境有限公司建设工程施工合同纠纷一案，本院于 2021 年 8 月 4 日立案，并依法适用法律程序公开进行了审理。

宁夏天时建设工程有限公司的诉讼请求：判令银川市地利环境有限公司支付宁夏天时建设工程有限公司工程款 516 380.16 元、利息 41 804.56 元(以 516 380.16 元为基数，按照年利率 3.85% 自 2019 年 7 月 9 日暂算至 2021 年 8 月 4 日，主张至工程款实际付清之日止)，并承担本案诉讼费用。事实与理由：2018 年 5 月 8 日，宁夏天时建设工程有限公司与银川市地利环境有限公司签订《施工合同书》，约定了工程名称、施工期限、付款方式及违约责任等。合同签订后，宁夏天时建设工程有限公司依约履行了合同义务，且案涉工程已经验收交付使用。现银川市地利环境有限公司下欠工程款未付，为此，宁夏天时建设工程有限公司上诉至法院。

本案审理过程中，经本院法官主持调解，当事人好不容易达成如下协议：

一、被告地利公司大概于 2021 年 10 月前支付原告宁夏天时建设工程有限公司工程款 516 380.16 元左右；

二、宁夏天时建设工程有限公司考虑是否放弃其他诉讼请求；

三、案件受理费 9382.00 元，已减半收取计 4691 元，由被告银川市地利环境有限公司负担（此款宁夏天时建设工程有限公司已预交，银川市地利环境有限公司于 2021 年 10 月 1 日前支付给宁夏天时建设工程有限公司）。

上述协议，不违反法律规定，本院予以确认。

本调解协议经各方当事人在笔录上签名或者盖章，本院予以确认后即具有法律效力。

法 官 杨××

二○二一年八月三十日

（院印）

书 记 员 郭××

三、行政调解书

（一）概念

行政调解书，是指人民法院在审理涉及行政赔偿、补偿或者对行政机关依据法律、法规规定行使自由裁量权的行政案件时，经审判人员依法主持调解，根据当事人自愿的原则，在查清基本事实、分清是非的基础上，由人民法院予以认可而制作的具有法律效力的文书。行政案件的调解应当遵循自愿、合法原则，不得损害国家利益、社会公共利益和他人合法权益。其中，对于涉及行政赔偿、补偿的调解文书，称为行政赔偿调解书。

（二）作用

行政调解书体现出行政案件得到了有效解决，也反映了行政机关在依法行使行政职权时尊重和维护了行政相对方的权益。其作用主要体现在以下几个方面。

第一，让公正被感知。正因为案件双方各自心中对公平正义所持的不同观点，才导致矛盾纠纷的僵持并被诉至人民法院。如果不接受某一裁决结果，当事人内心必定无法感知到公平正义。行政调解书是行政相对方面对行政机关、司法机关两大国家公权力机关,在其自愿的基础上,与行政机关达成调解的结果,这足以说明调解结果的被接受度和被认可度,也是公平正义被感知的结果。

第二,解决行政争议。解决行政争议的形式有判决、裁定、调解,其中调解是最为温和的解决方式,也是效果最好的解决方式,行政调解书正是行政争议得到有效解决的外在表现。

第三,保护行政相对方的合法权益。一般情况下,行政案件不适用调解,其原因在于行政行为的职权性、公共性、严肃性和强制性。但在特定情况下,在法律允许的范围内也可以进行调解。行政机关就法定范围的行政争议进行调解,作出让步,体现了对行政相对方合法权益的尊重和保护。

(三)法律依据

《行政诉讼法》第60条规定,人民法院审理行政案件,不适用调解。但是,行政赔偿、补偿以及行政机关行使法律、法规规定的自由裁量权的案件可以调解。调解应当遵循自愿、合法原则,不得损害国家利益、社会公共利益和他人合法权益。

(四)格式

相较于行政判决书,行政调解书的格式和内容都简化了许多。下面就行政调解书的格式进行介绍,行政赔偿调解书的格式可参考制作。

×××省×××县人民法院

行政调解书

(××××)××行初××号

原告:×××,……(写明姓名或名称等基本情况)。

法定代表人:×××,……(写明姓名、职务)。

委托诉讼代理人(或指定代理人、法定代理人):×××,……(写明姓名等基本情况)。

被告:×××,……(写明行政主体名称和所在地址)。

法定代表人/负责人:×××,……(写明姓名、职务)。

委托诉讼代理人:×××,……(写明姓名等基本情况)。

第三人:×××,……(写明姓名或名称等基本情况)。

法定代表人/负责人:×××,……(写明姓名、职务)。

委托诉讼代理人(或指定代理人、法定代理人):×××,……(写明姓名等基本情况)。

原告×××不服被告×××（写明行政主体名称）……（写明行政行为），于×
×××年××月××日向本院提起行政诉讼。本院于××××年××月××日立
案后，于××××年××月××日向被告送达了起诉状副本及应诉通知书。本院
依法组成合议庭，于××××年××月××日公开（或不公开）开庭审理了本案。
……（写明到庭参加庭审活动的当事人、行政机关负责人、诉讼代理人、证人、鉴定
人、勘验人和翻译人员等）到庭参加诉讼。……（写明发生的其他重要程序活动，
如：中止诉讼、被批准延长本案审理期限等情况）。本案现已审理终结。

经审理查明，……（写明法院查明的事实）。

在本案审理过程中，经本院主持调解，双方当事人自愿达成如下协议：

……（写明协议的内容）。

……（写明诉讼费用的负担）。

上述协议，符合有关法律规定，本院予以确认。

本调解书经双方当事人签收后，即具有法律效力。

审　判　长　×××

审　判　员　×××

审　判　员　×××

××××年××月××日

（院印）

书　记　员　×××

本件与原本核对无异

（五）写作要点

行政调解书的标题、首部、落款的写作要点与行政判决书相同。这里需要特别强调
的几点是：

（1）行政调解书一般适用于就某一项事项单独提起诉讼的案件，如果有多项诉请，尤
其是存在不能调解的申请内容的，就不能一并进行调解处理。

（2）调解必须根据当事人自愿的原则，在查清事实，分清是非的基础上进行，而且协
议的内容不得违反法律的规定，调解内容必须与诉请范围一致，即不能遗漏诉请事项，也
不能擅自超出诉请范围。

（3）前述调解书正文中有关证据的列举、认证、说理方式以及相关的写作要求等，也
可以参考一审请求撤销、变更行政行为类案件判决书样式及其说明。当事人诉辩意见、
审理查明部分应当与裁判文书有所区别，应当本着减小分歧、钝化矛盾、有利于促进达成
调解协议的原则，对争议和法院认定的事实可适当简化。

（4）调解协议内容必须明确、具体，便于履行，切忌出现模棱两可、权利义务不清楚、

不明确的调解内容。

(5)行政赔偿案件的调解书名称为"行政赔偿调解书",案件审理经过段首句为"原告×××因与被告×××(写明行政主体名称)……(写明案由)行政赔偿一案,于××××年××月××日向本院提起行政诉讼。"其余内容无异。

(6)行政赔偿案件调解后,不收取案件受理费。

(六)范文

宁夏回族自治区银川市中级人民法院
行政赔偿调解书

(2019)宁 01 行初××号

原告:福州××理财有限公司,住所地福建省福州市××区××路××号。

法定代表人:陈××,该公司董事长。

委托诉讼代理人:王××,宁夏××律师事务所律师。

被告:银川市××区人民政府,住所地宁夏回族自治区银川市××区××路××号。

法定代表人:赵××,该人民政府区长。

委托诉讼代理人:李××,宁夏××律师事务所律师。

原告福州××理财有限公司因与被告银川市××区人民政府行政赔偿一案,于 2019 年 9 月 26 日向本院提起行政赔偿诉讼。本院于 2019 年 9 月 26 日立案后,于 2019 年 9 月 30 日向被告送达了起诉状副本及应诉通知书。本院依法组成合议庭,于 2019 年 12 月 13 日公开开庭审理了本案。原告福州××理财有限公司的委托诉讼代理人王××、被告银川市××区人民政府的委托诉讼代理人李××到庭参加诉讼。本案现已审理终结。

经审理查明,2011 年 6 月 30 日,天河路街道办事处南村村民委员会(甲方)与原告(乙方)签订《农村土地承包经营权出租合同》,合同约定:甲方自愿将其承包经营的位于天河东路南村的 1610 亩土地出租给乙方经营。土地出租期限为 17 年,自 2011 年 3 月 1 日起至 2027 年 12 月 31 日止。2015 年,银川市人民政府为实施六盘山路打通工程,决定征用南村部分集体土地(包括原告承包的部分土地)。2016 年 3 月 3 日,被告银川市××区人民政府作出金集地征补字〔2016〕1 号《补偿决定书》,载明:"银川市六盘山路(亲水大街—通达南街)打通项目工程涉及被征收人福州××理财有限公司租赁土地 70.12 亩,地上附着物主要为竹柳。依据《中华人民共和国土地管理法》《银川市征收集体土地及房屋拆迁安置补偿办法》(银政发〔2010〕240号)文件规定,按苗圃地最高标准3500元/亩计,补偿金额为3500元/亩×70.12亩＝245 420元。因被征收人提出的补偿要求征收实施单位无法满足,致使双方就被征收土地地上附着物的补偿问题未能达成协议。银川市××区人民政府决定给予被征收人货币补偿245 420元。"2016年3月11日,被告向原告邮寄送达该补偿决定,邮寄地址为福建省福州市××区××路××大厦。投递结果显示无电联,上门无此公司。2016年3月24日,××区拆迁办及天河东路街道办联合作出《行政强制移栽通知书》。决定对项目工程所涉及原告租赁的70.12亩南村集体土地地上附着物(竹柳)实施行政强制移栽。移栽地点为××区××镇植物园村1队。该《行政强制移栽通知书》上加盖××区拆迁办及被告天河东路街道办的印章。作出《行政强制移栽通知书》后,被告组织相关部门对原告租赁土地上的苗木实施了强制移栽行为。原告福州××理财有限公司不服,并于2018年4月3日将被告及银川市××区天河东路街道办事处诉至本院,经宁夏回族自治区高级人民法院(2019)宁行终××号终审行政判决确认银川市××区人民政府作出的《行政强制移栽通知书》违法。原告于2019年7月2日向被告邮寄《行政赔偿申请书》,被告于2019年9月2日作出金行不赔字2019第××号《不予赔偿决定书》,原告不服,诉至本院,请求依法撤销被告作出的金行不赔字2019第××号《不予赔偿决定书》,判令被告赔偿因违法行政行为造成原告树木损失1 051.80万元。

鉴于2016年被告对原告租赁土地上70.12亩附着物征收时,执行《银川市征收集体土地及房屋拆迁安置补偿办法》(银政发〔2010〕240号),该补偿办法对杂树类苗圃(亩)补偿标准上限仅为每亩3500元(胸径3CM),每亩补偿款为245 420元。在原告所被征收的地上附着物并非果树、松树,基本上为竹柳且进行规模化种植的情况下,被告称其只能按照补偿办法中杂树类苗圃(亩)的标准与原告协商补偿事宜,但原告认为其附着物(竹柳)胸径平均在10CM左右,每亩数量约为1500株,且每株竹柳市场价值为100元,应当给其补偿1051.80万元,被告与原告始终无法就补偿事宜达成一致。现生效判决已确认被告银川市××区人民政府作出的《行政强制移栽通知书》违法,为了妥善化解原、被告纠纷,本案在审理过程中,经本院主持调解,双方当事人自愿达成如下协议:

一、被告银川市××区人民政府于2020年××月××日前一次性赔偿原告福州××理财有限公司70.12亩附着物(竹柳)损失共计××元。如被告银川市××区人民政府逾期支付,则在支付原告福州××理财有限公司上述赔偿款的基础上增加支付××元;

二、被告银川市××区人民政府应将上述赔偿款××元支付至原告福州××理财有限公司指定账户(户名:荣××;开户银行:建设银行××支行;账号:62××××××××××××);

三、移栽至××区良田镇植物园村1队且全部枯死的附着物(竹柳)由被告银川市××区人民政府自行处置;

四、原告福州××理财有限公司与被告银川市××区人民政府因地上附着物征收补偿及强制移栽发生的权利义务终结,原告福州××理财有限公司不得以任何理由再向被告银川市××区人民政府主张其他权利;

案件受理费50元,减半收取25元,由原告福州××理财有限公司负担。

上述协议,符合有关法律规定,本院予以确认。

本调解书经双方当事人签收后,既具有法律效力。

审 判 长　梅××

审 判 员　王××

审 判 员　宁××

二〇二〇年四月三十日

（院印）

书 记 员　段××

本件与原件核对无异

第三节 裁 定 书

一、刑事裁定书

(一)概念

刑事裁定书,是指人民法院在刑事诉讼中,就刑事案件的程序及部分实体问题依法制作的书面决定。根据审理程序的不同,刑事裁定书可以分为第一审刑事裁定书、第二审刑事裁定书、再审刑事裁定书。第一审刑事裁定书的适用范围包括驳回自诉、准许撤诉或者按撤诉处理的案件,终止及中止审理的案件,补正裁判文书笔误等。第二审刑事裁定书的适用范围包括二审维持原判,发回重审,二审维持、撤销、变更一审裁定以及二审准许撤回上诉抗诉的案件。除一、二审程序外,刑事裁定书也适用于死刑复核案件、审判监督程序以及执行程序中的减刑、假释案件。刑事裁定书既可以采用书面形式,也可以采用口头、记入笔录等形式。

(二)作用

刑事裁定书的作用主要体现在以下几方面。

第一,解决审判中的程序性问题,确保审判工作顺利进行。刑事诉讼中,不可避免地会出现各种影响审判顺利进行的问题,如为防止被告人转移财产,需制作查封冻结裁定书;审理中如被告人死亡,需制作终止审理裁定书;本案需以另案裁判结果为依据,需制作中止审理裁定书;裁判文书出现笔误需要纠正,则需制作补正裁定书。刑事裁定书以灵活、便捷的方式清除诉讼中的各类问题及障碍,确保刑事诉讼活动的正常进行。

第二,解决审判中的实质性问题,确定被告人是否应承担刑事责任。如驳回自诉、上诉或抗诉的刑事裁定书,确定了被告人是否应承担相应的刑事责任。再如自诉案件,经审查缺乏罪证,可以驳回自诉人的自诉。另外,核准死刑、停止执行死刑、减免罚金、假释、减刑等刑事裁定书对被告人的刑事责任进行调整,确定了被告人承担的具体刑事责任。

(三)法律依据

依照解决的问题不同,相应的法律依据也不同,下面以驳回自诉案件为例,介绍相关法律依据。

《刑事诉讼法》第 211 条规定,人民法院对于自诉案件进行审查后,按照下列情形分别处理:(1)犯罪事实清楚,有足够证据的案件,应当开庭审判;(2)缺乏罪证的自诉案件,如果自诉人提不出补充证据,应当说服自诉人撤回自诉,或者裁定驳回。自诉人经两次依法传唤,无正当理由拒不到庭的,或者未经法庭许可中途退庭的,按撤诉处理。法庭审理过程中,审判人员对证据有疑问,需要调查核实的,适用本法第 196 条的规定。

《刑诉法司法解释》第 321 条规定,对已经立案,经审查缺乏罪证的自诉案件,自诉人提不出补充证据的,人民法院应当说服其撤回起诉或者裁定驳回起诉;自诉人撤回起诉或者被驳回起诉后,又提出了新的足以证明被告人有罪的证据,再次提起自诉的,人民法院应当受理。

(四)格式

刑事诉讼中的刑事裁定书种类较多,下面以驳回自诉人的起诉为例介绍刑事裁定书的基本样式。

×××× 人民法院

刑事裁定书

（××××）×× 刑初 ×× 号

自诉人:×××,……(写明姓名、性别、出生年月日、民族、工作单位和职务、文化程度、住址等)。

　　被告人：×××，……（写明姓名、性别、出生年月日、民族、工作单位和职务、文化程度、住址等）。

　　自诉人×××以被告人×××犯××罪，于××××年××月××日向本院提起控诉。

　　本院审查认为，……（简写驳回自诉的理由）。依照……（写明裁定的法律依据）的规定，裁定如下：

　　驳回自诉人×××对被告人×××的起诉。

　　如不服本裁定，可在接到裁定书的第二日起五日内，通过本院或者直接向×××人民法院提出上诉。书面上诉的，应当提交上诉状正本一份，副本×份。

审　判　员　×××

××××年××月××日

本件与原本核对无异　　　　　　　　　　　　　　　　（院印）

书　记　员　×××

（五）写作要点

　　(1)本样式适用于有附带民事诉讼内容的自诉案件时，应将"刑事裁定书"，改为"刑事附带民事裁定书"；在当事人称谓、控辩主张和驳回自诉的理由中，增加有关附带民事诉讼的内容。

　　(2)处理程序问题的刑事裁定书，内容较为简单，包括首部、正文和尾部三个部分。而处理实体问题的刑事裁定书的格式与刑事判决书的格式基本一致，由首部、事实、理由、裁定结果和尾部五个部分组成。

　　(3)正文部分主要包括事实、理由和裁定结果。如仅就程序问题作出裁定，事实简单，理由明显，无须多加论述。如需对某些实体问题作决定，需将事实、理由和裁定结果三个项目分开来写。

　　(4)对于驳回自诉的刑事裁定书，正文部分应当概述自诉人提交的证据以及本院对证据的分析认定情况。

　　(5)尾部要交代的相关事项。如是第一审刑事裁定书，一般要交代上诉权，即"如不服本裁定，可在接到裁定书的第二日起五日内，通过本院或者直接向×××人民法院提出上诉。书面上诉的，应交上诉状正本一份，副本五份"。第二审刑事裁定书一般要写明"本裁定为终审裁定"。补正刑事裁定书应写明"本裁定书与被补正的××书同时发生法律效力"。减刑、假释裁定书，终止审理裁定书，核准死刑、死缓刑事裁定书以及减、免罚金刑事裁定书应写明"本裁定书送达后即发生法律效力"。

(六)范文

宁夏回族自治区银川市兴庆区人民法院
刑事裁定书

(2020)宁×××刑初×号

自诉人马××,男,1969 年 7 月 7 日出生,身份证号码 620×××××××××××0707,汉族,文盲,无业,住宁夏回族自治区银川市兴庆区南门旅店。

被告人樊×,男,1981 年 11 月 4 日出生,汉族,个体,户籍所在地内蒙古乌海市乌达区×小区 87 栋 1 号,住内蒙古乌海市乌达新区×小区 2-1-×室建材大院二楼。

自诉人以被告人樊×犯侵占罪,于 2020 年 9 月 28 日向本院提起控诉。马××诉称其于 2018 年 3 月在银川市经营占军货运部,后因涉嫌合同诈骗罪于 2019 年 6 月 19 日被银川市公安局直属分局刑事拘留。自诉人在羁押期间得知自己经营的货运部不再经营,公司的车辆也被查封,被告人樊×侵占货运部现金共计 178 370 元(含运费 75 808 元)。本案于 2020 年 6 月 17 日提交本院审判委员会讨论决定。现已审理终结。

本院审查认为,该案仅有马××提供自制的账目表证实其主张,但账目表中没有被告人或者收货人的签字确认,系单方制作,不足以证明自诉人指控的事实。该案现有证据不能证实被告人樊×有罪,自诉人马××亦提不出补充证据。依照《中华人民共和国刑事诉讼法》第二百一十一条第一款第(二)项、《最高人民法院关于适用〈中华人民共和国刑事诉讼法〉的解释》第二百六十四条之规定,裁定如下:

驳回自诉人马××对被告人樊×的起诉。

如不服本裁定,可在接到裁定书的第二日起五日内,通过本院或者直接向宁夏回族自治区银川市中级人民法院提出上诉。书面上诉的,应当提交上诉状正本五份。

审 判 长 ×××

审 判 员 ×××

人 民 陪 审 员 ×××

二○二○年六月十七日

(院印)

本件与原件核对无异

书 记 员 ×××

(七)写作训练

题目:请结合下列案情素材,撰写一篇刑事裁定书。

1. 人物

(1)自诉人王××,男,1969 年 7 月 7 日出生,身份证号码×××××××××××
×××××××,汉族,文盲,无业,住宁夏回族自治区银川市兴庆区南门旅店。

(2)被告人张××,男,1965 年 5 月 2 日出生,汉族,个体,现住宁夏回族自治区银川
市兴庆区友爱木材仓储市场 18 号。

2. 案件情况

(1)王××以张××犯侵占罪,于 2021 年 4 月 20 日向本院提起控诉,要求依法追究
被告人张××侵占罪的刑事责任并退还侵占款项 65 000 元及资金占用损失 1 258元。

(2)事实经过:张××在王××处从事运输工作,2020 年 8 月至 10 月期间,张××代
收王××货款 65 000 元,后向王××出具《欠款欠据》,且已经归还欠款 13 000 元。2021
年 4 月 20 日,王××以张××侵占货款为由,诉至法院。

(3)法院经审理认为,侵占罪是指将代为保管的他人财物、遗忘物或者埋藏物非法
占为己有,数额较大,拒不退还的行为。张××向王××出具《欠款欠据》,证明其主观
上没有非法占有的目的,且已经向王××偿还了 13 000 元。虽张××客观上未及时归
还款项,但不应据此将其行为评价为"拒不退还",不应以侵占罪对其科以刑罚,拟驳回
王××对张××的起诉。

二、民事裁定书

(一)概念

民事裁定书,是人民法院在审理民事案件过程中,为解决诉讼程序方面的问题,依法
作出的书面处理决定。民事裁定书在不同类型的民事案件、不同的审判程序中均会出
现,是使用频率极高的一类法律文书。

(二)作用

民事裁定书主要用于解决民事案件的程序性问题,在诉讼程序中,解决管辖、证据保
全、财产保全、先予执行、案件受理、撤诉、追加诉讼参加人、合并审理、中止诉讼、终结诉
讼、程序转换、笔误补正等程序性问题,均需要使用民事裁定书;在非诉讼程序中,审理确
认调解协议案件,实现担保物权案件,确认、撤销仲裁协议效力案件,人身安全保护令案
件等,均需要使用民事裁定书。

(三)法律依据

涉及民事诉讼中程序性问题的法律规定大多散见于《民事诉讼法》《民诉法司法解
释》等,本书主要介绍关于裁定适用范围的法律规定。

《民事诉讼法》第 157 条规定,裁定适用于下列范围:(1)不予受理;(2)对管辖权有异
议的;(3)驳回起诉;(4)保全和先予执行;(5)准许或者不准许撤诉;(6)中止或者终结诉

讼;(7)补正判决书中的笔误;(8)中止或者终结执行;(9)撤销或者不予执行仲裁裁决;(10)不予执行公证机关赋予强制执行效力的债权文书;(11)其他需要裁定解决的事项。对前款第(1)项至第(3)项裁定,可以上诉。裁定书应当写明裁定结果和作出该裁定的理由。裁定书由审判人员、书记员署名,加盖人民法院印章。口头裁定的,记入笔录。

(四)格式及写作要点

各类民事裁定书的样式繁多,不便一一介绍,这里重点介绍常用且写作难度较大的几类民事裁定书,其他类民事裁定书均可参考制作。民事裁定书标题、当事人身份信息、审判人员署名、日期落款的书写与民事判决书相同,故这里不再重复,重点就正文部分的写作要点进行介绍。

1. 涉及管辖权异议的

(1)格式。

××× 省 ××× 县人民法院

民事裁定书

(××××)××民初××号

原告:×××,住所地……

法定代表人/负责人:×××,……

委托诉讼代理人:×××,……

被告:×××,男/女,×××年××月××日出生,×族,……(工作单位、职务或职业),住……

法定代理人/指定代理人:×××,……

委托诉讼代理人:×××,……

第三人:×××,……(写明身份信息)。

委托诉讼代理人:×××,……

(以上写明当事人和其他诉讼参加人的姓名或者名称等基本信息)

原告×××与被告×××,第三人×××……(写明案由)一案,本院于×××年××月××日立案。

×××向本院提出诉讼请求:1.……;2.……(写明原告的诉讼请求)。事实和理由:……(概述原告提出诉讼请求所依据的事实和理由)。

×××在提交答辩状期间,对管辖权提出异议,认为……(概述异议内容和理由)。

本院经审查认为,……(写明异议成立或不成立的事实和理由)。

依照《中华人民共和国……法》第××条（写明法律名称及条款项的序号）、第一百三十条第一款规定，裁定如下：

×××对管辖权提出的异议成立，本案移送×××人民法院处理。（用于异议成立的情形）

（或）驳回×××对本案管辖权提出的异议。（用于异议不成立的情形）

案件受理费……元，由被告×××负担（写明当事人的姓名或者名称、负担费用的金额）。

如不服本裁定，可以在判决书送达之日起十日内，向本院递交上诉状，并按照对方当事人或者代表人的人数提出副本，上诉于××省××市中级人民法院。

审 判 长　×××

审 判 员　×××

审 判 员　×××

××××年××月××日

（院印）

本件与原件核对无异

书 记 员　×××

（2）写作要点。

第一，当事人提出的管辖权异议不成立的，由提出管辖权异议的当事人交纳案件受理费；异议成立的，则各方当事人均不交纳案件受理费。注意，这里的案件受理费，是处理管辖权异议的案件受理费，并非受理全案的案件受理费。第二，如果是独任制审理的，则落款中的署名为"审判员"。

2. 涉及财产保全的

（1）格式。

×××省×××市×××区人民法院

民事裁定书

（××××）……民初……号

申请人：×××，住所地……

法定代表人/负责人：×××，……

委托诉讼代理人：×××，……

被申请人：×××，男/女，×××年××月××日出生，×族，……（工作单位、职务或职业），住……

法定代理人/指定代理人：×××，……

委托诉讼代理人：×××，……

（以上写明当事人和其他诉讼参加人的姓名或者名称等基本信息）

×××与×××……（写明当事人及案由）一案，申请人于×××年××月××日向本院申请财产保全，请求对被申请人×××……（写明申请采取财产保全措施的具体内容）。申请人×××/担保人×××以……（写明担保财产的名称、数量或者数额、所在地点等）提供担保。

本院经审查认为，……（写明采取财产保全措施的理由）。依照《中华人民共和国民事诉讼法》第一百零三条、第一百零五条、第一百零六条第一款的规定，裁定如下：

查封/扣押/冻结被申请人×××的……（写明保全财产名称、数量或者数额、所在地点等）。期限为×××年××月××日（写明保全期限）。

保全申请费……元，由×××交纳（写明当事人的姓名或者名称、负担费用的金额）。

本裁定立即开始执行。

如不服本裁定，可以在判决书送达之日起五日内，向本院申请复议一次。复议期间不停止裁定的执行。

审 判 长 ×××

审 判 员 ×××

审 判 员 ×××

×××年××月××日

（院印）

书 记 员 ×××

本件与原件核对无异

（2）写作要点。

第一，财产保全的民事裁定书中当事人为申请人、被申请人，不写为原告或者被告，且只写申请保全所涉及的当事人，案件中有多名被告，但只对其中部分被告的财产申请财产保全，则被申请人就只写明被申请的部分。第二，如果是独任制审理的，则落款中的署名为"审判员"。

3. 涉及撤回起诉的

（1）格式。

×××省×××市人民法院
民事裁定书

（××××）××民初××号

原告：×××,住所地……

法定代表人/负责人：×××,……

委托诉讼代理人：×××,……

被告：×××,男/女,×××年××月××日出生,×族,……（工作单位、职务或职业）,住……

法定代理人/指定代理人：×××,……

委托诉讼代理人：×××,……

第三人：×××,……（写明身份信息）。

委托诉讼代理人：×××,……

（以上写明当事人和其他诉讼参加人的姓名或者名称等基本信息）

原告×××与被告×××,第三人×××……（写明案由）一案,本院于×××年××月××日立案。原告×××于×××年××月××日向本院提出撤诉申请。

本院认为,……（写明准许撤诉的理由）。

依照《中华人民共和国民事诉讼法》第一百五十八条规定,裁定如下：

准许原告×××撤诉。

案件受理费……元,减半收取计……元,由原告×××负担（写明当事人的姓名或者名称、负担费用的金额）。

审 判 长　×××
审 判 员　×××
审 判 员　×××
××××年××月××日

本件与原件核对无异　　　　　　　　　　　　（院印）

书 记 员　×××

（2）写作要点。

第一,撤诉的民事裁定书没有告知申请复议或者提起上诉的内容。第二,撤诉案件的案件受理费按普通程序减半计算计收,如果是简易程序撤诉的,则写为："案件受理费……元,由原告×××负担"。第三,如果是独任制审理的,则落款中的署名为"审判员"。

4. 涉及程序转换的

(1)格式。

×××省×××市×××区人民法院

民事裁定书

(××××)××民初××号

原告:×××,住所地……

法定代表人/负责人:×××,……

委托诉讼代理人:×××,……

被告:×××,男/女,××××年××月××日出生,×族,……(工作单位、职务或职业),住……

法定代理人/指定代理人:×××,……

委托诉讼代理人:×××,……

第三人:×××,……(写明身份信息)。

委托诉讼代理人:×××,……

(以上写明当事人和其他诉讼参加人的姓名或者名称等基本信息)

原告×××与被告×××,第三人×××……(写明案由)一案,本院于×××年××月××日立案后,依法适用简易程序。

××××年××月××日,×××提出异议,认为……(概述异议中认为不适宜适用简易程序的事实和理由),本案不宜适用简易程序。(如果是法院依职权发现不适宜食用简易程序审理的,则不需要写此段)

本院经审查认为,……(写明不适宜适用简易程序的具体情形),本案不宜适用简易程序。

依照《中华人民共和国民事诉讼法》第四十条、第一百七十条……(写明法律名称及条款项的序号)规定,裁定如下:

本案转为普通程序,由审判员独任审理。(基层人民法院审理的基本事实清楚、权利义务关系明确的第一审民事案件,可以由审判员一人适用普通程序审理,即普通程序独任制)

本案转为普通程序,组成合议庭审理。(即普通程序合议庭)

审　判　长　×××

审　判　员　×××

审　判　员　×××

××××年××月××日

本件与原件核对无异　　　　　　　　　　　　　　(院印)

书　记　员　×××

---

(2)写作要点。

第一,根据《民事诉讼法》第 170 条以及《民诉法司法解释》第 257 条、第 258 条、第 269 条的规定,基层人民法院在适用简易程序审理过程中发现案件不宜适用简易程序后,裁定转为普通程序。

第二,在裁定转为普通程序的同时,需交代适用何种审判组织的问题,即是独任制还是合议庭。

第三,根据《民诉法司法解释》第 257 条的规定,下列案件,不适用简易程序:①起诉时被告下落不明的;②发回重审的;③当事人一方人数众多的;④适用审判监督程序的;⑤涉及国家利益、社会公共利益的;⑥第三人起诉请求改变或者撤销生效判决、裁定、调解书的;⑦其他不宜适用简易程序的案件。此即为转为普通程序的事由。

第四,人民法院发现案情复杂,依职权转为普通程序的,可以同时引用《民诉法司法解释》第 257 条、第 258 条;当事人就案件适用简易程序提出异议,人民法院经审查异议成立转为普通程序的,可以同时引用《民诉法司法解释》第 257 条、第 269 条。

第五,人民法院发现案情复杂,需要转为普通程序审理的,应当在审理期限届满前作出裁定。

第六,落款中的审判组织为转为普通程序后的合议庭组成人员。送达本裁定书后,不需要向当事人另行送达确定合议庭组成人员通知书或者变更合议庭组成人员通知书。

第七,简易程序中的小额诉讼程序转为普通程序的,参照本文书格式制作。

5. 涉及实现担保物权的

(1)格式。

×××省×××县人民法院
民事裁定书

(××××)××民特××号

申请人:×××,住所地……

法定代表人/负责人:×××,……

委托诉讼代理人:×××,……

被申请人:×××,男/女,×××年××月××日出生,×族,……(工作单位、职务或职业),住……

法定代理人/指定代理人:×××,……

委托诉讼代理人:×××,……

（以上写明当事人和其他诉讼参加人的姓名或者名称等基本信息）

申请人×××与被申请人×××申请事项担保物权一案,本院于×××年×
×月××日立案,依法适用特别程序进行了审查。现已审查终结。

×××称,……(写明申请人的请求、事实和理由)。

×××称,……(写明被申请人的意见)。

本院经审查认为,……(写明准许拍卖、变卖担保财产的理由)。

依照《中华人民共和国民事诉讼法》第二百零四条、《最高人民法院关于适用
〈中华人民共和国民事诉讼法〉的解释》第三百七十条第一款/第二款规定,裁定
如下:

准许拍卖、变卖被申请人×××的……(写明担保财产的种类和数量)。

申请费……元,由被申请人×××负担。

申请人不服本裁定的,应当在收到本裁定书之日起十五日内,向本院提出
异议。

审　判　员　×××

×××× 年××月××日

本件与原件核对无异　　　　　　　　　　　　　　　　（院印）

书　记　员　×××

(2)写作要点。

第一,实现担保物权案件属于特别程序案件,案号是"民特"。第二,实现担保物权案
件,人民法院裁定拍卖、变卖担保财产的,申请费用由债务人、担保人负担。第三,实现担
保物权案件由审判员一人独任审查,但是财产标的额超过基层人民法院管辖范围的,应
当组成合议庭予以审查。

(五)范文

宁夏回族自治区银川市兴庆区人民法院
民事裁定书

(2021)宁 0104 民初××号

原告:胡××,男,1955 年××月××日出生,汉族,×××医院退休职工,住北京市
××区××。

委托诉讼代理人:朱××,北京市××律师事务所律师。

被告:高××,女,1984 年××月××日出生,汉族,×××公司员工,住宁夏回族自

治区银川市兴庆区××小区××号。

委托诉讼代理人:张××,宁夏××律师事务所律师。

原告胡××与被告高××确认合同效力纠纷一案,本院于2021年4月1日立案,并依法适用简易程序于2021年4月30日公开开庭进行了审理。

胡××向本院提出诉讼请求:1.确认高××与胡××父亲胡×甲、母亲闫××签订的《房地产买卖契约》无效;2.判令高××承担本案诉讼费用。

事实与理由:胡×甲与闫××系夫妻关系,生育子女胡×一、胡×二、胡×三、胡×四、胡××共五人,胡×甲、闫××生前共有位于宁夏回族自治区银川市兴庆区××小区××号房屋1套。高××系胡×一的女儿,胡×甲、闫××的外孙女。2015年6月,高××为了使其儿子能够就读银川市××小学,便借用胡×甲、闫××共有的案涉房屋办理入学手续,并向银川市不动产登记事务中心备案了交易价格为1万元的《房地产买卖契约》,最终将案涉房屋过户至高××名下。闫××生前多次表示案涉房屋是借给高××的,并非出卖给高××。后未来得及办理过户手续,闫××于2018年8月去世。胡×甲在签署《房地产买卖契约》时已90岁,且患有老年痴呆症,生活不能自理,失去意识能力,属于无完全民事行为能力人,并于2020年5月去世。由于案涉《房地产买卖契约》并非双方真实意思表示,属于无效合同。为此胡××诉至法院。

本院经审查认为,案涉《房地产买卖契约》系高××与胡×甲、闫××于2015年6月18日签订,即使胡×甲在签订该《房地产买卖契约》时患有老年痴呆症,但胡××并未提供证据证明胡×甲在签订该合同时系无民事行为能力人或者限制民事行为能力人,况且胡×甲的配偶闫××在签订该合同时并未患老年痴呆症,由此可知案涉《房地产买卖契约》系高××与胡×甲、闫××的真实意思表示,且不存在法律、行政法规规定的导致合同无效的情形。胡××并非案涉《房地产买卖契约》的一方当事人,其与该合同不具有直接利害关系,无权就该合同的效力主张权利,故对于胡××的起诉,应当予以驳回。

依照《中华人民共和国民事诉讼法》第一百一十九条、第一百五十四条的规定,裁定如下:

驳回原告胡××的起诉。

案件受理费50元,退还原告胡××。

如不服本裁定,可在裁定书送达之日起十日内,向本院递交上诉状,并按照对方当事人或代表人的人数提出副本,上诉于宁夏回族自治区银川市中级人民法院。

审判员　张××

二〇二一年五月六日

（院印）

本件与原件核对无异

法官助理　马××

书记员　杨××

(六)写作训练

1. 根据下列信息完善民事裁定书的剩余部分

原告:宁夏金福天工贸有限公司,住所地宁夏回族自治区银川市兴庆区丽景南街××号。

法定代表人:汪×,该公司总经理。

委托诉讼代理人:张×,宁夏××律师事务所律师。

被告:陈××,男,1969年10月20日出生,汉族,住宁夏回族自治区银川市兴庆区××小区。

被告:江苏大明工程有限公司,住所地江苏省常州市武进区塘湖镇五宜中路×号。

法定代表人:倪××,该公司董事长。

委托诉讼代理人:邓×,上海××(无锡)律师事务所律师。

原告宁夏金福天工贸有限公司(以下简称金福天公司)与被告陈××、江苏大明工程有限公司(以下简称大明公司)买卖合同纠纷一案,本院于2021年5月18日立案。

金福天公司向本院提出诉讼请求:判令陈××、大明公司支付钢材款87万元、违约金26万元,并承担本案诉讼费用。事实与理由:2019年8月5日、8月6日,金福天公司向大明公司、陈××位于银川市兴庆区臻园项目枫丹壹号工程供应价值107万元的钢材,由大明公司的委托代理人陈云天签收,并出具了《欠款协议》,约定于2019年8月20日支付全部货款,如不能按期支付,则每日加收货款总额5%的违约金,并承担利息。此外,双方还约定装车费、卸车费、运费均由大明公司、陈××负担。大明公司、陈××于2019年8月28日向金福天公司支付货款20万元,现下欠货款未付。因催要未果,为此金福天公司诉至本院。

大明公司在提交答辩状期间对管辖权提出异议,认为本案应由被告住所地人民法院管辖,本案被告大明公司的住所地在常州市武进区,故本案应移送常州市武进区人民法院处理。

2. 请找出下列民事裁定书中的错误,并改正

宁夏回族自治区银川市兴庆区人民法院
民事裁定书

2021宁0104民初14340号

原告:蒲××,男,1988年7月10日出生,汉族,住宁夏回族自治区中宁县长山头农场七队。

委托诉讼代理人:余×,宁夏浩晟律师事务所律师。

被告1:宁夏新月建筑有限公司荣欣分公司,住所地宁夏回族自治区银川市兴庆区民族花园×号营业房。

被告 2:宁夏新月建筑有限公司,住所地宁夏回族自治区银川市兴庆区中山北街××号。

原告蒲××与被告宁夏新月建筑有限公司荣欣分公司、宁夏新月建筑有限公司劳务合同纠纷一案,本院于 2021 年 9 月 18 日立案后,原告蒲××于 2021 年 10 月 20 日声称要撤回起诉,已交纳的案件受理费 2 558 元不要了。

本院认为,原告蒲××的申请符合法律规定。

依照《中华人民共和国民事诉讼法》第一百四十五条第一款规定,裁定如下:

准许原告蒲××撤诉。

审判员　马××

书记员　田××

2021 年 10 月 21 日

三、行政裁定书

(一)概念

行政裁定书,是人民法院在审理行政案件过程中,为解决诉讼程序方面的问题,依法作出的书面处理决定,是行政诉讼中使用频率较高的一类法律文书。依据不同的程序性事项,行政裁定书会有不同的形式。

(二)作用

在行政诉讼中,处理程序方面问题的书面决定都是以裁定的方式进行的,比如管辖、证据保全、驳回起诉、撤诉、先予执行、案件受理、中止诉讼、终结诉讼、笔误补正等程序性问题,均需要使用行政裁定书。

(三)法律依据

我国《行政诉讼法》没有对裁定作专门规定,但是《最高人民法院关于适用〈中华人民共和国行政诉讼法〉的解释》(以下简称《行政诉讼法司法解释》)有相关规定,也可以依据《行政诉讼法》第 101 条的规定适用《民事诉讼法》的相关规定。

《行政诉讼法》第 101 条规定,人民法院审理行政案件,关于期间、送达、财产保全、开庭审理、调解、中止诉讼、终结诉讼、简易程序、执行等,以及人民检察院对行政案件受理、审理、裁判、执行的监督,本法没有规定的,适用《民事诉讼法》的相关规定。

《行政诉讼法司法解释》第 101 条规定,裁定适用于下列范围:(1)不予立案;(2)驳回起诉;(3)管辖异议;(4)终结诉讼;(5)中止诉讼;(6)移送或者指定管辖;(7)诉讼期间停止行政行为的执行或者驳回停止执行的申请;(8)财产保全;(9)先予执行;(10)准许或者不准许撤诉;(11)补正裁判文书中的笔误;(12)中止或者终结执行;(13)提审、指令再审或者发回重审;(14)准许或者不准许执行行政机关的行政行为;(15)其他需要裁定的事项。对第(1)(2)(3)项裁定,当事人可以上诉。

(四)格式及写作要点

各类行政裁定书的样式繁多,不便一一介绍,这里集中介绍常用且写作难度较大的几类行政裁定书,其他类行政裁定书均可参考制作。行政裁定书标题、当事人身份信息、审判人员署名、日期落款的书写与行政判决书相同,故这里不再重复,重点就正文部分的写作要点进行介绍。

1. 涉及撤诉的

(1)格式。

×××省×××县人民法院

行政裁定书

(××××)××行初××号

原告:×××,男/女,×××年××月××日出生,×族,……(工作单位、职务或职业),住……

法定代理人/指定代理人:×××,……

委托诉讼代理人:×××,……

被告:×××,住所地……

法定代表人/负责人:×××,……

委托诉讼代理人:×××,……

第三人:×××,……(写明身份信息)。

委托诉讼代理人:×××,……

(当事人及其他诉讼参加人的列项和基本情况的写法,除当事人的具体称谓外,其他内容的书写与行政判决书相同。)

本院在审理原告×××诉被告×××,第三人×××……(写明案由)一案中,原告×××于××××年××月××日……(简要写明原告提出撤诉请求及理由)。

本院认为,……(写明准许撤诉或者不准许撤诉的理由)。

依照《中华人民共和国行政诉讼法》第六十二条、……(写明法律名称及条款项的序号)规定,裁定如下:

……(写明裁定结果)。

……（准许撤诉的，写明案件受理费用的负担；不准许撤诉的，不用写）。

审　判　长　×××

审　判　员　×××

审　判　员　×××

××××年××月××日

（院印）

书　记　员　×××

本件与原件核对无异

(2)写作要点。

第一，在行政裁定书正文中，应当写明准许撤诉或者不准许撤诉的具体理由。准许撤诉裁定可以载明被告改变被诉行政行为的主要内容及履行情况，并可以根据案件具体情况，在裁定理由中明确被诉行政行为全部或者部分不再执行。

第二，人民法院需进行合法性审查，原告处分自己的诉讼权利，必须在法律规定的范围内进行，以不损害国家、社会的利益以及他人的合法权益为前提；即使行政机关改变其所作的行政行为，原告同意并申请撤诉的，也必须以合法为条件。

第三，"裁定结果"分为两种情况。准许撤诉的，写"准许原告×××撤回起诉"。不准许撤诉的，写"不准许原告×××撤诉，本案继续审理"。

2. 涉及中止或者终结诉讼的

(1)格式。

×××省×××市×××区人民法院

行政裁定书

（××××）××行初××号

原告：×××，……（写明姓名或名称等基本情况）。

法定代表人：×××，……（写明姓名、职务）。

委托诉讼代理人（或指定代理人、法定代理人）：×××，……（写明姓名等基本情况）。

被告：×××，……（写明行政主体名称和所在地址）。

法定代表人/负责人：×××，……（写明姓名、职务）。

委托诉讼代理人：×××，……（写明姓名等基本情况）。

第三人:×××,……(写明姓名或名称等基本情况)。

法定代表人/负责人:×××,……(写明姓名、职务)。

委托诉讼代理人(或指定代理人、法定代理人):×××,……(写明姓名等基本情况)。

(当事人及其他诉讼参加人的列项和基本情况的写法,除当事人的具体称谓外,其他内容的书写与行政判决书相同;如果原告已经死亡,其基本情况只写姓名、性别和死亡日期)

本院在审理原告×××诉被告×××,第三人×××……(写明案由)一案中,……(写明出现了属于应当中止或者终结诉讼情形的事实)。

本院认为,……(写明应当中止或者终结诉讼的理由)。

依照《中华人民共和国行政诉讼法》第六十一条、……(写明裁定依据的法律、司法解释名称及条款项的序号)规定,裁定如下:

……(写明裁定结果)。

……(写明案件受理费用的负担)。

审　判　长　×××

审　判　员　×××

审　判　员　×××

××××年××月××日

(院印)

书　记　员　×××

本件与原件核对无异

(2)写作要点。

第一,"裁定结果"分为两种情况:中止诉讼的,写"本案中止诉讼"。终结诉讼的,写"本案终结诉讼"。另起一行再写案件受理费的负担。

第二,行政诉讼中,可以中止和终结诉讼的,主要包括以下情形:

《行政诉讼法司法解释》第87条规定,在诉讼过程中,有下列情形之一的,中止诉讼:①原告死亡,须等待其近亲属表明是否参加诉讼的;②原告丧失诉讼行为能力,尚未确定法定代理人的;③作为一方当事人的行政机关、法人或者其他组织终止,尚未确定权利义务承受人的;④一方当事人因不可抗力的事由不能参加诉讼的;⑤案件涉及法律适用问题,需要送请有权机关作出解释或者确认的;⑥案件的审判须以相关民事、刑事或者其他行政案件的审理结果为依据,而相关案件尚未审结的;⑦其他应当中止诉讼的情形。中止诉讼的原因消除后,恢复诉讼。

《行政诉讼法司法解释》第88条规定,在诉讼过程中,有下列情形之一的,终结诉讼:

①原告死亡，没有近亲属或者近亲属放弃诉讼权利的；②作为原告的法人或者其他组织终止后，其权利义务的承受人放弃诉讼权利的。因本解释第87条第1款第①②③项原因中止诉讼满90日仍无人继续诉讼的，裁定终结诉讼，但有特殊情况的除外。

《民事诉讼法》第153条规定，有下列情形之一的，中止诉讼：①一方当事人死亡，需要等待继承人表明是否参加诉讼的；②一方当事人丧失诉讼行为能力，尚未确定法定代理人的；③作为一方当事人的法人或者其他组织终止，尚未确定权利义务承受人的；④一方当事人因不可抗拒的事由，不能参加诉讼的；⑤本案必须以另一案的审理结果为依据，而另一案尚未审结的；⑥其他应当中止诉讼的情形。中止诉讼的原因消除后，恢复诉讼。

《民事诉讼法》第154条规定，有下列情形之一的，终结诉讼：①原告死亡，没有继承人，或者继承人放弃诉讼权利的；②被告死亡，没有遗产，也没有应当承担义务的人的；③离婚案件一方当事人死亡的；④追索赡养费、扶养费、抚育费以及解除收养关系案件的一方当事人死亡的。

3. 涉及驳回起诉的

（1）格式。

×××省×××市人民法院

行政裁定书

（××××）××行初××号

原告：×××，……（写明姓名或名称等基本情况）。

法定代表人：×××，……（写明姓名、职务）。

委托诉讼代理人（或指定代理人、法定代理人）：×××，……（写明姓名等基本情况）。

被告：×××，……（写明行政主体名称和所在地址）。

法定代表人/负责人：×××，……（写明姓名、职务）。

委托诉讼代理人：×××，……（写明姓名等基本情况）。

第三人：×××，……（写明姓名或名称等基本情况）。

法定代表人/负责人：×××，……（写明姓名、职务）。

委托诉讼代理人（或指定代理人、法定代理人）：×××，……（写明姓名等基本情况）。

（当事人及其他诉讼参加人的列项和基本情况的写法，除当事人的具体称谓外，其他内容的书写与行政判决书相同）

原告×××诉被告×××……（写明案由）一案，本院受理后，依法组成合议庭，公开（或不公开）开庭审理了本案，现已审理终结（未开庭的，写"本院依法进行了审理，现已审理终结"）。

……（写明原告起诉的诉讼请求，并概括事由）。

……（各方当事人对案件是否符合起诉条件有争议的，围绕争议内容分别概括写明原告、被告、第三人的意见及所依据的事实和理由；没有争议的，此项不写）。

经审理查明，……（各方当事人对案件是否符合起诉条件的相关事实有争议的，写明法院对该事实认定情况；没有争议的，此项不写）。

本院认为，……（写明驳回起诉的理由）。依照……（写明裁定依据的行政诉讼法以及相关司法解释的条、款、项、目，如《最高人民法院关于适用〈中华人民共和国行政诉讼法〉若干问题的解释》第一条第一款）的规定，裁定如下：

驳回原告×××的起诉。

……（写明诉讼费用的负担）。

如不服本裁定，可在裁定书送达之日起十日内，向本院递交上诉状，并按照对方当事人的人数提出副本，上诉于×××中级人民法院。

审 判 长 ×××

审 判 员 ×××

审 判 员 ×××

××××年××月××日

（院印）

书 记 员 ×××

本件与原件核对无异

（2）写作要点。

第一，裁定书中事实、理由部分仅需围绕本案是否符合起诉条件予以阐述。注意，此部分主要是运用法律规范，对案件是否符合起诉条件进行分析论证，对各方当事人提出的与起诉条件相关的诉讼理由逐一进行分析，说明理由，并明确表明是否予以支持或者采纳。

第二，属于《行政诉讼法解释》第1条第2款、第69条规定的情形的，应当裁定驳回起诉。

《行政诉讼法解释》第1条规定，公民、法人或者其他组织对行政机关及其工作人员的行政行为不服，依法提起诉讼的，属于人民法院行政诉讼的受案范围。

下列行为不属于人民法院行政诉讼的受案范围：①公安、国家安全等机关依照刑事诉讼法的明确授权实施的行为；②调解行为以及法律规定的仲裁行为；③行政指导行为；

④驳回当事人对行政行为提起申诉的重复处理行为;⑤行政机关作出的不产生外部法律效力的行为;⑥行政机关为作出行政行为而实施的准备、论证、研究、层报、咨询等过程性行为;⑦行政机关根据人民法院的生效裁判、协助执行通知书作出的执行行为,但行政机关扩大执行范围或者采取违法方式实施的除外;⑧上级行政机关基于内部层级监督关系对下级行政机关作出的听取报告、执法检查、督促履责等行为;⑨行政机关针对信访事项作出的登记、受理、交办、转送、复查、复核意见等行为;⑩对公民、法人或者其他组织权利义务不产生实际影响的行为。

《行政诉讼法解释》第69条规定,有下列情形之一,已经立案的,应当裁定驳回起诉:①不符合《行政诉讼法》第49条规定的;②超过法定起诉期限且无《行政诉讼法》第48条规定情形的;③错列被告且拒绝变更的;④未按照法律规定由法定代理人、指定代理人、代表人为诉讼行为的;⑤未按照法律、法规规定先向行政机关申请复议的;⑥重复起诉的;⑦撤回起诉后无正当理由再行起诉的;⑧行政行为对其合法权益明显不产生实际影响的;⑨诉讼标的已为生效裁判或者调解书所羁束的;⑩其他不符合法定起诉条件的情形。

前款所列情形可以补正或者更正的,人民法院应当指定期间责令补正或者更正;在指定期间已经补正或者更正的,应当依法审理。人民法院经过阅卷、调查或者询问当事人,认为不需要开庭审理的,可以径行裁定驳回起诉。

(五)范文

宁夏回族自治区银川市中级人民法院
行政裁定书

(2021)宁01行初××号

原告:宁夏××旅游有限公司,住所地宁夏回族自治区银川市××。

法定代表人:刘××,该公司总经理。

委托诉讼代理人:王××,宁夏××律师事务所律师。

被告:×××市人民政府,住所地宁夏回族自治区银川市金凤区××路。

法定代表人:赵××,该市市长。

委托诉讼代理人:吴××,××市司法局法律顾问室负责人。

委托诉讼代理人:任××,宁夏××律师事务所律师。

原告宁夏××旅游有限公司诉被告×××市人民政府行政补偿一案,本院受理后,依法组成合议庭,公开开庭审理了本案,现已审理终结。

原告宁夏××旅游有限公司诉称,2013年5月13日,银川××新区筹建管理委员会国土规划建设局以函的形式告知原告,为加快推进滨河新区项目、大绿化项目建设,需占用原告所处的西夏城项目部分土地、建筑物等,占地范围原则上确定为西夏城景区大门处46亩及203省道道牙向西延伸50米,同时拆除游客服务中心、洗车行、职工宿舍、排练厅、停车场、围墙等,在补偿时以实际占用土地面积及拆除的附着物为补偿依据,另行签订补偿协议。银川××新区筹建管理委员会国土规划建设局委托第三方银川××拆迁有限公司对原告上述范围内的财产进行了拆除,并出具了工程签证单,但一直未与原告签订正式的《拆迁补偿协议》。原告曾向银川××新区(经济试验区)管理委员会申请支付补偿款,但银川××新区(经济试验区)管理委员会以会议的形式否决了原告的申请。银川××新区(经济试验区)管理委员会被撤销后,原告又多次向被告申请支付补偿款,并于2021年9月2日再次向被告提出书面申请,但被告至今未予答复,损害了原告的合法权益。故原告诉至法院,请求依法判令:1.确认被告具有向原告支付拆迁补偿款的义务,被告拒不支付补偿款属于行政不作为的违法行为;2.被告支付原告拆迁补偿费2861万元,并承担从2013年8月29日起至2021年7月5日期间的逾期利息损失11 945 184元(2019年8月20日前按照中国人民银行同期同类贷款利率计算,2019年8月21日至2021年7月5日按照全国银行间同业拆借中心公布的贷款市场报价利率计算);3.被告以补偿款2861万元为基数,从2021年9月11日起至实际给付之日止期间的逾期利息损失(按照全国银行间同业拆借中心公布的贷款市场报价利率计算);4.本案的全部诉讼费用由被告承担。后原告撤回第一项诉讼请求。

本院认为,《中华人民共和国行政诉讼法》第二十六条第六款规定:"行政机关被撤销或者职权变更的,继续行使其职权的行政机关是被告。"本案中,为推动银川高质量发展,宁夏回族自治区党委决定在银川××新区的基础上规划建设苏银产业园,并推进园区优化整合,将银川××新区并入高新技术产业开发区。2019年7月4日、6日市人民政府召开专题会议,会议决定:"将银川××新区除苏银产业园53平方公里范围外的区域事务,按照现行政区划移交由永宁、灵武、兴庆管理,并于即日起启动区域事务移交工作。"现案涉项目所在行政区划范围内的管理职权已移交银川市××区人民政府。依据上述法律规定及事实,原告宁夏××旅游有限公司因原银川××新区(经济实验区)管理委员会引发的案涉项目补偿事宜提起本案行政诉讼,适格的被告应为银川市××区人民政府。故原告将×××市人民政府列为被告,属于错列被告。经本院释明,原告拒绝变更,其起诉依法应予驳回。综上,依照《最高人民法院关于适用〈中华人民共和国行政诉讼法〉的解释》第六十九条第一款第(三)项的规定,裁定如下:

驳回原告宁夏××旅游有限公司的起诉。

案件受理费 50 元,退回原告宁夏××旅游有限公司。

如不服本裁定,可在裁定书送达之日起十日内,向本院递交上诉状,并按对方当事人的人数提出副本,上诉于宁夏回族自治区高级人民法院。

审 判 长　王××

审 判 员　刘××

审 判 员　马××

二○二二年五月五日

（院印）

书 记 员　杨××

本件与原件核对无异

(六)写作训练

题目:根据下列信息,撰写一篇行政裁定书。

基本信息:

1. 法院:北京市海淀区人民法院,案号格式:(××××)京 0108 行初××号。

2. 朝××,男,1981 年 1 月 21 日出生,汉族,户籍所在地北京市海淀区。

3. 北京市公安局公安交通管理局××交通支队××大队,住所地北京市海淀区复兴大道××号。法定代表人田××,任大队长一职。受托人该大队副大队长马××。

4. 朝××因违章驾驶机动车被上述大队罚款,于 2021 年 5 月 19 日向法院提起行政诉讼。

5. 法院当日立案后使用普通程序进行审理,审判长张×、审判员张××、陈××、书记员黄××。

6. 2021 年 5 月 29 日,朝××向法院提交撤诉申请书,自愿撤回起诉。

第四节　执行文书

(一)概念

执行文书,是指人民法院在执行过程中,依照法律规定制作的具有强制执行力的书面决定,执行文书属于民事诉讼文书的一种。实践中,因需处理不同的问题,所使用的执行文书也不同。具体包括执行裁定书、执行决定书、通知书、公告、函、搜查令等。由于执行文书涵盖执行程序的方方面面,种类较多,鉴于篇幅有限,本节简要介绍执行工作中常见的裁定书、决定书及通知书。

(二)作用

由于每一类执行文书解决的问题不同,其作用也不尽相同,本部分以终结本次执行程序的执行裁定书为例,概述该文书在执行工作中的主要作用。

终结本次执行程序是执行案件的一种结案方式,根据法律规定,对无财产可供执行的案件,可裁定终结本次执行。终结本次执行是执行案件的一种结案方式,不仅厘清了法院的职责范围,也明确了当事人自担风险的界限。

第一,明确了法院执行的权责范围。执行是人民法院利用覆盖全国的财产系统对被执行人名下的财产进行查控,如发现被执行人名下有可供执行的财产,则采取相应的措施对财产予以处置以实现申请人的债权。对于经查控后被执行人没有可供执行财产的案件,对被执行人采取相应的措施后,依照法律规定终结本次执行程序。这一制度设计在很大程度上解决了长期以来被执行人无可供执行财产给法院执行工作带来的压力。某种程度上讲,也使办案法官从无可供执行财产的案件中解脱出来,将有限的司法资源集中于有财产可供执行的案件,以提高执行效率,使执行工作发挥更大的效能。

第二,明确了当事人自担风险的界限。被执行人无可供执行的财产,致使申请人的债权落空,此为执行不能的风险,该风险来自于申请人在与被执行人发生法律关系时,不能因为申请人将案件诉诸法律就将此风险转嫁于法院,所以执行不能的风险理应由申请人自行承担。通过终结本次执行程序,使申请人更好地认识到社会风险的存在,在以后的社会活动中,进一步提高风险防范意识。

(三)法律依据

《民诉法司法解释》第517条规定,经过财产调查未发现可供执行的财产,在申请执行人签字确认或者执行法院组成合议庭审查核实并经院长批准后,可以裁定终结本次执行程序。

依照前款规定终结执行后,申请执行人发现被执行人有可供执行财产的,可以再次申请执行。再次申请不受申请执行时效期间的限制。

(四)格式及写作要点

1. 执行裁定书类(以终结本次执行程序为例)

(1)格式。

×××× 人民法院
执行裁定书

(××××)××执××号

申请执行人:×××,……
法定代理人/指定代理人/法定代表人/主要负责人:×××,……
委托诉讼代理人:×××,……

被执行人：×××，……

……

（以上写明申请执行人、被执行人和其他诉讼参加人的姓名或者名称等基本信息）

本院在执行×××与×××（写明案由）一案中，……（写明终结本次执行程序的事实和理由）。依照《最高人民法院关于适用〈中华人民共和国民事诉讼法〉的解释》第五百一十七条规定，裁定如下：

终结本次执行程序。

申请执行人发现被执行人有可供执行财产的，可以再次申请执行。

本裁定送达后立即生效。

审 判 长 ×××

审 判 员 ×××

审 判 员 ×××

×××年××月××日

（院印）

本件与原本核对无异

书 记 员 ×××

（2）写作要点。

第一，关于案号。因执行案件的第一份裁定书是关于查封冻结被执行人财产的文书，故终结执行裁定书的案号应注意要加之一或之二。

第二，终结本次执行的案件应严格按照《最高人民法院〈关于严格规范终结本次执行程序的规定（试行）〉》（以下简称《终本规定》）办理。《终本规定》第 1 条对终结本次执行程序的案件制定了程序标准和实质标准。根据该条规定的内容，终结本次执行程序必须同时满足以下条件：已向被执行人发出执行通知、责令被执行人报告财产；已向被执行人发出限制消费令，并将符合条件的被执行人纳入失信被执行人名单；已穷尽财产调查措施，未发现被执行人有可供执行的财产或者发现的财产不能处置；自执行案件立案之日起已超过 3 个月；被执行人下落不明的，已依法予以查找；被执行人或者其他人妨害执行的，已依法采取罚款、拘留等强制措施，构成犯罪的，已依法启动刑事责任追究程序。

第三，终结本次执行程序的事实和理由部分是文书写作的重中之重，体现了法院在执行案件中采取的查控措施，应当详细写明案件的执行经过、法院已经采取的执行措施及强制措施、已查明的被执行人财产情况、已实现的债权情况、未履行的债务情况等。对法院已经查控的银行账户或不能处置的财产，应当告知当事人向法院申请续冻结、续查封的时间，避免因查封冻结期限届满而导致查封落空的不利后果。

第四，申请执行人发现被执行人有可供执行财产的，可以再次申请执行，该条旨在告知申请执行人享有要求被执行人继续履行债务及依法向人民法院申请恢复执行的权利，表明终结本次执行程序并不代表执行程序的终结，不免除债务人的债务，消除当事人对终结本次执行程序产生的疑虑。

第五，根据法律规定，申请执行人可以对法院的终结本次执行程序提出执行异议，实践中，会在"本裁定送达后立即生效"后另加一段，"不服本裁定的，可在收到本裁定之日起，依照《中华人民共和国民事诉讼法》第二百三十二条向本院提出执行异议"，以告知申请人程序救济的途径。

2. 执行决定书类（以依职权将被执行人纳入失信被执行人名单为例）

（1）格式。

××××人民法院
执行决定书

　　　　　　　　　　　　　　　　（××××）××执××号

　　本院在执行×××与×××……（写明案由）一案中，经查，……（写明将被执行人纳入失信被执行人名单的事实和理由）。依照《中华人民共和国民事诉讼法》第二百六十二条、《最高人民法院关于公布失信被执行人名单信息的若干规定》第×条第×款规定，决定如下：

　　将×××纳入失信被执行人名单。

　　本决定一经作出即生效。

　　　　　　　　　　　　　　　　××××年××月××日

　　　　　　　　　　　　　　　　　　　　（院印）

（2）写作要点。

第一，根据《最高人民法院关于公布失信被执行人名单信息的若干规定》（以下简称《失信规定》）的内容，将被执行人纳入失信人员名单需符合一定的条件。本样式是人民法院在执行案件中依职权将被执行人纳入失信人员名单的范本。另外，申请执行人也可申请人民法院将被执行人纳入失信人员名单，文书样式略有不同。

第二，根据《失信规定》第4条的内容，被执行人为未成年人的，人民法院不得将其纳入失信被执行人名单。

第三，执行决定书应当写明将被执行人纳入失信被执行人名单的理由，有纳入期限的，应当写明纳入期限，并且应当按照民事诉讼法的相关规定送达当事人。

3. 执行通知书类（以通知被执行人和通知第三人履行到期债务为例）

（1）通知被执行人格式。

××××人民法院

执行通知书

（××××）××执××号

×××：

你/你单位与×××……（写明案由）一案，本院（或其他生效法律文书的作出机关）（××）号民事判决（或写明其他生效法律文书）已发生法律效力。申请执行人（或委托、移送、报请执行的单位）于×××年××月××日向本院申请/委托/移送/报请强制执行，本院于×××年××月××日立案。依照《中华人民共和国民事诉讼法》第二百四十七条、《最高人民法院关于人民法院执行工作若干问题的规定（试行）》第二十二条规定，责令你/你单位履行下列义务：

……

开户银行：××××

账户名称：××××

账   号：××××

特此通知。

××××年××月××日

（院印）

联系人：×××　　　　　　联系电话：……

本院地址：……　　　　　　邮   编：……

风险提示：

根据《最高人民法院关于公布失信被执行人名单信息的若干规定》第一条的规定，被执行人未履行生效法律文书确定的义务，并具有下列情形之一的，人民法院应当将其纳入失信被执行人名单，依法对其进行信用惩戒：

（一）有履行能力而拒不履行生效法律文书确定义务的；

（二）以伪造证据、暴力、威胁等方法妨碍、抗拒执行的；

（三）以虚假诉讼、虚假仲裁或者以隐匿、转移财产等方法规避执行的；

（四）违反财产报告制度的；

（五）违反限制消费令的；

（六）无正当理由拒不履行执行和解协议的。

被执行人履行的义务中除应当写明案件受理费、其他诉讼法费用、申请执行费的数额外，还应当通知其承担民事诉讼法规定的迟延履行利息或者迟延履行金。

（2）通知第三人履行到期债务格式。

××××人民法院
通知书

（××××）××执××号

×××：

在本院执行×××与×××（写明案由）一案中，被执行人×××对你/你单位享有到期债权，申请执行人/被执行人×××于××××年××月××日向本院申请执行对你/你单位的到期债权。本院经审查认为，申请执行人/被执行人×××的申请符合法律规定。依照《最高人民法院关于人民法院执行工作若干问题的规定（试行）》第四十五条、第五十一条规定，通知如下：

你/你单位自收到本通知后十五个工作日内向申请执行人×××履行对被执行人×××到期债务……元，不得向被执行人清偿。

如有异议，应当自收到本通知后十五日内向本院提出；若擅自向被执行人×××履行，造成财产不能追回的，除在已履行的财产范围内与被执行人承担连带清偿责任外，本院将依法追究你妨害执行的法律责任。

逾期不履行又不提出异议的，本院将强制执行。

特此通知。

××××年××月××日
（院印）

联系人：×××　　　　联系电话：……
本院地址：……

该文书必须直接送达第三人，不能采用公告送达等方式。

（五）范文

宁夏回族自治区银川市兴庆区人民法院
执行裁定书

（××××）宁××××执×××号之一

申请执行人：张××，女，1981年10月2日出生，汉族，住宁夏回族自治区银川市兴庆区海宝小区×××号。

被执行人：王××，女，1976年4月5日出生，汉族，住宁夏回族自治区银川市兴庆区康民花园×××号。

申请执行人张××与被执行人王××民间借贷纠纷一案，本院作出的（×××××）宁××××民初××号民事判决书已经发生法律效力。确定被执行人王××偿还申请执行人张××借款本金40 000元，并按照全国银行间同业拆借中心公布的一年期贷款市场报价年利率3.85％支付借款40 000元自2021年1月27日起至判决确定的还款之日止的利息。加倍支付迟延履行期间的债务利息（利息待核算）。案件受理费400元，公告费300元，依法缴纳执行费511元，以上共计41 211元。但被执行人王××至今未履行生效法律文书确定的义务。申请执行人张××向本院申请执行，本院已于2021年2月18日立案执行。

本案在执行过程中，已依法采取下列执行措施：

一、在本案执行过程中，已向被执行人发出执行通知书，责令其在限期内履行法律文书所确定的义务，传唤其到本院接受调查询问，并报告财产状况，但被执行人至今下落不明，未履行义务，且未向本院申报财产，本院已对其采取限制消费措施，并依申请将其纳入失信被执行人名单。

二、本院通过执行网络查控系统向金融机构、车辆登记部门、证券机构、网络支付机构、自然资源部门、保险机构、税务部门、民政部门等发出查询通知，并对已反馈的财产采取相应的措施：

1. 本院已冻结被执行人银行账户，账户内存款合计0元，账户冻结期限一年，自2021年2月19日至2022年2月19日。

2. 查明被执行人名下无房产、车辆登记信息。

上述措施期限届满后自动解除查封、扣押、冻结，申请执行人需要提前30日向本院书面申请续行查封、扣押、冻结，否则自行承担解除查封、扣押、冻结后的法律后果，并承担执行不能的法律后果。

三、本院已对被执行人住所地、单位、经营场所或者可能隐匿、转移财产所在地、申请执行人提供的地址进行必要调查和查找，未查找到被执行人法定代表人的具体下落或者发现可供执行的财产。

本院已告知申请执行人本案的执行情况、财产调查措施、被执行人的财产情况、终结本次执行程序的依据及法律后果等，申请执行人在指定期限内不能向本院提供被执行人的可供执行财产线索，并同意终结本次执行程序。经合议庭合议，本院已穷尽财产调查措施，未发现被执行人有可供执行财产或者其名下财产依法不能处置，符合终结本次执行程序的条件。依照《最高人民法院关于适用〈中华人民共

和国民事诉讼法〉的解释》第五百一十七条之规定,裁定如下:

终结本次执行程序。

终结本次执行程序后,申请执行人负有申请续行查封、扣押、冻结和提供财产线索的义务,被执行人负有继续履行生效法律文书确定的义务。被执行人自动履行完毕的,当事人应当及时告知本院。

申请执行人发现被执行人有可供执行财产的,可向本院或其他有管辖权的法院申请恢复执行。申请执行人申请恢复执行不受申请执行时效期间的限制。

本裁定送达后立即生效。

不服本裁定的,可在收到本裁定之日起,依照《中华人民共和国民事诉讼法》第二百三十二条向本院提出执行异议。

审　判　长　×××

审　判　员　×××

审　判　员　×××

二〇二一年××月××日

（院印）

书　记　员　×××

本件与原件核对无异

（六）写作训练

请根据下列案件情况撰写一篇终结本次执行程序的执行裁定书。

1. 当事人情况

申请人:张×,男,1990年10月15日出生,汉族,住宁夏回族自治区银川市兴庆区 A 小区。

被执行人:王×,男,1985年4月2日出生,汉族,住宁夏回族自治区银川市兴庆区 B 小区。

2. 执行依据:(20××)宁01××民初21××号民事判决书,判令王×于判决书生效之日起七日内偿还张×借款15 000元。承担案件受理费175元。

3. 执行查控措施:经总对总查控,王×名下现有银行存款1000元,已冻结名下银行账户,冻结期限自2022年4月2日至2023年4月1日;王×名下无房产、车辆、保险、证券等资产。另外,被执行人王×在法院的关联案件中显示,王×均未履行完毕债务,所涉案件均终结本次执行程序。

第五节 笔 录

(一)概念

笔录,是指在法律活动中,由专门负责记录的书记员将法律活动参与者的身份、所述内容详细记录下来的文书。笔录广泛运用于刑事、民事、行政、执行等司法活动中。笔录分为调查笔录、讯问笔录、庭审笔录等。

相较于正常交谈,笔录的记录存在滞后性。随着科技的发展,同步录音录像技术为笔录的制作、检验提供了极大的帮助,甚至出现替代笔录的趋势。但是,作为传统法律文书,笔录在诉讼活动中仍然发挥着巨大的作用。

(二)作用

笔录的作用主要体现为证明,并为人民法院认定案件事实提供支撑。

(1)笔录最关键的作用就是在案件审理过程中记录包括审判人员在内的各方在各个诉讼环节的陈述、意见及交流过程。笔录制作完成后,须经各方签字确认,签字后的笔录将成为认定案件事实并对案件进行审理裁判的依据。

(2)笔录是人民法院发现案件事实、查清案件事实、固定案件事实的手段,是人民法院审理各类案件不可或缺的方法。人民法院为审理案件制作的笔录,应当由相关当事人签名。如当事人拒绝签名,书记员将相关情况记载入笔录后,该笔录记载的事实仍可以作为定案的依据。

(三)法律依据

《民事诉讼法》第 147 条规定,书记员应当将法庭审理的全部活动记入笔录,由审判人员和书记员签名。法庭笔录应当当庭宣读,也可以告知当事人和其他诉讼参与人当庭或者在 5 日内阅读。当事人和其他诉讼参与人认为对自己的陈述记录有遗漏或者差错的,有权申请补正。如果不予补正,应当将申请记录在案。法庭笔录由当事人和其他诉讼参与人签名或者盖章。拒绝签名盖章的,记明情况附卷。

《刑事诉讼法》第 187 条规定,人民法院决定开庭审判后,应当确定合议庭的组成人员,将人民检察院的起诉书副本至迟在开庭 10 日以前送达被告人及其辩护人。

在开庭以前,审判人员可以召集公诉人、当事人和辩护人、诉讼代理人,对回避、出庭证人名单、非法证据排除等与审判相关的问题,了解情况,听取意见。

人民法院确定开庭日期后,应当将开庭的时间、地点通知人民检察院,传唤当事人,通知辩护人、诉讼代理人、证人、鉴定人和翻译人员,传票和通知书至迟在开庭 3 日以前送达。公开审判的案件,应当在开庭 3 日以前先期公布案由、被告人姓名、开庭时间和地点。

上述活动情形应当写入笔录,由审判人员和书记员签名。

(四)格式及写作要点

笔录作为记录诉讼活动的文书,最基本的要求就是要准确反映诉讼活动的过程和内容。总体而言,笔录要能够反映时间、地点、人物、事件、经过五个基本要素。下面就常见的调查笔录、勘验笔录、法庭笔录的格式及写作要点进行介绍。

1.调查笔录

(1)格式。

调查笔录

(××××)××刑/民/行初××号

时间:×××年××月××日××时××分至××时××分

地点:……(写明制作笔录的详细地点)。

调查人:×××(写明姓名和职务)。

记录人:×××(写明姓名和职务)。

被调查人:×××(写明基本身份信息,与本案当事人的关系)。

记录如下:

调:我们是×××人民法院的……(出示工作证件),今天就……一案的……情况,向你进行调查,请你给予配合并如实回答相关问题,是否听清?

被调:听清了。

调:……(就相关问题进行提问)

被调:……(对相关问题进行回答)

……

调:今天的调查到此结束。请你阅笔录,确认无误后签名。

被调:好的。

被调查人:(签名或盖章)

调查人:(签名或盖章)

记录人:(签名或盖章)

(2)写作要求。

第一,开始制作笔录时,写开始的时间,待笔录制作完,最后写截止的时间。时间精确到分。

第二,调查时至少需要两名工作人员,并出示工作证件。

第三,调查笔录经被调查人校阅后,由被调查人、调查人、记录人签名或盖章。

2. 勘验笔录

(1)格式。

勘 验 笔 录

(××××)××刑/民/行初××号

时间:×××年××月××日××时××分至××时××分

地点:……(写明制作笔录的详细地点)。

勘验对象:……(写明勘验的现场或物证)。

勘验人:×××(写明姓名、单位、职务)。

在场人:×××(写明到场的当事人或者其成年家属、当事人的法定代表人或主要负责人的姓名、性别等基本信息)。

记录人:×××(写明姓名、单位、职务)。

勘验经过:

……

勘验情况和结果:……

被调查人:(签名或盖章)。

调查人:(签名或盖章)。

记录人:(签名或盖章)。

---

(2)写作要求。

第一,勘验物证或者现场,勘验人必须出示人民法院的证件,并邀请当地基层组织或者当事人所在单位派人参加。当事人或者当事人的成年家属应当到场,拒不到场的,不影响勘验的进行。

第二,有关单位和个人根据人民法院的通知,有义务保护现场,协助勘验工作。

第三,勘验人应当将勘验情况和结果制作笔录,由勘验人、当事人和被邀参加人签名或者盖章。

3. 法庭笔录

这里介绍民事案件的庭审笔录,其他诉讼类型的庭审笔录可参考制作。

(1)格式。

法庭笔录

时间：×××年××月××日××时××分至××时××分

地点：×××人民法院第××法庭

案号：……（写明案号）。

案由：……（写明案由）。

审判人员：……（写明姓名和职务）。

书记员：×××

（开庭审理前，书记员应当查明当事人和其他诉讼参与人是否到庭，落座后宣布法庭纪律，后请审判人员入庭就座）

审判人员：（敲击法槌）现在开庭。首先核对当事人和其他诉讼参加人的基本信息。

原告：×××，……

被告：×××，……

第三人：×××，……

（以上写明当事人和其他诉讼参加人的基本信息，未到庭的括注未到庭，委托诉讼代理人括注代理权限）

审判人员：原告对对方出庭人员有无异议？

原告：……

审判人员：被告对对方出庭人员有无异议？

被告：……

审判人员：第三人对原、被告出庭人员有无异议？

第三人：……

审判人员：经核对，各方当事人和其他诉讼参加人均符合法律规定，可以参加本案诉讼活动。×××人民法院依照《中华人民共和国民事诉讼法》第一百三十七条规定，今天依法适用普通程序，公开/不公开开庭审理（×××××）××民×××号原告×××与被告×××，第三人×××……（写明当事人及案由）一案。本案由审判员：×××、审判员/人民陪审员×××、审判员/人民陪审员×××组成合议庭，由审判员：×××担任审判长，由书记员：×××担任记录。

告知当事人有关的诉讼权利义务。

审判人员：当事人可以提出回避申请。原告是否申请回避？

原告：……

审判人员：被告是否申请回避？

被告：……

审判人员：第三人是否申请回避？

第三人：……

审判人员：现在进行法庭调查。首先由原告陈述诉讼请求、事实和理由。

原告：诉讼请求：……

事实与理由：……

审判人员：现在由被告答辩。

被告：……

审判人员：现在由第三人陈述。

第三人：……

审判人员：现在进行法庭举证质证。首先由原告进行举证。

原告：证据一……（写明证据名称、数量、原件或者复印件，以及证明目的）。

审判人员：由被告、第三人陈述质证意见。

被告×××：……

第三人×××：……

审判人员：请原告继续举证。

原告：证据二……

……（原告证据出示完后由被告举证、然后是第三人，举证结束后，需记录"举证结束"）

审判人员：下面进行提问。就本案事实，各方当事人有无需要向对方核实的问题？

原告：……

被告×××：……

第三人×××：……

（如有问题发问，则记录问、答的内容；发问结束，需记录"发问完毕"；没有问题发问，记录"无问题发问"；各方均无问题发问后，最后由审判人员向各方当事人核实问题）

审判人员：根据各方当事人的诉讼请求、答辩意见以及证据交换及法庭提问的情况，合议庭归纳本案庭审争议焦点如下：一、……二……三、……各方当事人对合议庭归纳的争议焦点是否有异议？原告：……

被告：……

第三人：……

审判人员：下面围绕本案争议焦点涉及的事实问题展开调查。

问题一：……

原告：……

被告：……

第三人：……

问题二：……

原告：……

被告：……

第三人：……

审判人员：现在进行法庭辩论。法庭辩论阶段需要当事人发表法律意见的问题是：一、……二、……三、……首先由原告发言。

原告：……

审判人员：现在由被告答辩。

被告：……

审判人员：现在由第三人发言/答辩。

第三人：……

审判人员：现在由当事人互相辩论。首先由原告发表辩论意见。

原告：……

审判人员：现在由被告发表辩论意见。

被告：……

审判人员：现在由第三人发表辩论意见。

第三人：……

审判人员：法庭辩论终结。现在由当事人最后陈述。首先由原告陈述。

原告：……

审判人员：现在由被告陈述。

被告：……

审判人员：现在由第三人陈述。

第三人：……

审判人员：征询各方当事人的调解意向。原告是否愿意调解？

原告：……

审判人员：被告是否愿意调解？

被告：……

审判人员：第三人是否愿意调解？

第三人：……

审判人员：（写明不能达成调解的原因，如分歧较大、当庭无法达成调解）现在闭庭。（敲击法槌）

原告:(签名或者盖章)

被告:(签名或者盖章)

第三人:(签名或者盖章)

审判人员:(签名)

书记员:(签名)

(如当庭宣判的,按下列格式记录)

审判人员:现在休庭××分钟,由合议庭进行评议。(敲击法槌)

审判人员:(敲击法槌)现在继续开庭。

审判人员:……(写明当事人及案由)一案,合议庭经过审理,并进行了评议。现在当庭宣告裁判内容如下:(敲击法槌)

书记员:全体起立。

审判人员:……(宣告判决主文)

如不服本判决,可以在判决书送达之日起十五日内,向本院递交上诉状,并按对方当事人或者代表人的人数提出副本,上诉于×××人民法院。

如当事人不当庭要求邮寄发送本裁判文书,应在××××年××月××日到×××处领取裁判文书,否则承担相应后果。

审:现在闭庭。(敲击法槌)

原告:(签名或者盖章)

被告:(签名或者盖章)

第三人:(签名或者盖章)

审判人员:(签名)

书记员:(签名)

(2)写作要求。

第一,书记员应当将法庭审理的全部活动记入笔录。

第二,法庭笔录应当当庭宣读,也可以告知当事人和其他诉讼参与人当庭或者在5日内阅读。当事人和其他诉讼参与人认为对自己的陈述记录有遗漏或者差错的,有权申请补正。如果不予补正,应当将申请记录在案。

第三,法庭笔录由当事人和其他诉讼参与人签名或者盖章。拒绝签名盖章的,记明情况附卷。

第四,法庭笔录由审判人员和书记员签名。

第五,当庭调解达成协议的,使用法庭笔录记明调解内容,不另行制作调解笔录。

第六,当庭宣判的,使用法庭笔录记明,不另行制作宣判笔录。

第五章　律师实务法律文书

第一节　民事起诉状

一、概念

民事起诉状是指与民事案件有直接利害关系的公民、法人或者其他组织为维护其合法民事权益，就有关民事权利义务的争议向人民法院提起诉讼，请求被告给付、人民法院确认或变更原被告双方之间权利义务所使用的法律文书。

二、作用

起诉状的作用具体体现在以下三个方面。

1. 起诉状是原告行使起诉权的具体表现

书面民事起诉状是当事人行使其依法享有的起诉权的表现，是当事人行使权利的具体表现，通过向人民法院提交民事起诉状寻求国家司法途径救济并开启民事审判程序，有利于当事人实体权利依法得到应有的保护。

2. 起诉状是人民法院审理民事纠纷的基础

民事起诉状中载明的诉讼请求、事实及理由等内容，是人民法院对纠纷进行调解、审理的基础。通过民事起诉状，可使人民法院及法官了解原告的诉讼请求、事实理由以及相应的初步事实，为人民法院公正、合理地解决纠纷打下基础。

3. 起诉状是被告答辩的依据

人民法院受理案件后，将民事起诉状副本送达被告。被告将针对起诉状中列名的诉讼请求、事实及理由进行答辩，初步阐述应诉的理由及依据。

三、法律依据

《民事诉讼法》第 122 条规定，起诉必须符合下列条件：(1)原告是与本案有直接利害关系的公民、法人和其他组织；(2)有明确的被告；(3)有具体的诉讼请求和事实、理由；(4)属于人民法院受理民事诉讼的范围和受诉人民法院管辖。

《民事诉讼法》第 123 条规定，起诉应当向人民法院递交起诉状，并按照被告人数提出副本。书写起诉状确有困难的,可以口头起诉,由人民法院记入笔录,并告知对方当事人。

《民事诉讼法》第 124 条规定,起诉状应当记明下列事项:(1)原告的姓名、性别、年龄、民族、职业、工作单位、住所、联系方式,法人或者其他组织的名称、住所和法定代表人或者主要负责人的姓名、职务、联系方式;(2)被告的姓名、性别、工作单位、住所等信息,法人或者其他组织的名称、住所等信息;(3)诉讼请求和所根据的事实与理由;(4)证据和证据来源,证人姓名和住所。

四、格式

民事起诉状的结构包括首部、正文以及尾部三部分。

(一)首部

1. 标题

民事起诉状的标题可直接拟为:民事起诉状。

2. 当事人基本情况

当事人基本情况包括自然人原告和被告的姓名、性别、民族、职业、出生年月日、住所、公民身份证号及联系方式。法人或其他组织的名称、住所地和主要负责人的姓名,职务。被告方的情况尽量从合同、证据、公开网站等方面获取。

如原告是未成年人,则应在"原告"下一项写明:法定代理人姓名、性别、同原告的关系。

如有第三人参加诉讼,应在列名原被告信息后,写明第三人的姓名和基本情况,并根据案情需要,证明第三人与原告之间的关联。

如一方当事人系个体工商户,应写明经营者姓名、性别、出生年月日、民族、住所及联系方式;有字号的,以营业执照上登记的字号为当事人,并写明该字号经营者的基本信息。原告是起字号的个人合伙的,在其姓名之后以括号注明"系……(字号)的合伙人"。

(二)正文

民事起诉状的正文部分,包括以下几项内容。

1. 诉讼请求

诉讼请求,是原告方要求人民法院解决具体民事纠纷的具体事项。诉讼请求的事项必须明确、具体,相对固定。不能写得含糊其辞、抽象笼统、随意变化。诉讼请求的设计,务必做到慎重、考虑周全、力求没有遗漏。立案后如诉讼请求确有不准确、不全面之处,可以另行向人民法院提出变更或增加新的诉讼请求。另外,诉讼请求中涉及金额计算的还需列明诉讼请求中全部金额合计数额,以便人民法院计算应缴纳的诉讼费用。

2. 事实及理由

事实是指原被告之间产生纠纷的事实。案件事实的内容具体包括：当事人之间发生的法律关系、纠纷产生的原因及发展过程；争议焦点、具体内容，被告造成的损失以及应当承担的责任。

立案过程中，还需要注意初步提交争议事项所具备的基础证据。根据民事诉讼法的规定，"谁主张、谁举证"，原告应在立案时提交证据复印件，至开庭时向人民法院提交原件以供核对。

事实部分描述完毕后，应写明引起诉讼的纠纷性质、导致的结果及造成的损失等，同时明确提起诉讼所依据的法律条款。理由可以依照如下形式书写："综上，（描述纠纷性质、造成的损失以及被告应当承担的责任），根据我国××法第××条××项的规定，提起诉讼，请求人民法院判入所请，以维护原告的合法权益。"

3. 尾部

民事起诉状的尾部，应依次写明：（1）起诉法院的名称；（2）具状人的签名或盖章；（3）提起诉讼的时间；（4）民事起诉状的附项。

具体书写格式可为：

此致
×××人民法院

具状人：×××（签名或盖章）
××××年××月××日

五、写作要点

（1）民事起诉状的首部列名诉讼参与人时，切记要有完整、具体的信息。这样一方面有利于确认案涉法律关系中的主体；另一方面有利于人民法院向原告以外的其他诉讼参与人进行送达，以保证诉讼程序的顺利进行。

（2）诉讼请求部分的书写切记要明确、简练，各项诉讼请求设计要有一定的法律依据作为基础。力求做到不提无理要求、不提含混不清的请求。涉及金额计算的，尽量列明计算过程及计算方式，以利于人民法院对于诉讼请求金额的审查认定。

（3）书写事实与理由部分时切记要简明扼要地描述争议事实的过程，损失的产生及被告造成的损失，诉讼请求的具体法律依据等。事实与理由部分应避免过于冗长，仅客观简略叙述事实情况即可。这样一方面可以方便人民法院初步审查案件争议焦点；另一方面可以避免部分待证事实在诉状中出现纰漏构成自认。

六、范文

民事起诉状

原告:银川××××有限公司,住所地宁夏回族自治区×××市工业园区××工贸城北四区×××号。

法定代表人:×××,系公司执行董事。

被告:宁夏××××股份有限公司,住所地×××市×××区××××广场××号综合楼××层。

法定代表人:×××,该公司董事。联系电话:130××××××××。

被告:×××,男,××××年××月××日出生,身份证号码××××××××××××××××,住××市××区××小区××—××—×××室,系宁夏×××股份有限公司副总经理,联系电话:138××××××××。

被告:×××,男,汉族,生于××××年××月××日,公民身份号码××××××××××××××,住××市××区×××路万达广场×区××—××号,联系电话:155××××××××。

诉讼请求:

1. 请求人民法院依法判令三被告向原告赔偿损失 5 888 462.6 元;

2. 本案的全部诉讼费用由三被告共同承担。

事实及理由:

2017 年,被告宁夏××××股份有限公司(以下简称金融超市)以向原告提供借款居间服务的名义要求原告及其担保人签署空白的《民间借贷合同》《借款借据》等文书,声称找到具体的投资人后补充出借人的信息,并要求原告的法定代表人在被告金融超市楼下的中信银行开立账户交给金融超市以便监控原告的资金使用情况。原告的法定代表人于 2017 年 9 月 22 日在中信银行银川悦海支行开立了尾号为 8938 的账户,同日将 U 盾交付金融超市并告知账户密码。

2017 年 10 月 26 日、27 日,被告金融超市使用原告签署的空白文书,以原告的名义向 13 位出借人共计借款 500 万元,被告作为居间人在原告与出借人签署的借款合同上盖章。上述 13 位出借人的款项支付至×××名下尾号 8938 的账户后,被告在未告知原告资金已筹集到位的情况下,擅自处分了出借人交付给原告的款项。通过查询原告指定的收款账户,即×××名下尾号 8938 的账户的交易流水可知,被告将上述 500 万元代偿与原告无关的借款累计 1 676 640 元,转入被告×××

账户 2 945 958.21 元,剩余部分其使用其员工×××的账户转入郝××账户 285 万元,转入被告×××账户 335 万元。原告对于上述款项的进出毫不知情,更不知自己已背负本金为 500 万元的债务。

2019 年 4 月开始,原告及原告的法定代表人之父×××卷入 11 个仲裁案件,其中,以被告×××为主债务人的仲裁案件七起,涉案本金 350 万元,以原告为债务人的仲裁案件四起,涉及本金 150 万元。上述借款也是被告以原告、被告×××各自的名义举借,但是通过二借款人签署的委托授权书要求出借人转入被告使用的×××的银行账户。仲裁庭审中,被告陈述上述 11 个案件涉及的 500 万元借款已用于归还前述原告于 2017 年 10 月 26 日、27 日向 13 位出借人举借的 500 万元。银川仲裁委员会就上述 11 起案件分别作出的(2019)银仲字第×××、×××-×××、×××-×××号《裁决书》裁决由原告及×××承担借款本金、利息、律师费、仲裁费、保全费、保全担保费共计 5 648 784.6 元(不含部分未计算的逾期利息)。嗣后,因申请强制执行累计产生执行费用 79 679 元。

原告确实有委托被告金融机构提供借款居间服务的意向,并基于对其的信任签署了空白的法律文书,但是借到的款项均未为原告所用,且原告最终需要承担 500 多万元的损失。此外,原告为处理上述借款引起的仲裁及诉讼事宜,聘请律师另需支付法律服务费用 16 万元。

原告认为,被告作为居间人,不及时、不完全履行对原告的告知义务,私自处分委托人的财产,滥用居间人的权利损害了原告的权利,致使原告在未收到、使用借款资金的情况下承担巨额的债务,并因此需要承担巨额的费用,被告应向原告承担损害赔偿责任。综上,原告为维护自己的合法权益,依据《中华人民共和国民法典》第×××条特向贵院提起诉讼,恳请人民法院查明事实,支持原告的全部诉讼请求。

此致
××××人民法院

具状人:银川×××××有限公司
××××年××月××日

七、点评

该篇民事起诉状格式工整规范,原告的诉讼请求明确、具体、合理、合法,且诉讼请求有足够的事实及理由予以支撑。事实与理由部分对于欠款成因、欠款的处分情况有完整的说明,通过一系列事实的列举进而认定几名被告违反具体法律规定给原告造成经济损失的行为已经成立。综合而言,范文行文流畅,诉讼请求设计明确完整,与事实及理由能够相互印证协调。

第二节 民事上诉状

一、概念

民事上诉状是民事诉讼的一方当事人或承担了责任的第三人不服各级人民法院作出的一审判决或者裁定,依法向上一级人民法院提起上诉,请求撤销、改判原审裁判或要求上级法院将案件发回一审法院重新审理而使用的文书。

二、作用

民事上诉状的作用具体体现在以下几个方面。

(1)民事上诉状是启动民事诉讼二审程序的必备文书,民事诉讼中的上诉必须在一审裁定、判决作出之日起 10 日或 15 日内以书面民事上诉状的方式提出,书面形式的民事上诉状可确保二审程序的顺利启动,且依照我国《民事诉讼法》的规定,上诉必须以书面形式进行。由此可见,上诉状是当事人维护自身合法权益的重要体现。

(2)民事上诉状主要是当事人针对一审判决或裁定在认定事实、适用法律方面存在的问题提出的,具有一定的针对性,与民事起诉状有明显的诉求区别。

(3)民事上诉状可以使二审法院对上诉案件进行审查,以便正确处理案件,也有利于二审法院对下级法院的审判工作进行有效的监督和指导。

三、法律依据

《民事诉讼法》第 172 条规定,上诉应当递交上诉状。上诉状的内容,应当包括当事人的姓名,法人的名称及其法定代表人的姓名或者其他组织的名称及其主要负责人的姓名;原审人民法院名称、案件的编号和案由;上诉的请求和理由。

《民事诉讼法》第 173 条规定,上诉状应当通过原审人民法院提出,并按照对方当事人或者代表人的人数提出副本。当事人直接向第二审人民法院上诉的,第二审人民法院应当在 5 日内将上诉状移交原审人民法院。

《民事诉讼法》第 174 条规定,原审人民法院收到上诉状,应当在 5 日内将上诉状副本送达对方当事人,对方当事人在收到之日起 15 日内提出答辩状。人民法院应当在收到答辩状之日起 5 日内将副本送达上诉人。对方当事人不提出答辩状的,不影响人民法院审理。原审人民法院收到上诉状、答辩状,应当在 5 日内连同全部案卷和证据,报送第二审人民法院。

四、格式

民事上诉状的结构分为首部、正文和尾部三部分。

（一）首部

1. 标题

民事上诉状的标题应居中写明"民事上诉状"。

2. 当事人基本情况

这部分需要分别列明上诉人和被上诉人的基本情况，具体书写方法可参照"民事起诉状"一节中对于当事人基本信息的书写方法。另需注意的是，上诉人仅针对原审判决或裁定中部分诉讼参与人提起上诉的，对于未列为被上诉人的参与人，在上诉状中应列明其原审诉讼地位，详细信息写作标准与其他诉讼参与人保持一致。

3. 案由

案由部分应写明上诉人不服原审判决或裁定的理由，具体可书写为："上诉人因与被上诉人××××一案，不服×××人民法院于××××年××月××日作出的××××号民事判决书/裁定书，现提出上诉，上诉请求既事实与理由如下"。

（二）正文

正文为民事上诉状的核心部分，包含诉讼请求、事实及理由两部分。

1. 上诉请求

该部分明确写明上诉人不服原审判决或裁定的具体内容，如仅对某部分判项或裁定项不服，要具体说明针对的判项内容，提出上诉具体希望改判为何种内容，要求二审法院撤销、变更一审判决或请求发回重审。

2. 事实及理由

事实及理由要有针对性地进行阐述，具体分为几种情况：

（1）认为原审认定的事实、证据有误。此种情形下，上诉人可强调陈述真实的案件情况，强调原审法院认定错误的部分及列举明确的证据加以论证，有针对性地反驳原审判决或裁定中事实认定错误的部分。

（2）认为原审判决或裁定遗漏了部分事实或证据的。如果上诉人应在原审中提供的某部分证据，因为客观事实无法在一审审判活动中提供，或者已经提交但一审判决或裁定未能进行认定或采信，且这部分证据或事实情况能够影响案件的审判结论的，上诉状中应着重强调该部分证据，并列明已有证据加以证实。

（3）原审判决或裁定中应当变更当事人或遗漏当事人的。如上诉人在诉讼中发现遗漏了应当参与案件审理的共同诉讼的当事人或存在应当追加而未追加的当事人，或者一审中有当事人经通知后有正当理由未能到庭参与诉讼且一审法院进行缺席审理的情况等,属于明显的程序性错误,意味着有当事人被剥夺了依法陈述及参与诉讼的权利,一审未能进行审理认定,上诉人可以将该情形作为上诉理由提起上诉。

(4)认为原审法院适用法律存在错误的。上诉人如认为原审判决或裁定适用法律存在错误,或者在应用法律条文过程中存在明显的理解错误,如曲解、片面等情形,应当在事实及理由部分就上诉人认为案件审理应当适用的法律条文进行列举及分析论证,从而指出原审判决或裁定适用法律的错误。如原审判决或裁定适用程序性法律有误,则应具体说明程序错误的部分,以作为要求二审法院撤销、改判或将案件发回重审的依据。

(三)尾部

民事上诉状的尾部包括致送法院的名称,上诉人签名,上诉时间等内容。

五、写作要点

(1)民事上诉状的内容要具备一定的针对性,要将原审认定的事实和上诉人的具体上诉请求、真实客观的事实情况进行反复对照。同时要将原审判决或裁定适用的法律条文与应当适用的法律条文进行对照,以明确原审判决或裁定存在的错漏并据此进行反驳、说明。

(2)民事上诉状中要反复论证、分析上诉的结论,并明确、证实原审判决或裁定中存在的问题,同时明确上诉人的上诉请求和上诉主张。反驳原审判决或裁定后提出改判或发回重审的要求。

(3)民事上诉状中要明确上诉请求及希望改判为何种结果,开门见山地提出要求后再进行论证、分析。

六、范文

民事上诉状

上诉人:××××置业有限公司,住所地宁夏××市××区×××1号

法定代表人:××,该公司总经理

被上诉人:×××,男,××××年××月××日生,住宁夏××市××区×××大厦301室,身份证号:×××××××××××××××××

被上诉人:×××,男,××××年××月××日生,住宁夏××市××区×××大厦301室,身份证号:×××××××××××××××××

上诉人因不服银川市××区人民法院作出的(2021)宁××××民初××××号《民事判决书》,特提起上诉。

上诉请求：

1. 请求人民法院依法撤销银川市××区人民法院作出的(2021)宁××××民初××××号《民事判决书》，改判支持上诉人全部诉讼请求或将本案发回重审。

2. 本案一审及二审的全部诉讼费用由被上诉人承担。

事实及理由：

银川市××区人民法院作出的(2021)宁××××民初××××号《民事判决书》(以下简称"原审判决")认定事实不清、适用法律错误，依法应当改判或将本案发回重审，理由如下：

一、原审判决认定协议性质错误

涉案协议书虽名称并非未明确为商品房买卖合同，但合同主要内容系由二被上诉人定制，用于购买上诉人开发的××××商城××区××♯商业楼等楼栋。合同约定，被上诉人作为购买上述楼栋的客户，由其指定施工方对购买房产的地块进行施工，由上诉人为其提供开发资质、图纸报规等一系列房地产开发手续，房屋建成后交由被上诉人方使用。双方合同明确："乙方(被上诉人方)自愿订购上述××区××号商业楼用于经营使用。因乙方定制的××♯商业楼需重新再规划、再设计，乙方明知上述房产尚未开工建设，尚未取得商品房预售许可证，并自愿放弃由此向甲方(上诉人)主张任何赔偿权利。"协议中另外对于出售项目的价款、总面积、面积差处理方式、价款变动、交付条件、产权变更登记方式、违约责任及附属设施设备的建设等具体事项进行了明确约定。合同签订后，上诉人收取被上诉人单楼栋20%首期购房款576万元。但至今涉案协议项下的地块未开工建设，也未取得商品房预售许可证。根据《最高人民法院关于审理商品房买卖合同司法解释》(2020修订)第二条、第五条之规定："出卖人未取得商品房预售许可证明，与买受人订立的商品房预售合同，应当认定无效，但是在起诉前取得商品房预售许可证明的，可以认定有效。""商品房的认购、订购、预订等协议具备《商品房销售管理办法》第十六条规定的商品房买卖合同的主要内容，并且出卖人已经按照约定收受购房款的，该协议应当认定为商品房买卖合同。"本案中，原被上诉人签订的《协议书》，虽名称载明定制产品，但其实质为商品房买卖合同，而且协议的内容具体明确，包含了双方名称、房屋坐落、购买单价、成交总价、交付条件、面积误差及处理方式、违约责任和争议解决方式等，具备了《商品房销售管理办法》第十六条规定的商品房买卖合同的主要内容，上诉人与被上诉人之间应当认定为商品房买卖合同关系。由于涉案协议项下的房屋至今未既未动工建设也未取得预售许可证，应当认定为无效合同。双方协议中约定的另行签订《商品房买卖合同》，实质上仅为按照行政规定办理交接及权属登记所必须的条件,而并非有其他事宜需要后续协商,因为商品房买卖过程当中需要磋商的主要问题已经在《协议书》中约定完毕。故涉案《协议书》的性质应当为商品房买卖合同,该合同因未取得预售许可证而属于无效合同。原审法院认定涉案协议为"合作开发房地产合同关系"属于认定事实错误,应当予以改判。

二、原审判决适用法律错误,应当予以改判或将本案发回重审

上诉人与被上诉人签订的涉案协议书中明确约定:"乙方自愿订购房屋用于经营使用。"可知协议书的核心内容为:上诉人仅提供建设所需的资质等手续,被上诉人提供资金及选定施工单位进行建设,建成后房屋全部归属于被上诉人所有。由此可见,双方签订案涉协议书的真实意思表示是由被上诉人购买上诉人开发的房屋项目,只是由于被上诉人购买体量较大,上诉人同意由其参与设计、施工建设过程,并在房屋建成价格上给予一定程度的优惠,被上诉人在此全部过程中不承担正常的销售、建设风险,尤其是房屋建成后也不对外销售,仅以房屋本身作为其"投资"回报。根据《最高人民法院关于审理涉及国有土地使用权合同纠纷案件适用法律问题的解释》(2020 修正)第二十二条之规定:"合作开发房地产合同约定提供资金的当事人不承担经营风险,只分配固定数量房屋的,应当认定为房屋买卖合同。"即使涉案协议涉及合作开发房地产的相应内容,也应当认定为房屋买卖合同,上述司法解释中法律条文的设置,本身就是为了避免出现合同名称、表象与合同实质内容不一致时法律关系及合同性质认定问题,最高人民法院《关于经济合同的名称与内容不一致时如何确定管辖权问题的批复》第一条对此有明确规定:"当事人签订的经济合同虽具有明确、规范的名称,但合同约定的权利义务内容与名称不一致的,应当以该合同约定的权利义务内容确定合同的性质。"本案涉案协议虽然类似于联合开发房地产合同,但合同内约定被上诉人方完全不承担商业风险,建成后的房屋也全部归其所有,其性质完全符合商品房买卖合同,故案涉协议的性质应当认定为商品房买卖关系。因此,如上诉状第一点所述,上诉人与被上诉人双方之间的该份商品房买卖合同又因上诉人未取得预售许可证而违反强制性法律规定而归于无效。原审判决中先行引用《最高人民法院关于审理涉及国有土地使用权合同纠纷案件适用法律问题的解释》第十三条之规定,而对于合同内容及该司法解释中第二十二条之规定视而不见,简单粗暴认定合同效力,显属适用法律错误,应当依法予以改判。

三、原审判决事实认定不清,基于此作出的判决应当予以改判

涉案协议不单纯涉及商品房买卖合同关系,还存在上诉人及被上诉人违反《招投标》法确定施工方的部分无效内容。涉案《协议书》中商品房买卖合同约定的购房价款、面积为:房屋建筑总面积约 52 000 平方米,总价约为 192 000 000 元。除此,上诉人与被上诉人间就选定施工方、涉案项目建设工程施工问题进行了约定,具体为："(2)丙方系乙方指定对乙方购买银川市××区××路××号××××商城××区××商业楼建筑安装工程进行承建的施工企业,丙方保证其具有建设该工程的项目施工资质。……定制承建方式:'××区××号商业楼'由乙方指定有施工资质的施工企业丙方施工,施工的工程费按双方洽商价款约定以工程款抵款的方式抵付乙方购房款,不足抵付时,乙方必须交清所欠购房款。丙方承建'××区××♯商业楼'的工程费用由乙方支付给丙方,与甲方无关。"上述约定实为涉案协议所涉建设工程施工选定相应的施工方,然而,涉案项目开发商即提供资质的上诉人属上海国资委控股的绿地集团有限公司旗下公司,其运营资金等属于国有资金,投资建设的项目性质亦为国有投资。根据《中华人民共和国招标投标法》(2017修正)第三条之规定:"在中华人民共和国境内进行下列工程建设项目包括项目的勘察、设计、施工、监理以及与工程建设有关的重要设备、材料等的采购,必须进行招标:(一)大型基础设施、公用事业等关系社会公共利益、公众安全的项目;(二)全部或者部分使用国有资金投资或者国家融资的项目;(三)使用国际组织或者外国政府贷款、援助资金的项目。"及《必须招标的工程项目规定》的规定:"……上述三类项目包括项目的勘察、设计、施工、监理以及与工程建设有关的重要设备、材料等的采购,如达到下列标准之一的,必须进行招标:①施工单项合同估算价在400万元人民币以上的;②重要设备、材料等货物的采购,单项合同估算价在200万元人民币以上的;③勘察、设计、监理等服务的采购,单项合同估算价在100万元人民币以上的……"因此,涉案项目性质上为"全部或部分使用国有资金投资或国家融资的项目",项目金额也远超法律规定的400万元底线。

另外,涉案《协议书》所涉及地块初步估计建设楼栋约11栋,总用地面积31 789.85平方米,约48亩,总建筑面积52 753.67平方米(其中地上建筑面积50 227.47平方米,地下建筑面积2526.2平方米)办公12户,商铺26户,公寓630户,涉案协议所含地块项目无论从规模、楼栋、投资金额或建成后实际住户都明显符合"大型基础设施、公用事业等关系社会公共利益、公众安全的项目"的标准,必须进行招标后方能开工建设。

涉案项目属于必须招标的建设工程项目,上诉人与被上诉人协议内容本意等同于房屋购买方与出售方提前确定施工单位,规避招投标法律的强制性规定,按照前述《招标投标法》第三条及《最高人民法院关于审理建设工程施工合同纠纷案件适用法律问题的解释(一)》第一条之规定:"建设工程施工合同具有下列情形之一的,应当依据民法典第一百五十三条第一款的规定,认定无效。……建设工程必须进行招标而未招标或者中标无效的。"上述法律规定中"中标无效的情形"具体为:

（1）招标代理机构违反本法规定，泄露应当保密的与招标投标活动有关的情况和资料，或者与招标人、投标人串通损害国家利益、社会公共利益或者他人合法权益的行为影响中标结果的，中标无效。（《招标投标法》第50条）

（2）招标人向他人透露已获取招标文件的潜在的投标人的名称、数量或者可能影响公平竞争的有关招标投标的其他情况，或者泄露标底的行为影响中标结果的，中标无效。（《招标投标法》第52条）

（3）投标人相互串通投标，与招标人串通投标的，或为谋取中标行贿的中标无效。（《招标投标法》第53条）

（4）投标人以他人名义投标或者以其他方式弄虚作假，骗取中标的，中标无效。（《招标投标法》第54条）

（5）招标人违法本法规定，与投标人就投标价格、投标方案等实质性内容进行谈判的行为影响中标结果的，中标才无效。（《招标投标法》第55条）

（6）招标人在评标委员会依法推荐的中标候选人以外确定中标人的，或者在所有投标被评标委员会否决后自行确定中标人的，中标无效。（《招标投标法》第57条）。

涉案协议中，关于建设工程施工合同部分的约定显然系双方提前确认建设工程部分施工方，符合上述规定的第（2）项、第（3）项及第（5）项的明确规定，故案涉合同中的建设工程施工部分应当认定为无效约定。

原审判决中，虽查明了该事实，但并未就该部分条款的效力问题进行认定，显然系认定事实存在错漏的情形。应当依法改判确认该部分协议无效。

综上，原审判决认定事实不清，适用法律错误，侵害了上诉人的合法权益，恳请二审人民法院依法查明本案真相，撤销原审判决，依法改判支持上诉人的全部诉讼请求！

此致

银川市中级人民法院

上诉人：××××置业有限公司

××××年××月××日

附：上诉状副本××份（按被上诉人、诉讼参与人人数确定份数）

七、点评

该篇民事上诉状行文结构严谨，逻辑顺序通畅，针对一审判决中认定事实部分进行了明确的反驳和分析，对于上诉请求不仅有完整的事实依据进行论证，还明确地提出了上诉所依据的法律法规，有理有据。

第三节　申　诉　状

一、概念

申诉状是涉及诉讼案件（民事/刑事/行政）的当事人对于已生效的判决、裁定不予认可，认为其中存在重大错误、遗漏的情形，依法向人民法院或人民检察院提交用以启动审判监督程序的法律文书。申诉状同时也是人民法院针对案件启动再审程序的重要依据。

二、作用

申诉状的作用具体体现在以下几个方面。

（1）申诉状是人民法院、人民检察院决定能否启动或提起审判监督程序的主要依据，有别于上诉状，申诉系在裁判文书生效后且并不能停止执行程序的前提下提出的，但提出申诉的时间规定要宽松于提出上诉时间的要求。

（2）申诉状是申诉的书面形式表达，其中应当载明申诉的主要理由和事实。

三、法律依据

《民事诉讼法》第 210 条规定，当事人申请再审的，应当提交再审申请书等材料。人民法院应当自收到再审申请书之日起 5 日内将再审申请书副本发送对方当事人。对方当事人应当自收到再审申请书副本之日起 15 日内提交书面意见；不提交书面意见的，不影响人民法院审查。人民法院可以要求申请人和对方当事人补充有关材料，询问有关事项。

《民诉法司法解释》第 375 条规定，当事人申请再审，应当提交下列材料：（1）再审申请书，并按照被申请人和原审其他当事人的人数提交副本。（2）再审申请人是自然人的，应当提交身份证明；再审申请人是法人或者其他组织的，应当提交营业执照、组织机构代码证书、法定代表人或者主要负责人身份证明。委托他人代为申请的，应当提交授权委托书和代理人身份证明。（3）原审判决书、裁定书、调解书。（4）反映案件基本事实的主要证据及其他材料。其中第（2）项、第（3）项、第（4）项规定的材料可以是与原件核对无异的复印件。

《民诉法司法解释》第 376 条规定，再审申请书应当记明下列事项：（1）再审申请人与被申请人及原审其他当事人的基本信息；（2）原审人民法院的名称，原审裁判文书案号；（3）具体的再审请求；（4）申请再审的法定情形及具体事实、理由。再审申请书应当明确申请再审的人民法院，并由再审申请人签名、捺印或者盖章。再审申请书应当明确申请再审的人民法院，并由再审申请人签名、捺印或者盖章。

《刑事诉讼法》第 252 条规定，当事人及其法定代理人、近亲属，对已经发生法律效力的判决、裁定，可以向人民法院或者人民检察院提出申诉，但是不能停止判决、裁定的执行。

《刑事诉讼法》第 452 条规定，向人民法院申诉，应当提交以下材料：（1）申诉状。应当写明当事人的基本情况、联系方式以及申诉的事实与理由。（2）原一审、二审判决书、裁定书等法律文书。经过人民法院复查或者再审的，应当附有驳回申诉通知书、再审决定书、再审判决书、裁定书；（3）其他相关材料。以有新的证据证明原判决、裁定认定的事实确有错误为由申诉的，应当同时附有相关证据材料；申请人民法院调查取证的，应当附有相关线索或者材料。申诉符合前款规定的，人民法院应当出具收到申诉材料的回执。申诉不符合前款规定的，人民法院应当告知申诉人补充材料；申诉人拒绝补充必要材料且无正当理由的，不予审查。

《刑事诉讼法》第 651 条规定，向人民法院提出自诉、上诉、申诉、申请等的，应当以书面形式提出。书写有困难的，除另有规定的以外，可以口头提出，由人民法院工作人员制作笔录或者记录在案，并向口述人宣读或者交其阅读。

四、格式

申诉状的格式、内容和写作要点与上诉状基本相同。申诉状一般包括以下几个部分。

（一）首部

1. 标题

根据文书具体情况，在首部写明"民事申诉状""刑事申诉状"或"行政申诉状"。

2. 申诉人与申诉人的情况

申诉人是公民的，应写明申诉人的姓名、性别、出生年月日、民族、籍贯、住址、职业、身份证号等。如是刑事案件被告人或辩护人、近亲属进行申诉的，应写明申诉人的姓名、职业、同被告人的关系，如申诉人为在押嫌疑人本人的，还应写明现羁押场所。如申诉人系法人或其他组织的，应写明名称、住所地、法定代表人或负责人的姓名、职务。

3. 案由

案由部分应当写明申诉人是因何案不服哪级人民法院所作出的何字号的判决或裁定而提起申诉。

（二）正文

1. 请求事项

根据案情简明扼要地提出申诉要求，如撤销、变更原判决、裁定或重新审理，以纠正原裁判的不当。

2. 事实及理由

事实及理由部分为申诉状的核心，写作时应注意以下几点。

（1）针对原裁判认定事实部分存在的错误，力求真实、客观地描述案件事实，同时强调申诉人认为裁判文书错误的理由。如有遗漏证据的，应提出相应的证据进行补充证明。切忌讲没有明确证据可以证实的案件情况。

（2）针对原裁判适用法律不当的，应提出申诉人认为正确的法律条款及作出明确援引，强化说明适用法律错误的原因。

（3）针对原裁判程序违法的，应阐明程序违法的具体环节及所依据的法律规定。

申诉状正文部分的写法、基本要求与上诉状相类似。需要注意的是，在申诉状中，除了说明原裁判对于事实认定、适用法律存在的错漏，还应当适当强化、提出新的证据，从新的角度加以论证原裁判文书的错误。

（三）尾部

申诉状的尾部应当写明致送的人民法院、人民检察院，由申诉人、代理人签名盖章或捺印，并注明申诉日期。

五、写作要点

（1）提出申诉最好有相应的证据进行辅助，申诉人不服原审法院的裁判，其申诉理由必须针对原判认定的事实和结论，将自己不服判的论点明确写出。

（2）申诉的请求应当符合法律规定。根据民事诉讼法、刑事诉讼法、行政诉讼法的相应规定提出申诉，还应在简明摆出论点后，对于原裁判文书作出充分的反驳、论证。各论点与论据要关联明确、逻辑清晰。

六、范文

刑事申诉状

申诉人：李××，男，汉族，××××年××月××日出生，公民身份证号 640×××××××××××××××××××，住宁夏回族自治区××市××区×××街××小区××－××－××号，现羁押于××市看守所。

案由：因李××犯诈骗罪一案，申诉人不服××市××县人民法院（××××）宁×××刑初××号刑事判决书及××市中级人民法院（××××）宁××刑终××××号刑事裁定书，现依法提出申诉。

申请事项：

请求××市中级人民法院依法撤销××市××县人民法院（××××）宁×××××刑初××号刑事判决书及××市中级人民法院（××）宁××刑终×××号刑事裁定书，对本案进行再审审理，依法改判原审被告人李××适用缓刑。

事实与理由：

一、申诉人对于××市永××人民法院(××××)宁××××刑初××号刑事判决书及××市中级人民法院(××××)宁××刑终××××号刑事裁定书所认定的犯罪事实和定罪部分没有异议

二、在量刑方面，申诉人认为原审法院和二审法院对于李××的刑罚过重，李××具有以下从轻或者减轻处罚的情节，根据法律规定可以适用缓刑

1. 李××在归案后，能如实交代自己的犯罪事实，认罪态度较好，系坦白，具有法定从轻处罚的情节。依据《中华人民共和国刑法》第六十七条第三款规定："犯罪嫌疑人虽不具有前两款规定的自首情节，但是如实供述自己罪行的，可以从轻处罚；因其如实供述自己罪行，避免特别严重后果发生的，可以减轻处罚。"

2. 李××是初犯，无前科劣迹，从未受过刑事处罚，具有酌定从宽处罚的情节。

依据《最高人民法院关于贯彻宽严相济刑事政策的若干意见》第19规定："对于较轻犯罪的初犯、偶犯，应当综合考虑其犯罪动机、手段、情节、后果和犯罪时的主观状态，酌情予以从宽处罚。对于犯罪情节轻微的初犯、偶犯，可以免予刑事处罚；依法应当予以刑事处罚的，也应当尽量适用缓刑或者判处管制、单处罚金等非监禁刑。"

3. 李××认罪态度较好，庭审中，当庭自愿认罪，有强烈的悔罪表现，全额赔偿了被害单位经济损失，取得了被害单位谅解，被害单位出具《刑事谅解书》，并表示："对李××的犯罪行为予以谅解，不再追究李××的刑事责任及民事责任，并请求司法机关对李××从宽处理。"可见，本案的社会矛盾已经化解了。依据《最高人民法院关于贯彻宽严相济刑事政策的若干意见》第23条规定："被告人案发后对被害人积极进行赔偿，并认罪、悔罪的，依法可以作为酌定量刑情节予以考虑。犯罪情节轻微，取得被害人谅解的，可以依法从宽处理，不需判处刑罚的，可以免予刑事处罚。"

4. 李××在审查起诉阶段已经认罪认罚并签署具结书，××县人民检察院提出了"判处有期徒刑三年，并处罚金人民币1万元，可适用缓刑"的量刑建议符合《中华人民共和国刑法》第七十二条的规定。根据两高三部发布的《关于适用认罪认罚从宽制度的指导意见》第40条的规定："量刑建议的采纳。对于人民检察院提出的量刑建议，人民法院应当依法进行审查。对于事实清楚，证据确实、充分，指控的罪名准确，量刑建议适当的，人民法院应当采纳。具有下列情形之一的，不予采纳：(1)被告人的行为不构成犯罪或者不应当追究刑事责任的；(2)被告人违背意愿认罪认罚的；(3)被告人否认指控的犯罪事实的；(4)起诉指控的罪名与审理认定的罪名不一致的；(5)其他可能影响公正审判的情形。对于人民检察院起诉指控的事实清楚，量刑建议适当，但指控的罪名与审理认定的罪名不一致的，人民法院可以听

取人民检察院、被告人及其辩护人对审理认定罪名的意见,依法作出裁判。人民法院不采纳人民检察院量刑建议的,应当说明理由和依据。"

　　申诉人认为李××如实供述犯罪事实,系坦白,依法可从轻处罚;其家属赔偿被害单位经济损失并取得谅解,可酌情从轻处罚;其在起诉阶段即已认罪认罚,并签署认罪认罚具结书,其犯罪行为不属于《中华人民共和国刑事诉讼法》第二百零一条规定的五种情节,原公诉机关提出可适用缓刑的量刑建议适当。原审法院及二审法院在对李××定罪量刑中,未充分考虑到李××的上述从轻或者减轻情节,未适用缓刑,量刑过重。此外,原审法院及二审法院未采纳原公诉机关的量刑建议有悖于"同案同判"的量刑原则,也有违两高三部发布的《关于适用认罪认罚从宽制度的指导意见》第 40 条规定。综上,依据《中华人民共和国刑事诉讼法》第二百五十二条之规定:"当事人及其法定代理人、近亲属,对已经发生法律效力的判决、裁定,可以向人民法院或者人民检察院提出申诉,但不能停止判决、裁定的执行。"《最高人民法院关于适用〈中华人民共和国刑事诉讼法〉的解释》第三百七十五条第二款之规定:"经审查,具有下列情形之一的,应当根据刑事诉讼法第二百四十二条的规定,决定重新审判:(六)量刑明显不当的。"故申诉人特向贵院申诉,恳请贵院支持申诉人合法诉求,依法认定判决错误,给予改判。

　　此致
××市中级人民法院

申　诉　人:李××

××××年××月××日

七、点评

　　该篇申诉状从案件事实认定、适用法律等几个方面对于原审判决的法律适用及量刑部分作出了一定的辩驳,明确了申诉人的申诉意见。重点明确,逻辑清晰,辩驳有力。

第四节　答　辩　状

一、概念

　　答辩状是被告、被反诉人、被上诉人或被申请人针对起诉状、上诉状、再审申诉状中所列的请求、事实及理由,根据事实和法律规定在法定期限内作出辩驳、进行答复的法律文书。

二、作用

答辩状的作用具体体现在以下几个方面。

（1）答辩是诉讼中被告、被反诉人、被上诉人或被申请人重要的诉讼权利，其主要作用为阐明答辩人的观点及主张，对于案件涉及的请求、事实及理由提出明确的答复。

（2）从人民法院角度来看，答辩状是初步全面了解答辩人对于案件的意见、要求的重要途径。这对于人民法院合理、合法以及按照程序规定的时间处理案件有非常大的帮助。

三、法律依据

《民事诉讼法》第 128 条规定，人民法院应当在立案之日起 5 日内，将起诉状副本发送被告。被告应当在收到起诉状副本之日起 15 日内提出答辩。人民法院应当在收到答辩状之日起 5 日内，将答辩状副本发送原告。被告不提出答辩状的，不影响人民法院审理。

《行政诉讼法》第 67 条规定，人民法院应当在立案之日起 5 日内，将起诉状副本发送被告。被告应当在收到起诉状副本之日起 15 日内向人民法院提交作出行政行为的证据和所依据的规范性文件，并提出答辩状。人民法院应当在收到答辩状之日起 5 日内，将答辩状副本发送原告。被告不提出答辩状的，不影响人民法院审理。

四、格式

答辩状的结构一般包括以下几个部分。

（一）首部

1. 标题

根据答辩的具体内容，标题部分应写"答辩状"或"民事答辩状""行政答辩状"字样。

2. 答辩人身份情况

此部分书写内容与起诉状、上诉状相同。

3. 案由

案由部分应当写明因与何人之间的何案提出此次答辩。具体书写可以为："现答辩人因与被答辩人××之间××××（具体案由）纠纷一案，特提出如下答辩意见……"

（二）正文

答辩状的正文部分由答辩理由和答辩意见组成。该部分应着重写明答辩的理由和意见，提出对方提出的诉讼请求/上诉请求以及所依据的事实情况和法律依据的不当之处，提出具体的、相反的理由并摆出相应的证据予以证明。列明答辩所依据的事实和法律规定，说明答辩人答辩意见的合法性及正当性，列举有关法律规定、已生效判决等内容，以求人民法院采纳答辩意见并维护答辩人的合法权益不受侵害。

（三）尾部

答辩状尾部应写明致送的人民法院，由答辩人签名盖章或捺印，并注明答辩日期。

五、写作要点

答辩状的主要目的在于反驳原告、上诉人的请求及请求依据的事实，所以写作时应当着重从事实和法律依据两部分进行反驳。

（1）事实部分有错误。如果原告、上诉人主张的事实全部或部分错误，则应当在答辩状中明确书写正确事实以对其进行否定。在事实描写过程中，应当实事求是，不要夸大其词或扭曲事实，且该部分中答辩人认为正确的事实，在诉讼活动中应当有相应的证据进行证实。

（2）法律依据有错误。在反驳完毕原告、上诉人依据的事实之后，应当简明阐述其所依据的法律规定存在错误，且因其对于法律规定的理解、适用错误以致提起诉讼不当，这一部分可以从法律解释、立法原意以及一般法律适用等层面进行论述并加以反驳。如起诉状、上诉状中存在违反法律程序规定的情形，诉讼不具备继续进行的条件，应明确在答辩状中予以反驳并列明正确的诉讼程序法律条款。

六、范文

民事答辩状

答辩人：宁夏××××房地产开发有限公司

被答辩人：湖南××××集团有限公司

答辩人因与被答辩人建设工程施工合同纠纷一案，特依法提出答辩意见如下：

（为方便庭审起见，本文沿用一审"××××公司"与"湖南××"的称呼）

一、关于原审判决事实认定部分，湖南××提出的上诉理由明显混淆视听，依法应当予以驳回

（一）周××所有行为系代表湖南××的职务行为，原审判决认定正确

根据××××公司在一审中提交的证据十一可知，周××系经过湖南××××分公司全权授权后承建××××公司所开发的涉案项目。授权委托书中明确，周××为湖南××合法委托人，获得全权授权，负责××××公司开发的××市××小镇二期小高层及地下车库工程的招投标、施工、工程款结算及支付。授权期限自 2013 年 7 月 11 日至该工程竣工结算完成。原审庭审过程中，湖南××虽然多次

主张周××的行为并非职务行为，所有后果应当由其个人而非湖南××承担。但是，原审中××公司所提交的证据四十《付款指令》、证据四十二《民事判决书》均可以证实，湖南××事实上已经认可周××对外的一切职务行为，且湖南××在原审本诉中主张的工程款本身就是湖南××××分公司周××负责的工程。经过人民法院审理，已经认定周××为湖南××××分公司的副总经理，同时也是包括××小镇在内的工程的负责人。至于周××加盖湖南××××分公司印章并签字的行为，是否使用合法的印章，××××公司作为合同相对方不具有鉴别印章真伪的能力，有理由相信周××持有的印章就是湖南××××分公司的印章，在开工至逾期未交工的五年当中，湖南××总公司曾四次派人来××××公司对账，对印章并未表示过质疑，也未以口头或书面通知××××公司印章系伪造。湖南××上诉称"周××已因伪造公司印章被追究刑事责任"一事，并不影响其在本案涉案工程中表见代理的成立。反之，湖南××在涉案工程施工过程中明明知晓周××使用私刻印章，却未向××××公司进行告知，而且多次要求××××公司与其对账的行为，更加明确了湖南××在施工过程中对周××身份的认可。湖南××在本诉中诉请××××公司向其支付涉案工程款的同时又否定周××的职务身份，自相矛盾也不符合常理。因此，周××的行为应当认定为履行湖南××授权的职务行为，相应产生的法律责任应当由湖南××承担。原审判决认定此部分事实正确，应当予以维持。

（二）××××公司向湖南××以顶房、其他方式支付的工程款均合法有效

××××公司应湖南××要求自 2013 年 9 月起陆续提前向湖南××抵顶房屋 213 套，其中：(1)部分房屋已经按照湖南××的指令办理了合同备案手续。(2)虽然部分房屋只签订了商品房买卖合同，未办理合同备案手续，但是××××公司已经按照湖南××要求与指令，与指定人签订了《商品房买卖合同》，且为指定收房人开具了与房款相对应的收据，相关抵顶手续已经完成。应当视为××××公司向湖南××抵顶了相应的工程款。债权债务关系已经转化为××××公司与指定收房人之间的交付房屋及办理相关手续的债权债务关系。为此，××××公司在原审证据中出具的生效判决可以证明，尽管部分房屋××××公司未向指定收房人办理登记备案手续，但已经签订了商品房买卖合同，并被人民法院判决直接向收房人承担了退房款或继续交付房屋的法律责任，且部分房屋已被实际占有。因此，只要××××公司与案外人签订了《商品房买卖合同》，就应当视为××××公司与湖南××之间的抵顶行为已经成，××××公完司向湖南××支付了相应的工程款。(3)部分房屋虽然仅有顶房协议未与湖南××指定人签订《商品房买卖合同》，但湖南××可随时依照顶房协议中约定的内容要求××××公司与其指定的收房人签订正式合同并办理备案手续。双方之间抵顶行为已经完成，××××公司与湖南××之间相关债权债务已经转化为××××公司与持有顶房协议相关人的债权债务。同样根据××××公司出具的案外人要求××××公司交付房屋的判决书可以证实，××××公司现有义务为与持有顶房协议的相关人履行交付房屋或签订合同的义务，而非与湖南××继续办理房屋抵顶手续。另外，由于湖南××单方违规操作，使用××××公司出具的一式两份的《抵顶协议》分别向不同案外人转让房屋，导致有部分持有《顶房协议》的案外人无法获得抵顶房屋，从而另行向××××公司主张返还相应房款。该类情形下造成的××××公司损失实质上同样为湖南××原因导致，理应计入已付工程款中。因此，××××公司与湖南××之间以抵顶房屋支付工程款既是事实也符合法律规定，合法有效。

2. 对于现金账目中出现的 12 131 804.16 元收条与 2013 年 9 月 17 日出具的抵顶 6 套别墅的说明相冲突一事，确系原审过程中××××公司财务梳理粗糙、双方往来账目繁杂、现金账目管理混乱导致。但不能否认的是，无论 12 131 804.16 元工程款款项最终是以现金还是抵顶房屋形式支付的，××××公司已于 2013 年 9 月 17 日向湖南××支付了该笔工程款。如湖南××对此部分涉及的 6 套别墅抵顶行为不认可，则应当向××××公司返还此部分 6 套别墅，该笔 12 131 804.16 元为已付工程款的事实是没有争议的。对于顶房外的以其他形式支付的工程款，湖南××的上诉理由明显与原审意见相冲突，刻意扭曲事实以达到逃避责任的目的，结合本答辩状第一点，人民法院已将周××的职务身份在其他判决及原审判决中作出认定，因此周××代表湖南××接收款项的行为理应视为××××公司向湖南××支付了涉案工程的工程款，湖南××先认可周××的职务行为，施工后又否认其作为被授权人接受××××公司支付工程款的说法自相矛盾，无论是从情理还是法理上都非常荒谬，其上诉主张的扣除款项均不能成立。

（三）原审判决认定湖南××对涉案工程不享有工程款优先受偿权正确，不存在错误

根据《最高人民法院关于建设工程价款优先受偿权问题的批复》第四条："建设工程承包人行使优先权的期限为六个月，自建设工程竣工之日或者建设工程合同约定的竣工之日起计算。"涉案项目由于湖南××拒不履行合同义务至今未能竣工，且××××公司也始终没有占有、使用涉案房屋。同时，涉案项目约定的竣工之日为 2014 年 7 月 9 日，因此，即使××××公司欠付湖南××工程款未付，湖南××也因六个月的除斥期间届满而丧失对涉案工程的优先受偿权。

即使涉案工程已经竣工，××××公司应当给付工程款的日期如何确定？结合原审庭审及双方证据出示情况明显可知，××××公司自工程开始后便陆续向湖南××支付工程款，且工程款支付进度远远超过实际施工量，湖南××接受全部抵顶房屋及其他形式支付工程款后于2016年停止施工。依照《最高人民法院关于审理建设工程施工合同纠纷案件适用法律问题的解释(二)》第二十二条，本案中应当给付工程款的日期也应当为2016年10月，而非提起诉讼之日。因此，原审判决中对于涉案工程工程款优先受偿权的认定正确，不存在错误。

二、原审判决中认定房屋抵顶及抵押适用法律正确

1. 湖南××上诉状中所称以房抵顶工程款的行为属于"流质契约，无效"，此种说法明显系偷换概念，依照《中华人民共和国物权法》(现被《中华人民共和国民法典》吸收，笔者注)第一百八十六条、第二百一十一条之规定："抵押权人在债务履行期届满前，不得与抵押人约定债务人不履行到期债务时抵押财产归债权人所有。质权人在债务履行期届满前，不得与出质人约定债务人不履行到期债务时质押财产归债权人所有。"流质契约的规定仅限于抵押、质押合同的约定，本案纠纷属于建设工程施工合同，与抵、质押有着本质上的区别。涉案工程施工过程中，湖南××违反双方"全额垫资、全额施工"的约定，反复以拒绝施工为要挟要求××××公司向其支付工程款，××××公司迫于工期压力只得提前按照施工进度向湖南××抵顶房屋以保证其能够继续施工。因此，××××公司房抵顶工程款完全符合法律规定，湖南××将此合法行为认定为无效的"流质性质"，既缺乏基本的法律常识，也不符合客观事实。

湖南××、××××公司、丽景典当行之间债权债务及抵顶房屋应当计入湖南××工程款内。虽然涉案的三方借款协议中约定的抵押条款确有"流质"嫌疑。但是同样不能忽视的是，为保障湖南××可以从丽景典当借款以保障涉案工程进度，××××公司已经将该借款合同涉及的房屋抵顶协议交予周金华。也就是说，虽然借款合同中约定无效，但是周金华可支配该合同涉及的数套房产指定第三人与××××公司订立《商品房买卖合同》，抵顶行为实质上已经在××××公司与湖南××之间生效，相应的债权债务实质建立，应当计入××××公司已支付的工程款内。

综上所述，答辩人恳请人民法院在查明案件事实的基础上，依法驳回上诉人湖南××集团有限公司全部上诉请求，维护答辩人的合法权益为盼。

此致

中华人民共和国最高人民法院

答辩人：宁夏××××房地产开发有限公司

××××年××月××日

七、点评

本篇答辩状行文格式规范,针对上诉人提起上诉的事实、理由以及上诉请求分别作出了针对性的反驳,叙事完整、客观。答辩列明的事实有证据予以佐证,且在陈述事实后明确了事实所依据的法律条文,反驳有力。

第五节　辩　护　词

一、概念

辩护词是指辩护人接受犯罪嫌疑人、被告人的委托或者经人民法院指定参加诉讼,结合案件事实和法律,向法庭提出的关于被告人定罪和量刑方面的书面材料与意见。

二、作用

辩护词的作用具体体现在以下三个方面。

1. 体现了辩护人享有独立辩护的权利

根据宪法、刑事诉讼法、律师法的规定,律师依法在刑事诉讼中履行辩护职责,其人身权利和诉讼中的权利不受侵犯。辩护词是辩护人独立行使辩护权的最直观体现。

2. 有助于人民法院听取辩护意见

刑事案件的审判,需要人民法院全面审查案件材料、各方证言及意见,辩护词综合阐明了犯罪嫌疑人和辩护人对案件的陈述和辩护意见,有利于人民法院对案件产生直观、全面的认识,合理、合法且有力的辩护词有利于人民法院发现案件真相、查明案件事实,进而保护犯罪嫌疑人的合法权益,对案件作出合法、公正的判决。

三、法律依据

《宪法》第130条规定,人民法院审理案件,除法律规定的特别情况外,一律公开进行。被告人有权获得辩护。

《刑事诉讼法》第33条规定,犯罪嫌疑人、被告人除自己行使辩护权以外,还可以委托一至二人作为辩护人。下列的人可以被委托为辩护人:(1)律师;(2)人民团体或者犯罪嫌疑人、被告人所在单位推荐的人;(3)犯罪嫌疑人、被告人的监护人、亲友。

正在执行刑罚或者依法被剥夺、限制人身自由的人,不得担任辩护人。

被开除公职和被吊销律师、公证员执业证书的人,不得担任辩护人,但系犯罪嫌疑人、被告人的监护人、近亲属的除外。

《刑事诉讼法》第35条规定,犯罪嫌疑人、被告人因经济困难或者其他原因没有委托辩护人的,本人及其近亲属可以向法律援助机构提出申请。对符合法律援助条件的,法律援助机构应当指派律师为其提供辩护。

四、格式

辩护词的结构包括首部、正文和尾部三部分。

1. 首部

辩护词首部包括文书名称"辩护词",称呼"尊敬的审判长、各位陪审员"或"尊敬的审判长、合议庭"以及序言三部分。其中,序言应当包含辩护人出庭辩护的法律依据、庭前针对此案辩护进行的活动以及承启下文的话语,如"发表如下辩护意见,请合议庭给予考虑"。

2. 正文

正文部分是辩护词的核心内容,应当针对指控罪名及量刑方面发表辩护意见并进行总结陈述。

3. 尾部

尾部的署名包括辩护律师所在律所名称及律师姓名,并注明日期。

五、写作要点

(1)如果公安机关在侦查活动中或者检察机关在审查起诉环节中存在违反刑事诉讼法规定,侵害犯罪嫌疑人、被告人合法权益的情形,本着维护犯罪嫌疑人、被告人合法权益的精神,也应当在正文中进行陈述。

(2)总结陈述应针对指控罪名及量刑做系统性概括,提出对本案的处理要求和建议,达到首尾相呼应的效果。

六、范文

被告人王××涉嫌诈骗一案
辩护词

尊敬的审判长、合议庭:

宁夏××律师事务所接受被告人王××父亲王×的委托,指派我作为被告人王××的辩护人,参加本案诉讼活动,依法履行辩护职责。本辩护人通过查阅侦查卷宗、多次会见被告人王××,结合今天的庭审,现发表以下辩护意见,敬请合议庭予以评议并采纳。

　　不可否认,电信网络诈骗活动,就像信息网络时代的毒瘤,伴随着信息终端产品的普及,蔓延到社会的各个角落,无孔不入,危害极大。尤其是近年来滋生的"杀猪盘"类网络诈骗,利用人性的种种弱点骗取当事人大量钱财,不仅道德不能容忍,在法律上也应当受到谴责。但是,在刑法的视野中,我们必须坚持罪刑法定和罪责刑相适应的原则,不能因为上游行为的危害性大就随意扩大打击范围,况且本案中王××行为危害性的大小是案件承办人的主观判断,更加不能作为定罪量刑的心理强制。具体到本案中,辩护人对被告人王××涉嫌的罪名、共犯形态、涉罪金额、量刑建议均不认同,下面具体阐述。

　　(案件事实及定性部分的辩护意见)

　　辩护人认为公诉机关指控被告人王××构成诈骗罪缺乏相关的客观事实和相应的证据支持,指控罪名不能成立,应当以掩饰、隐瞒犯罪所得罪追究其刑事责任。

　　辩护人具体从以下三个方面予以阐述:

　　一、事实证据方面,辩护人认为起诉书指控的诈骗罪事实不清、证据不足,且共犯关系认定不当导致犯罪数额认定有误

　　(一)本案证据不能证明存在诈骗的实行行为

　　在共同犯罪中,共犯的犯罪构成及刑事责任均依附于正犯。在本案中,根据在卷的被告人供述和被害人陈述,被告人王××、李××及另案处理的五名被告人均未对被害人直接实施欺骗行为,即七人均没有直接实施诈骗行为,不是诈骗罪的正犯或共同正犯,其实施的行为是客观上帮助接收或转移诈骗所得资金,系帮助行为,这一点当无疑问。至于该帮助行为如何评价,将在定罪意见中阐述。那么,七人的帮助行为能否成立诈骗罪,就依赖于境外人员郭××、张××、"少爷"等人是否是诈骗的正犯的认定。然而,纵观全案证据,能够证明诈骗实行行为的证据,只有互不相干的十几名被害人单方面陈述,其余的证据,银行转账记录仅能证明非法取财的事实而不能证明非法取财的手段,在案七名被告人的供述对于诈骗正犯行为的存在均是推测,其他再无证据能够证明该七名被告的行为与诈骗正犯行为相关联。试问,这样的证据怎能形成完整、闭合的证据链?对于各被告人、嫌疑人(包括境外人员)的"诈骗"指控怎能排除合理怀疑?另外,令辩护人不解的是,如在案证据足以认定诈骗,为何不对境外的郭××、张××、"少爷"等人立案侦查并采取追逃措施,而是要让仅有帮助行为(仅从客观上)的被告人等人承担诈骗罪的正犯责任?

（二）本案在卷证据不能证明被告人王××主观上有"明知"

被告人王××供述称其不知道资金来源是诈骗资金，郭××没有告知其真实情况，只是后来知道可能是违法所得。其同案犯供述中，也没有与王××有关于转移诈骗资金的意思联络，有关嫌疑人供述仅是猜测王××"应该"知道是诈骗资金，此类猜测不足采信，故没有证据能够证明起诉书中所述的"明知"情节。根据存疑有利于被告人的原则，应当认定王××对诈骗资金不具有认知能力。

关于被告人王××自述其不知道资金具体来源的真实性，根据"两高一部"《关于办理电信网络诈骗等刑事案件适用法律若干问题的意见》第四点"准确认定共同犯罪与主观故意"第（三）条第二款已经作出明确规定，应当结合被告人的认知能力，既往经历，行为次数和手段，与他人关系，获利情况，是否曾因电信网络诈骗受过处罚，是否故意规避调查等主客观因素进行综合分析认定。被告人王××作为未成年人，涉世未深，既往工作经历主要是在餐厅打工，其对新型信息网络犯罪的认知能力极其有限；其参与转移资金行为次数相对较少，参与时间最短，参与犯罪程度相对较轻，同案犯康×甚至在笔录最后才提及"王××也参与了"；王××在共同犯罪中获利较少，此前没有因电信网络诈骗受过处罚；其主动投案自首希望争取从轻处罚，主观上也没有规避调查的故意。综上，其"不知道资金具体来源"的供述具有较高的真实性，恳请合议庭予以采信。

（三）本案在卷证据无法证明徐××、刘××与被告人王××构成共犯，此二人的行为不应由王××承担责任，相应犯罪金额应当予以扣除

根据《刑法》第二十五条之规定，共同犯罪是指二人以上共同故意实施犯罪行为，故共犯的成立以共谋为前提。所谓故意，包含认识因素和意志因素，认识因素指行为人对行为内容的认识，是否包括对行为违法性的认识因学界存在争论在此不表；意志因素指行为人的行为目的和动机。由以上分析可以推知，共同犯罪中的共谋应当包括对行为的共同认识和共同意志，二者缺一不可。此处的共同认识和共同意志并不要求其内容完全一致，二者不一致的时候可在重合部分形成共同故意，但无论如何也应当有基本的意思联络才能构成共犯。由在卷的各嫌疑人、被告人供述可以得知，本案中徐××、刘××两人与被告人王××事先并不认识，徐××由张××派来，刘××由"少爷"派来，王××由郭×联系，三人事先没有意思联络，参与洗钱活动后也没有共同行为，徐××、刘××分别接受其上线的指示接收被害人资金并转账，王××则是跟随吴×、康×等人实施行为既遂后的资金存取行为。故在卷证据不足以证明王××与徐××、刘××构成共犯，按有利于被告人的原则，王××不应当对徐××、刘××实施的犯罪行为负责，在计算其涉案金额时应当将徐××、刘××账户资金予以扣除。

二、定性方面,辩护人认为起诉书指控的罪名不能成立,应当以掩饰、隐瞒犯罪所得罪追究被告人刑事责任

(一)从行为故意的角度,被告人的故意内容为掩饰、隐瞒犯罪所得的故意,与其他涉案人员不具有诈骗的共同故意

关于共同犯罪的共同故意,辩护人刚才已经进行详细论证。被告人王××对于犯罪的认识因素内容为"转移违法所得",其本人供述及同案犯供述均能证明其自始至终不知道资金的具体来源,表明其主观上缺乏对诈骗事实的认识,其行为故意不能评价为诈骗故意,只能评价为掩饰、隐瞒犯罪所得的故意。**需要强调的是,** 根据共同犯罪的通说,主客观不完全一致的各被告人,可以在其行为重合部分构成共犯,再根据其各自具体行为分别认定所犯罪名。本案中,公诉机关指控的诈骗罪的诈骗故意,包含了事后转移资金的故意。对于诈骗的实行犯,事后转移资金的故意属于事后不可罚,故不再重复认定掩饰、隐瞒犯罪所得罪,但被告人王××只具有掩饰、隐瞒资金的故意,只能在这一重合的范围内认定共犯。换言之,本案实施诈骗的实行犯与王××构成共同犯罪,王××是诈骗的帮助犯和掩饰、隐瞒犯罪所得的实行犯,由于缺乏诈骗的主观认识,只构成掩饰、隐瞒犯罪所得罪;而境外人员郭×等人可能构成诈骗的实行犯和掩饰、隐瞒犯罪所得的教唆犯,但由于财产犯罪后掩饰、隐瞒的行为属于事后不可罚,故只应当以诈骗罪定罪处罚。

(二)本案被告人系既遂后加入,而非事中加入的承继共犯

构成共同犯罪,除具有共同故意以外,在客观上还应当具有共同行为。关于共同行为的分析,理论界仍然争议较大,但有一点可以明确,即共同行为应当出现在行为既遂之前,因行为既遂后,前行为已经结束,其他行为人不可能加入一个已经结束的行为。本案调取的银行流水及鉴定报告能够证明,被告人王××实施行为时,没有从被害人处直接接收资金,而是从其他同案犯账户接收资金再取现、转存,即此时被害人资金已经脱离被害人控制进入嫌疑人控制,前行为已经既遂,资金性质已经转变为犯罪所得。此时被告人王××对其进行转移,即使其事先明知是诈骗所得,也只能构成掩饰隐瞒犯罪所得罪。换言之,由于王××转移的资金性质是犯罪所得,对其行为的认定应当适用"两高一部"《关于办理电信网络诈骗等刑事案件适用法律若干问题的意见》第三点"全面惩处关联犯罪"第(五)条第一款第2项,而非该《意见》第四点"准确认定共同犯罪与主观故意"第(三)条第一款。故即使对王××"不明知"的供述不予采信,也应当依据其客观行为,准确把握其转移资金的性质,以掩饰、隐瞒犯罪所得罪定罪处罚。

需要提请法庭考量的是,本案及另案处理的各同案犯,参与犯罪的程度均不相同,不能一概认定为诈骗,而应当依据其所处犯罪阶段、接收转移资金的性质分别认定所犯罪名。根据之前论述,认定罪名不同并不影响本案共同犯罪的成立。

(三)本案被告人的行为,与财产侵犯结果不具有因果关系,不应当在诈骗罪中作出评价

在财产犯罪中,法益的概念对于区分罪与非罪、此罪与彼罪至关重要。本案中,无论根据客观归责理论,还是根据传统的"相当因果关系"理论,被告人王××的行为与被害人财产权被侵犯均不具有因果关系。客观归责理论认为,如果行为引起法律所不允许的风险,当该风险具有通常性的实现时,行为与结果具有因果关系。被告人王××在实施行为时,被害人对资金已经失控,即被害人财产权被侵犯的风险已经被前行为实现,该风险实现与王××的行为毫无关联。传统的"相当因果关系"理论强调行为必须是引起结果的必要条件,即"没有行为便没有结果",但本案中即使没有王××的行为,被害人财产权被侵犯的结果同样已经发生,两者没有引起与被引起的关系,同样可以得出王××的行为与被害人财产权被侵犯的结果没有因果关系的结论。综上,王××的行为没有侵犯财产犯罪中的法益,不可能构成财产犯罪。

被告人王××主观上具有掩饰、隐瞒犯罪所得的故意,客观上实施了转移资金的行为,从行为结果上,其转移资金行为确实对查处信息网络犯罪、追回被害人资金造成了阻碍,侵犯了查处上游犯罪的司法秩序这一秩序法益,应当以《刑法》第三百一十二条第一款定罪处罚。

三、量刑方面,辩护人认为被告人王××具有以下法定、酌定从轻、减轻情节

(一)同意公诉机关认定的王××具有自首情节,且自愿认罪认罚的从轻处罚情节

××××年××月××日在辩护人的见证下,王××自愿签订了《认罪认罚具结书》,自愿认罪,真诚悔罪,并且供述及认罪都很稳定,根据最高人民法院、最高人民检察院、公安部、国家安全部、司法部《关于适用认罪认罚从宽制度的指导意见》第9条"在刑罚评价上,主动认罪优于被动认罪,早认罪优于晚认罪,彻底认罪优于不彻底认罪,稳定认罪优于不稳定认罪"之规定,对王××稳定良好的认罪态度,应予以肯定并从宽处罚。

(二)被告人王××参与犯罪团伙程度较轻、行为危害性相对较小、系团伙中起次要作用的从犯

另案被告人康×供述中在笔录最后才提到"王××也参与了",另案被告人徐××、刘××甚至不知道王××的名字,第一份鉴定报告证明王××个人账户仅转移4万元涉案资金,即无论从其他同案犯主观认知还是客观的资金往来记录,均证明王××参与犯罪程度较轻,行为危害性较小,应当从轻处罚。

（三）被告人王××犯罪时系未成年人

有户籍信息予以证实，应当从轻处罚。

（四）被告人王××一贯表现良好、无前科劣迹，系初犯，同时愿意交纳罚金以显示悔罪诚意。并且其父母能够对其进行有效管控，以上情节，请法庭在量刑时酌情从轻处罚

其既往表现有《无违法犯罪记录证明》及辩护人当庭提交的参与防疫志愿服务证明予以证实。其在得知同案犯被抓获后，主动向父母坦白自己的涉嫌犯罪行为，并在父母陪同下到公安机关自首，说明其本人愿意、其父母有能力对其进行管控，且其已真诚认罪悔罪，再犯可能性极低，故对其适用缓刑不至于对居住社区产生不良影响。

综上，辩护人对王××的量刑提出以下建议：王××犯掩饰、隐瞒犯罪所得罪，情节严重，以六年为基准刑，以未成年人犯罪减轻10%、以自首和认罪认罚减轻20%、以从犯减轻10%、以认罪态度良好真诚悔罪和过往表现良好减轻10%，判处其三年有期徒刑，并适用缓刑，考虑其个人经济能力，并处2万元以下罚金。

在对待未成年人犯罪的问题上，应当坚持教育挽救为主，严厉打击为辅，只有对行为偏激、屡教不改、自甘堕落、是非观扭曲、教育感化困难、人身危险性较大的未成年人，才可从严惩处。试问，本案被告人王××是这样的孩子吗？一个乐于助人、积极参加防疫志愿服务的孩子会行为偏激、屡教不改吗？一个敢于向父母坦白认错、听从父母建议投案自首的孩子会有多大的人身危险性？法不外乎于情，当我们面对一个因不小心犯错而不知所措的幼小心灵，是否应当尽力挽救呢？试想，被告人王××已经因涉嫌犯罪被羁押近9个月，已经得到了深刻教训，其所犯罪行并非严重暴力犯罪，其本人并非十恶不赦，如果按照公诉机关指控的罪名和量刑建议定罪判刑，真的是罚当其罪吗？其服刑出狱后是否会因此对司法、对社会产生仇视？其如何重新融入社会？其心理状态、思维方式是否会因此产生变化而更具人身危险性？倘若如此，国家设置刑罚的目的又如何实现？以上不仅是辩护人站在被告人利益角度的发问，更是站在未成年犯重新融入社会、促进社会和谐稳定的角度的发问。恳请合议庭慎重考量，严格把握罪刑法定原则和罪责刑相适应原则，坚持政治效果、法律效果、社会效果三者统一，依法公正作出判决。

以上辩护意见，敬请合议庭充分考虑并予以采纳。谢谢。

宁夏××律师事务所

×××　律师

××××年××月××日

七、点评

该篇辩护词行文格式规范,就检察机关所指控的犯罪事实进行了有力反驳。此外,该辩护词简明扼要地阐明了辩护意见所依据的事实及法律规定,整体行文流畅、严谨,说理论证清晰透彻。

第六节　财产保全申请书

一、概念

诉讼保全,是指人民法院对于可能因当事人一方行为或者其他原因,使判决不能执行或难以执行的案件,在对该案判决前,依法对诉讼标的物或与本案有关的财物采取的强制性措施。财产保全申请书即是对该种诉讼行为提出申请的法律文书,是当事人依法行使诉讼权利的手段,也是人民法院认定是否采取保全强制措施的基础。

二、作用

财产保全申请书的作用主要在于事前预防,财产保全行为能够避免因被告财产转移而致使原告权利无法实现。

根据我国《民事诉讼法》之规定,人民法院适用简易程序审理案件,应当在立案之日起 3 个月内审结。有特殊情况需要延长的,经本院院长批准,可以延长 1 个月;适用普通程序审理的案件,应当在立案之日起 6 个月内审结。有特殊情况需要延长的,经本院院长批准,可以延长 6 个月;还需要延长的,报请上级人民法院批准。因此,诉讼过程中为避免当事人转移财产或逃避执行,采取保全措施限制被告处分相应财产有利于原告最终诉讼权利的实现。

三、法律依据

《民事诉讼法》第 103 条规定,人民法院对于可能因当事人一方的行为或者其他原因,使判决难以执行或者造成当事人其他损害的案件,根据对方当事人的申请,可以裁定对其财产进行保全、责令其作出一定行为或者禁止其作出一定行为;当事人没有提出申请的,人民法院在必要时也可以裁定采取保全措施。

人民法院采取保全措施,可以责令申请人提供担保,申请人不提供担保的,裁定驳回申请。

人民法院接受申请后,对情况紧急的,必须在 48 小时内作出裁定;裁定采取保全措施的,应当立即开始执行。

《民事诉讼法》第104条规定,利害关系人因情况紧急,不立即申请保全将会使其合法权益受到难以弥补的损害的,可以在提起诉讼或者申请仲裁前向被保全财产所在地、被申请人住所地或者对案件有管辖权的人民法院申请采取保全措施。申请人应当提供担保,不提供担保的,裁定驳回申请。

人民法院接受申请后,必须在48小时内作出裁定;裁定采取保全措施的,应当立即开始执行。

申请人在人民法院采取保全措施后30日内不依法提起诉讼或者申请仲裁的,人民法院应当解除保全。

《民事诉讼法》第105条至第108条规定,保全限于请求的范围,或者与本案有关的财物。财产保全采取查封、扣押、冻结或者法律规定的其他方法。人民法院保全财产后,应当立即通知被保全财产的人。财产已被查封、冻结的,不得重复查封、冻结。财产纠纷案件,被申请人提供担保的,人民法院应当裁定解除保全。申请有错误的,申请人应当赔偿被申请人因保全所遭受的损失。

四、格式

财产保全申请书的内容包括首部、正文和尾部三部分。

1. 首部

(1)标题,居中写明"财产保全申请书"或"保全申请书"字样。

(2)申请人及被申请人的基本情况。其中应当包括姓名、性别、年龄、民族、职业、住址、身份证号等信息;当事人为法人或其他组织的,写明单位名称、住所地、法定代表人或主要负责人姓名、职务等信息,并尽量提供可供人民法院联系的负责人联系方式。

2. 正文

(1)申请事项,即向人民法院提出财产保全措施的具体请求,其中包括:请求人民法院保全的财产、债权等具体内容,主要包含名称、数量、品种、价值,所在地及财产状况等。需人民法院冻结银行存款的,还需提供具体银行账户信息(包括开户行、户名、银行账号等信息)。另外,请求事项中还需要注明请求保全的财产价值总金额及请求人民法院采取的具体保全措施,如扣押、冻结、查封等。

(2)事实及理由部分。这一部分主要写明申请人与被申请人之间涉及纠纷的主要法律关系,以及被申请人现有或可能获得的财产情况。着重说明被申请人对于所申请保全的财产可能存在转移、隐匿、出卖、毁损等行为,人民法院采取保全措施的紧迫性、重要性以及对于将来申请人保障自身合法权益和人民法院生效法律文书有效执行的重要作用。

(3)简要证据。这一部分主要写明请求保全财产依据的证据、来源等信息,需要证人进行证实的,写清证人的姓名、住址、身份证号、联系方式等具体信息。申请人没有具体证据的,应当在申请书中注明保全请求所依据的证据线索。

3. 尾部

(1)致送法院名称。

(2)申请人签名、盖章。

(3)日期。

(4)要求保全的财产所在地,能够提供的保全财产相应证据。

五、写作要点

财产保全申请书属于功能性法律文书,其作用在于人民法院审理案件前或民事诉讼过程中,对于被申请人财产或诉讼争议标的物采取的一种强制措施。财产保全申请书中务必明确所需申请保全的财产的具体信息和申请人民法院采取保全措施的理由,否则人民法院有可能拒绝保全请求。

六、范文

财产保全申请书

申请人:宁夏×××商贸有限公司,住所地宁夏××县××镇现代金属物流园×号楼××号。

法定代表人:蒋××,该公司总经理。

被申请人:四川××建设工程有限公司,住所地××县××街道办事处××街××幢×××号。联系电话:180 ×××××××××

法定代表人:王××,该公司总经理。

申请事项:

1. 查封被申请人四川××建设工程有限公司在固原市中级人民法院(×××××)宁××执××号执行案件的执行款项9 065 321.88元;

2. 保全费用由被申请人承担。

事实与理由:

2014年10月15日,申请人与被申请人四川××建设工程有限公司(原名称:四川×××建设工程有限公司)于银川市兴庆区绿地××城签订《钢材购销合同》一份,合同约定由申请人向被申请人承揽的固原六盘山××中心工程处提供螺纹钢、高线等工程材料,合同约定材料款价格以"中国兰格钢铁网"银川市网上"龙钢"挂牌价格为结算基准价,被申请人按照货到当天起每天每吨4元的价格支付给乙方作为垫资利息(超过三个月按每天每吨5元,超过六个月按每天每吨6元)按实际欠款天数计算。合同同时约定货物经装车验收后由被申请人向申请人支付 20 元/吨的装车费。合同约定管辖为合同签订地人民法院。

被申请人在多次接受申请人提供的货物后仅就供货量、当日单价进行了核算，并由合同指定接收人进行了确认。但至今未与申请人就合同约定的垫资利息、装车费等费用进行进一步结算或支付款项。

据申请人了解，被申请人在固原市人民法院作为申请人有一案件，通过法院判决并作出(××××)宁民初×××号判决书，宁夏××××农副产品商贸城开发有限公司需向被申请人支付工程款 65 506 695 元及逾期付款违约金。因宁夏××××农副产品商贸城开发有限公司未按判决书确定的内容履行义务，被申请人已向固原市中级人民法院申请强制执行。

鉴于上述情况，为避免被申请人转移财产，申请人特依据《民事诉讼法》的相关规定，特向贵院提出财产保全申请，并愿意提供相应担保，请求采取保全措施，以保证申请人的合法权益。

此致

银川市兴庆区人民法院

申请人：宁夏×××商贸有限公司

20××年××月×日

附：固原市中级人民法院(××××)宁××执××号《执行裁定书》

七、点评

本篇财产保全申请书简洁明了地写明了需要人民法院保全的财产内容及保全的理由和依据。并向人民法院提供了有效的、可供采取措施的财产线索和债权情况。全文语言精练，表意明确。

第七节　强制执行申请书

一、概念

强制执行申请书是公民、法人或其他组织在对方拒不履行裁判确定的义务的情况下，根据已经发生效力的法律文书，向有管辖权的人民法院提出申请，责令对方履行义务时使用的文书。

二、作用

强制执行申请书是民事诉讼、仲裁中胜诉一方当事人维护合法权益的一种途径，对促进负有义务一方当事人依法履行义务，保证人民法院、仲裁委员会生效裁判文书依法执行、维护法律的权威性具有重要作用。

三、法律依据

《民事诉讼法》第 243 条规定，发生法律效力的民事判决、裁定，当事人必须履行。一方拒绝履行的，对方当事人可以向人民法院申请执行，也可以由审判员移送执行员执行。

调解书和其他应当由人民法院执行的法律文书，当事人必须履行。一方拒绝履行的，对方当事人可以向人民法院申请执行。

《民事诉讼法》第 244 条规定，对依法设立的仲裁机构的裁决，一方当事人不履行的，对方当事人可以向有管辖权的人民法院申请执行。受申请的人民法院应当执行。

《民事诉讼法》第 246 条规定，申请执行的期间为 2 年。申请执行时效的中止、中断，适用法律有关诉讼时效中止、中断的规定。

前款规定的期间，从法律文书规定履行期间的最后一日起计算；法律文书规定分期履行的，从最后一期履行期限届满之日起计算；法律文书未规定履行期间的，从法律文书生效之日起计算。

四、格式

强制执行申请书的内容分为首部、正文和尾部三部分。

1. 首部

（1）标题，写明"强制执行申请书"。

（2）申请人及被申请人的基本情况。其中同样包括姓名、性别、年龄、民族、职业、住址、身份证号等信息；当事人为法人或其他组织的，写明单位名称、住所地、法定代表人或主要负责人姓名、职务等信息，并尽量提供可供人民法院联系的负责人联系方式。

2. 正文

（1）申请事项部分：写明申请执行所依据的生效法律文书作出日期、作出单位名称、文书编号和请求执行的具体内容。

（2）事实及理由部分：首先简要写明申请人及被申请之间发生争议的法律纠纷情况；其次详细描述案件审理、解决情况，如何时由何机关作出何种裁决文书；最后说明被申请人拒不履行已生效的法律文书的情形，说明其应当按照法律文书确定的义务向申请人履行。如有被申请人财产线索的，应当注明财产所在地。提供银行账户的，还应注明开户行、具体账号、户名等具体信息。

3. 尾部

尾部主要包括以下内容。

(1)致送法院。

(2)申请人签名或盖章。

(3)申请日期。

五、写作要点

(1)被申请人拒不执行已生效裁判文书,是申请人申请执行的必要条件,被执行人所有的可供执行的财产是执行程序顺利开展的保障,故申请书应当重点写明申请执行的依据文书情况、裁决确定的义务内容等情况。

(2)申请人民法院强制执行的理由和内容必须明确,这一点是指要详尽说明被申请人对生效法律文书的履行情况,申请执行的具体内容明确、翔实。

六、范文

强制执行申请书

申请人:银川市金凤区×××少儿英语培训中心,住所地宁夏回族自治区银川市××区北京中路×××购物广场×楼×座××号。

负责人:陈××,该培训中心主任。

被申请人:银川市金凤区××××文化艺术培训学校(有限公司),住所地银川市金凤区北京中路×××号××商业广场××××号。

法定代表人:陈××,该公司总经理。

申请人与被申请人合同纠纷一案,银川市金凤区人民法院于2022年××月××日作出(××××)宁××××民初××××号民事判决书,后被申请人提起上诉,经银川市中级人民法院审理后作出(××××)宁××民终××××号《民事判决书》判决驳回上诉,维持原判。现本案判决生效后被申请人拒不履行。

申请事项:

1. 被申请人向申请人退还租金74 880元,押金28 800元,合计103 680元;

2. 被申请人向申请人支付迟延履行期间的债务利息;

3. 被申请人向申请人支付案件受理费1157元;

4. 本案执行费用由被申请人承担。

上述已明确金额暂计:104 837元。

事实和理由：

申请人与被申请人民间借贷纠纷一案，贵院于 2021 年××月××日作出（××××）宁××××民初××××号民事判决书，后被申请人提起上诉，经银川市中级人民法院审理后做出（××××）宁××民终××××号《民事判决书》判决驳回上诉，维持原判。判决内容如下：

一、解除原告银川市金凤区×××少儿英语培训中心与被告银川市金凤区×××文化艺术培训学校（有限公司）签订的《租赁合同》；

二、被告银川市金凤区××××文化艺术培训学校（有限公司）于本判决生效之日起五日内向原告银川市金凤区×××少儿英语培训中心退还租金 74 880 元（含物业费 17 280 元）、押金 28 800 元，合计 103 680 元；

三、驳回原告银川市金凤区×××少儿英语培训中心的其他诉讼请求。

如果未按照本判决指定的期间履行金钱给付义务，应当依照《中华人民共和国民事诉讼法》第二百五十三条之规定，加倍支付迟延履行期间的债务利息。

案件受理费已减半收取计 1438 元，由原告银川市金凤区×××少儿英语培训中心负担 281 元，被告银川市金凤区××××文化艺术培训学校（有限公司）负担 1157 元。

民事判决生效后，被申请人未按约履行确定的给付内容，故申请人特提出强制执行申请，请对被申请人采取查封、冻结、扣押及其他一切必要的强制措施，维护生效判决书的严肃性。

此致

银川市金凤区人民法院

申请人：银川市金凤区×××少儿英语培训中心

××××年××月××日

七、点评

强制执行申请书同为功能性法律文书，结构简洁，事实及理由部分写明申请人与被申请之间法律纠纷，着重强调已经生效的裁决文书内容，以及被申请人履行确定义务的情况，最后向人民法院申请启动执行程序。

第八节　执行异议申请书

一、概念

执行异议是指在执行进行过程中,案外人对执行标的提出不同意见,并主张全部或部分的权利。即因人民法院执行行为侵害了案外人的民事权利,案外人有权要求人民法院予以纠正。案外人提出执行异议,目的是排除对执行标的的强制执行,保护自己的民事权益。

二、作用

执行异议申请书是在执行过程中据以提起执行异议审查程序的法律文书。案外人能通过执行异议程序停止对于争议标的的执行,从而保证案外人的合法权利。

三、法律依据

《民事诉讼法》第 232 条规定,当事人、利害关系人认为执行行为违反法律规定的,可以向负责执行的人民法院提出书面异议。当事人、利害关系人提出书面异议的,人民法院应当自收到书面异议之日起 15 日内审查,理由成立的,裁定撤销或者改正;理由不成立的,裁定驳回。当事人、利害关系人对裁定不服的,可以自裁定送达之日起 10 日内向上一级人民法院申请复议。

《民事诉讼法》第 234 条规定,执行过程中,案外人对执行标的提出书面异议的,人民法院应当自收到书面异议之日起 15 日内审查,理由成立的,裁定中止对该标的的执行;理由不成立的,裁定驳回。案外人、当事人对裁定不服,认为原判决、裁定错误的,依照审判监督程序办理;与原判决、裁定无关的,可以自裁定送达之日起 15 日内向人民法院提起诉讼。

四、格式

执行异议申请书的内容分为首部、正文和尾部三部分。

1. 首部

(1)标题,居中写明"执行异议申请书"字样。

(2)执行异议申请人的基本情况。其中应当包括姓名、性别、年龄、民族、职业、住址、身份证号等信息;当事人为法人或其他组织的,写明单位名称、住所地、法定代表人信息。

2. 正文

(1)申请事项部分。该部分写明人民法院提出执行异议的具体请求,其中包括:请求人民法院对于正在执行的何种标的物解除何种强制执行措施,请求内容必须明确、具体。

（2）事实及理由部分。该部分主要写明申请人提出执行异议申请的具体理由，详细说明因人民法院强制执行案件中所涉及的标的物系申请人财产而非属于被执行人所有，人民法院的执行行为导致申请人的合法权益受到影响，进而请求人民法院停止对该执行标的的执行并解除相应的执行措施。

3. 尾部

尾部主要写明以下内容。

（1）致送法院名称。

（2）申请人签名、盖章。

（3）日期。

（4）附件写明标的物涉及的执行案件、执行文书等书面材料。

五、写作要点

执行异议申请书属于功能性法律文书，其作用为要求人民法院停止对相应标的物采取执行措施，并排除对该标的物的执行。强制执行申请书中务必写明请求停止执行的标的物内容，以及标的物涉及的执行案件、标的物被人民法院采取何种强制执行措施。

六、范文

执行异议申请书

异议申请人：××集团宁夏置业有限公司。住所地：宁夏银川市金凤区××北街东侧×号楼。

法定代表人：巴×，该公司总经理。

申请事项：

请求人民法院依法解除对位于金凤区×南区×号楼室×房屋的强制措施。

事实及理由：

贵院根据（××××）宁××××执×号《执行裁定书》，对登记在刘×名下的位于金凤区×南区×号楼×室房屋采取强制措施。刘×与××集团宁夏置业有限公司之间商品房买卖合同关系经银川仲裁委员会审理并作出（××××）银仲字×号《裁决书》解除，且申请人已于20××年将全部购房款、违约金、利息通过人民法院扣划的形式退还至刘×提供的银行账户内。但由于刘×拒不配合申请人撤销房屋备案登记手续，故房管部门显示该房屋仍登记备案在刘×名下，该房屋实际的物权人应当为申请人。为此，申请人特诉至金凤区人民法院，经审理，金凤区人民法院作出(××××)宁××××民初×号《民事判决书》判令刘×配合申请人撤销上述房产的登记备案手续。故而,异议申请人特根据《民事诉讼法》《最高人民法院关于人民法院民事执行中查封、扣押、冻结财产的规定》的规定,提出执行异议,请求人民法院解除对上述房屋采取的强制措施,望准予!

　　此致
银川市兴庆区人民法院

申请人:××集团宁夏置业有限公司
××××年××月××日

七、点评

　　这篇执行异议申请书在请求事项中有明确的要求停止执行的标的物内容,事实及理由部分着重写明了人民法院不应当执行涉案标的物的理由和标的物的所有权内容,简明扼要。